U0626605

普通高等教育通识课系列教材

全国优秀畅销书　全国高校出版社优秀畅销书

多媒体 CAI 课件制作实用教程

(第三版)

朱仁成　唐爱东　廖敬萍　编著

西安电子科技大学出版社

内 容 简 介

多媒体 CAI 课件在现代教育中的应用越来越普及。本书概要性地阐述了多媒体 CAI 课件的基本常识，重点、深入地讨论了多媒体 CAI 课件的制作技术。全书共分 13 章，包括多媒体 CAI 课件设计基础、多媒体素材的采集与编辑、多媒体课件界面设计、PowerPoint 2007 与演示文稿、Dreamweaver CS4 与网络课件、Flash CS4 与动画型课件、Authorware 7.0 实用技术及综合实例等几部分内容，详尽地介绍了多媒体 CAI 课件的常用制作方法。

本书内容丰富，结构严谨，语言流畅，重点突出，强调知识的系统性与实用性。适合所有希望掌握多媒体 CAI 课件设计与制作的读者朋友自学，也可作为社会培训教材，特别适合于中、小学教师使用。

图书在版编目(CIP)数据

多媒体 CAI 课件制作实用教程 / 朱仁成等编著. —3 版.
—西安：西安电子科技大学出版社，2009.9(2024.1 重印)
ISBN 978-7-5606-2290-3

Ⅰ. ①多…　Ⅱ. ①朱…　Ⅲ. ①多媒体—计算机辅助教学—软件工具—教材
Ⅳ. ①G434

中国版本图书馆 CIP 数据核字(2009)第 101571 号

策　　划　毛红兵
责任编辑　李惠萍　毛红兵
出版发行　西安电子科技大学出版社(西安市太白南路 2 号)
电　　话　(029)88202421　88201467　　邮　　编　710071
网　　址　www.xduph.com　　　　　电子邮箱　xdupfxb001@163.com
经　　销　新华书店
印刷单位　西安日报社印务中心
版　　次　2009 年 9 月第 3 版　2024 年 1 月第 14 次印刷
开　　本　787 毫米×1092 毫米　1/16　印张　25.5
字　　数　605 千字
定　　价　68.00 元

ISBN 978-7-5606-2290-3/TP
XDUP 2582003-14
如有印装问题可调换

前　言

随着教育体制改革的不断深入和计算机技术的飞速发展，一只粉笔、一块黑板的教学时代已经结束，教育手段的信息化日益普及。面对先进的计算机不会备课，不会使用多媒体手段进行教学，不会编制和应用 CAI 课件，将无法适应现代化教学环境，也无法与时代教育同步。因此，在现代中小学教育中，计算机辅助教育已经越来越得到认可与重视。作为一种先进的教学方法和教学手段，计算机辅助教育已经形成了一个独立的学科，在这个学科中，多媒体 CAI 课件是其重要组成部分之一，它是实施计算机辅助教学的主要载体。

多媒体 CAI 课件的制作是一项系统工程，它至少要涉及到教育理论、计算机应用、美术理论三方面的知识。因此，要制作出一个高质量的课件，既要有一定的理论知识作指导，又要有比较全面的课件制作技术，还要有一定的审美观。

基于以上现实，我们编写了《多媒体 CAI 课件制作实用教程》一书，以帮助中小学教师快速地掌握必要的辅助教学手段与技术，提高课堂教学效率。此书自 2005 年出版以来，深受广大教师、师范院校的学生、专业课件工作人员的欢迎，已经连续印刷了两版 11 次。由于软件版本的更新，有一些知识已经不能适应现代教学的需要，因此，我们在第二版的基础上进行了完善与修订。本书主要涉及了 PowerPoint 2007、Flash CS4、Dreamweaver CS4、Authorware 7.0 这几款主流课件制作软件的使用技术。同时，在内容的安排上则力求系统性，分别从课件基础知识、素材处理、界面设计、课件制作技术、综合实例等几个方面进行了讲述，相信可为广大读者提供一本易学、实用的教材。

全书内容安排如下：

第 1 章和第 2 章介绍了多媒体 CAI 课件的设计基础与课件素材的采集，其中包括多媒体的概念、多媒体辅助教学的发展、开发课件的基本常识、图文声像等素材的采集方法以及处理技术。

第 3 章介绍了多媒体课件界面设计的相关知识，其中既有概要性的理论介绍，也有大量的技术讲解，主要介绍了使用 Photoshop CS4 设计课件界面的常规方法与技巧，为广大读者学习课件制作提供了必要的常识。

第 4 章介绍了当今最流行的电子讲义制作工具 PowerPoint 2007 的使用方法，内容包括演示文稿的创建、编辑与处理幻灯片、动画效果的实现、演示文稿的发布与运行等。

第 5 章介绍了网络课件的制作，主要介绍了网页制作工具 Dreamweaver CS4 的基本使用，包括站点的建立、网页的编辑、表单以及站点发布等内容。

第 6 章介绍了课件制作新宠 Flash CS4 的使用方法，对制作动画型课件的常用功能进行了基本介绍，其中包括基本操作、绘图技术、动画的实现与在课件中的应用、声音与按钮、课件的发布等多方面的知识。

第 7 章至第 12 章介绍了课件制作利器 Authorware 7.0 的使用技巧，这也是本书的重点内容，主要包括基本操作、交互功能的实现、结构设计、程序语言简介、知识对象的使用、打包与发行等知识。

第 13 章介绍了几款综合实例，列举了多媒体 CAI 课件的常用制作方法。

身在一线的教师都希望自己能独立制作多媒体课件。本书从实际需求出发，结合作者多年的课件制作经验，阐述了多媒体 CAI 课件的相关理论与常用制作技术，希望能为广大读者特别是中小学教师、师范专业的学生以及课件开发人员提供最有力的帮助。

本书由朱仁成、唐爱东、廖敬萍编著，参加编写工作的人员还有朱莉、陈立生、杨红云、郝生武、刘焱、于进训、谭桂爱、于岁、刘秀美、孙为钊、葛秀苓、朱海燕等。在此，感谢西安电子科技大学出版社的毛红兵老师和所有关心与支持我们的同行们，由于他们的督促与帮助，才使本书得以顺利出版。

由于水平所限，书中如有不妥之处，欢迎广大读者朋友批评指正。

作　者
2009 年 6 月

目　　录

第 1 章 多媒体 CAI 课件设计基础

本章内容

- 计算机与多媒体技术
- 多媒体 CAI 课件概述
- 多媒体计算机的基本构成
- 制作多媒体课件的计算机配置要求
- 常用的多媒体课件制作软件
- 制作多媒体课件的人员配备
- 制作多媒体课件的一般流程
- 练习题

人类在 20 世纪最伟大的发明之一就是计算机(Computer)，亦称电脑。自从世界上第一台计算机于 1946 年在美国问世以来，计算机技术的应用已经渗透到人类社会生活的各个领域。随着科学的发展，计算机的性能不断提高，功能不断增强，应用范围不断扩大。目前，计算机已经广泛地应用于工业自动控制、通信与办公自动化、数据与信息处理、科研教育、多媒体开发、辅助设计等各方面。计算机在教育领域的应用是从 20 世纪 60 年代开始的。如今，利用计算机进行辅助教学已经成为改革教育方法、提高教学质量、探索教学思路的一种有效尝试，更是未来教育的发展方向。本书旨在讨论多媒体 CAI 课件的制作方法与常用技术，为广大教育工作者提供一本有益的工具书。

为了更好地学习多媒体 CAI 课件技术，首先需要了解一些有关计算机与多媒体的知识，以及基于多媒体技术的 CAI 课件在教学中的推广与应用。

1.1　计算机与多媒体技术

计算机产生于 1946 年，当时的计算机是不会发声的，主要用于文字、数字等信息的处理。1972 年，第一款 8 位处理器 8008 问世，这时的计算机已经初步具备了"发音"功能，而多媒体技术的萌芽、发展就是从这时开始的。下面，我们介绍一些计算机、多媒体、计算机辅助教育等方面的基本常识。

1.1.1　计算机的发展历史

自计算机问世以来，时至今日，计算机技术的发展可谓一日千里，它为人类的工作、学习带来了极大的方便。按照计算机元器件的工艺发展过程来划分，计算机的发展历史可分为五个阶段。

1. 第一代计算机

1946～1958 年的计算机为第一代计算机，也称为电子管计算机。这时的计算机是由电子管构成的，体积大、内存小、运算速度慢。世界上第一台计算机(ENIAC)由 18 000 只电子管构成，30 多吨重，耗资 50 万美元，运算速度为几千次至几万次每秒。第一代计算机主要应用于科学领域。

2. 第二代计算机

1959～1964 年的计算机为第二代计算机，也称为晶体管计算机。这一代计算机的基本组成元器件是晶体管，体积缩小到原来的千分之一，运算速度为 10～100 万次/秒，寿命与效率比原来提高了 100 倍，并且出现了对计算机进行管理的操作系统。第二代计算机主要应用于科学计算和数据处理。

3. 第三代计算机

1965～1971 年的计算机为第三代计算机，也称为中小规模集成电路计算机。这一代计算机的基本组成元器件是中小规模的集成电路，体积又缩小到第二代计算机的百分之一，运算速度为 100～1000 万次/秒以上，操作系统进一步发展与完善。第三代计算机除了科学计算外，还广泛应用于文字处理、信息管理和自动控制等方面。

4．第四代计算机

1972～1996 年的计算机为第四代计算机，也称为超大规模集成电路计算机。这一代计算机的基本组成元器件是超大规模的集成电路，内存储器采用半导体技术制造，外存储器主要有磁盘、磁带和光盘，运算速度可达几亿次每秒以上。其应用范围涉及到社会生活的各个领域，多媒体技术的萌芽与发展就是伴随着第四代计算机开始的。

5．第五代计算机

应当看到，计算机发展到今天已经进入第五代，我们把第五代计算机称为人工智能计算机。这类计算机可以模仿人的思维活动，具有推理、思维、学习以及声音与图像的识别能力等。第五代计算机将随着人工智能技术的发展，具备类似于人的某些智慧，其应用范围和对人类生活的影响是难以想象的。

1.1.2　多媒体技术简况

多媒体技术的飞速发展是近几年来最引人注目的事情。随着计算机硬件性能的整体提高以及软件功能的普遍增强，使得任何一台计算机都具备了处理多媒体信息的基础与前提。下面简单介绍多媒体技术的基本概况。

1．多媒体的概念

所谓多媒体，是指计算机与人进行交流的多种媒体信息，包括文本、图形、图像、声音、动画、视频等信息。

- 文本：指以文字和各种专用符号表达信息的形式。在多媒体 CAI 课件制作中，文本仍然是传播信息的主要途径，课堂的主要内容都需要以文本的形式出现。
- 图形：一般指矢量图，主要用于表现多媒体课件中的几何图形、统计图、工程图等。例如，表现金刚石的结构时就可以借助图形来表现。
- 图像：通常指位图，主要用于表现多媒体课件中的照片、风景等色彩比较丰富的图片。例如，如果课件中要介绍名胜古迹，就可以借助图像来表现。
- 声音：是多媒体中最容易被人感知的媒体形式。声音的格式主要有两种：一是波形声音(WAVE)，二是乐器声音(MIDI)。
- 动画：指表现连续动作的图形或图像，如缩放、旋转、淡入淡出等。实际上动画是由一些表现连续动作的帧构成的。目前最典型的动画形式就是 Flash 动画、GIF 动画。
- 视频：指活动的影像，例如电影、电视、VCD 等都属于视频。视频文件的主要格式有 AVI、MPEG、MOV 等。

2．多媒体技术的发展

并不是有了计算机以后就产生了多媒体技术，多媒体技术的发展是从第四代计算机开始的。

1972 年，第一款 8008 处理器问世，标志着第四代计算机的诞生。这时的计算机已经有了扬声器，能够发出嘟嘟声，例如，用户按错了某个键时，系统就会发出警告声音。这时，内置的 PC 扬声器虽然简陋，但是却为多媒体技术的发展奠定了基础。

1987 年，创新音乐系统(C/MS)出现，这是一块被众多音乐软件支持的音效合成卡，它的出现标志着计算机具备了音频处理能力，也标志着多媒体技术的发展进入了一个崭新的阶段。

1988 年，MPEG(运动专家小组)的建立，进一步推动了多媒体技术的发展。自从 MPEG 建立到今天已经十多年了。在这十多年中，多媒体技术的发展速度是惊人的，其中，硬件、软件的多媒体功能都得到了飞速的发展。现在，多媒体制作对于非专业人员来说已经不再遥远。

多媒体技术的发展是一个复杂的过程，其中，既有硬件对多媒体技术的支持，也有软件对多媒体技术的扩展。但是总的来说，多媒体技术的发展主要遵循了两条主线：一是视频技术的发展，二是音频技术的发展。

1.1.3　计算机辅助教育

计算机辅助教育是一门交叉学科，它是教育学与计算机技术相结合的必然产物。在当今的教育领域中，计算机辅助教育越来越受到人们的重视。

1．两个概念

这里，必须先搞清楚两个概念，即计算机辅助教育与计算机辅助教学。

计算机辅助教育译自英语“Computer-Based Education”，直译为“基于计算机的教育”，国内翻译为“计算机辅助教育”，简称 CBE。这是一个广义的概念。在早期，人们对 CBE 的理解主要有两方面：一是计算机用于支持教与学的相关应用，即计算机辅助教学(Computer-Assisted Instruction，CAI)；二是计算机用于实现教学管理任务的相关应用，即计算机管理教学(Computer-Managed Instruction，CMI)。另外，随着计算机在教育领域的广泛应用，也有人把计算机支持的学习资源(即 Computer Supported Learning Resources，CSLR)作为 CBE 的一个重要方面。

由此，我们可以基本搞清楚计算机辅助教育与计算机辅助教学之间的关系，它们之间是包涵与被包涵的关系，如图 1-1 所示。

图 1-1　计算机辅助教育的构成

2．计算机辅助教育的发展

计算机的诞生和发展为计算机辅助教育的产生和发展奠定了物质基础。人类试图将计算机应用于教育领域是从 20 世纪 60 年代开始的，到今天为止，已经有 40 多年的历史了。我们可以把计算机辅助教育的发展分为四个阶段：

■　形成阶段(1958～1965 年)

1958 年，美国 IBM 公司的沃斯顿研究中心设计出了世界上第一个计算机教学系统，即把一台 IBM 650 计算机连接到一台电传打字机上向小学生教授二进制算术，并可根据学生的要求产生练习题，这标志着人类开始进入计算机辅助教育的应用时代。1961 年，该公司又研制了包括心理学、统计学和德语阅读等内容的计算机辅助教育系统。1963 年，斯坦福大学开始利用计算机讲授逻辑学导论，以后又延伸到程序设计、俄语、德语等课程。

■　成长阶段(1965~1975 年)

这个时期，计算机辅助教育迅速成长，并形成了一门独特的学科。除了数学、物理等学科外，医学、语言学、经济学等教育领域也开展了计算机辅助教育。这时，教学系统作为一种软件产品出现于市场，并且出现了计算机教程公司，专门研制和生产各种教学课件及教学管理软件。

■　完善阶段(1975~1980 年)

这一时期，计算机辅助教育进入快速发展阶段，具有两个明显的特点：一是大型的计算机辅助教学系统进一步完善；二是微型计算机的出现使计算机辅助教育的发展有了突破性变化。

■　成熟阶段(1980 年后至上世纪末)

这一时期，计算机技术的高速发展和先进教育理论的出现，使得计算机辅助教育真正开始成熟起来。此时的计算机辅助教育具有以下显著特点：媒体化、网络化、智能化。特别是多媒体技术和网络技术的紧密结合，使得基于 Internet 的教育应用得到了迅速发展，远程教育就是强有力的证明。时至今日，虚拟教室、虚拟实验室、虚拟图书馆、虚拟校园等已经走进了我们的生活，计算机辅助教育呈现出了一片繁荣的景象。

1.2　多媒体 CAI 课件概述

计算机辅助教育(CBE)的重要内容是计算机辅助教学(CAI)，而计算机辅助教学借以实现的手段就是多媒体 CAI 课件。那么，什么是 CAI 课件？它有哪些种类和特点？它在计算机辅助教学中如何运用？下面我们就来讨论有关内容。

1.2.1　多媒体课件的概念

"课件"一词译自英文"Courseware"，意思是课程软件，因此，课件也就是包含具体学科内容的教学软件。多媒体 CAI 课件就是运用各种计算机多媒体技术开发出来的图、文、声、像并茂的教学软件。

一般而言，把文字(Text)、图形(Graphic)、图像(Image)、视频(Video)、动画(Animation)和声音(Sound)等媒体信息结合在一起，通过计算机进行综合处理与控制，并实现有机组合，就可以形成多媒体课件。

通常情况下，多媒体课件具有以下特性：

- 集成性：指信息载体的集成性，这些载体包括文本、数字、图形、图像、声音、动画、视频等。
- 控制性：多媒体课件并不是多种载体的简单组合，而是由计算机加以控制和管理的。
- 交互性：指把多媒体信息载体整合在一起，通过图形菜单、图标、窗口等人机交互的界面，利用鼠标、键盘等输入设备实现人机信息沟通。

1.2.2 多媒体课件的种类

随着计算机多媒体技术的进步和发展，CAI 教学模式在不同的教学理论和教学策略引导下呈现出多极化、多元化的发展趋势。CAI 课件五花八门，迄今尚难以找到一个统一的划分标准。但是，为了便于读者更容易地掌握课件的制作技术，我们有必要了解一下课件的分类情况。

1．根据课件的知识结构划分

- 固定型课件：将各种与教学活动有关的信息划分为许多能在屏幕上展示的段落，按其内容和性质可分为介绍、提示、问答、测试、反馈等。这是一种较为传统的课件类型，适合于制作规模小的课件。
- 生成型课件：按模型的方式随机地生成许多同类型的例子和问题。这种课件适合于简单问题的教学，特别是数学问题。
- 信息结构型课件：教学内容按概念被划分为单元，并按某种关系建立单元间的联系，从而形成一个多单元信息网课件。
- 可调节型课件：用数据库存储教学内容信息，也可存储教学方法、教学策略以及学生信息。
- 模型化课件：此类课件利用模型来模拟现实世界中的各种现象，常用模型有数学模型、化学模型、物理模型等。

2．根据课件的控制主体划分

- 教师控制课件：课件的操纵对象是教师。
- 学生控制课件：课件的操纵对象是学生。
- 协同控制课件：教师和学生均可控制。
- 计算机控制课件：课件完全由计算机控制，学生只能做出被动反应。

3．根据课件的功能划分

- 课程式课件：主要用于课堂教学。
- 辅导式课件：主要用于个别教学。
- 训练式课件：主要用于测试学生的学习成绩。
- 实验式课件：主要用于演示实验，如化学、物理实验等。
- 管理式课件：主要用于分析学生的学习情况。

实际上，根据不同的划分标准，课件的分类是不同的。每一个课件都可能存在交叉归类，例如，一个教师控制课件，同时也可以是课程式课件，这就好像一个人既可以是教师，又可以是青年，问题的关键在于划分的标准不同。

1.2.3 多媒体课件的教学特点

多媒体课件在教学中与传统的教学手段相比具有其独特的特点。传统的教学手段主要借助三尺讲台，老师用语言和板书再加上简单的道具向学生传授知识；而多媒体课件则基本上改变了这种模式。

首先，多媒体技术的发展使得课件可以创造出虚拟的现实世界，情景教学成为现实。许多过去只能用语言进行描述的自然科学，现在可以活起来、动起来，用形象思维代替逻辑思维和抽象思维。例如，数学中关于曲线的描述——曲线的形状与参数设置有关，如果使用传统的教学手段，老师只能画一条曲线，学生看不到曲线随着参数的变化而变化的动态效果，而这些则是多媒体 CAI 课件的拿手绝活，输入不同的数值就可以得到不同的曲线，直观性非常强。

其次，多媒体 CAI 课件具有化繁为简、化难为易、化远为近、化大为小、化快为慢等丰富多彩的表现形式。

第三，多媒体 CAI 课件利用先进的声像压缩技术，可以在极短的时间内存储、传播、提出或呈现大量的图、文、声、像并茂的教学信息。例如，一张光盘可存储 650 MB 的内容，相当于 16 开的书 65 000 页，静止图像 10 000 张，立体声响 5 小时，影像 72 分钟。所以，使用多媒体课件进行教学，教学内容会增多，教学密度会加大，教学活动的效率会提高。

第四，课件教学能减少重复性劳动。使用传统的教学手段，老师的劳动是重复性的，即一堂课讲完了以后，如果让另一批学生听同样的课，就得重新讲。而利用课件可以减轻老师的重复性劳动，即教师可以把要讲述的内容预制在课件中，反复演示。

第五，CAI 课件作为教学资源可以共享。如果没有课件，一个普通人要听名牌大学教授的课，几乎是不可能的。但是计算机网络技术的发展使得远程教学成为现实。只要拥有一台计算机，足不出户就可以"穿越时空"进入你想进的大学校门。同样，如果校园中建立了局域网，则每一位教师的课件都是可以共享的，如此教、学两便，是传统教学手段无法比拟的。

1.2.4　多媒体课件在现代教学中的应用

多媒体 CAI 课件以其集成性、综合性、多维性、交互性的特点为现代教学所广泛采用。但也应当看到，CAI 课件毕竟是一种教学手段，既然是一种教学手段，那么它和传统的投影仪、挂图、模型等就没有本质的区别，只不过它借助于计算机来讲授相关的教学信息而已。

在现代教学中，多媒体 CAI 课件的应用已经屡见不鲜，这是未来教学的一种趋势。但是，在使用 CAI 课件时，还要注意两个问题。

首先，弄清所要讲授的内容是不是一定要用课件来表示。这一点非常重要，虽然说 CAI 课件是一种先进的教学手段，但是并非所有的情况都适合使用 CAI 课件。比如，同样一堂语文课，李健吾的《雨中登泰山》可以使用课件形式，对学生尤其是没有去过泰山的学生来说，使用课件可以让学生有一种身临其境的感觉。但是马致远的《秋》则很难用课件表现，全文 28 个字、9 个名词，使用课件不太容易组织课堂教学。

其次，课件的内容要为形式服务。课件是用来教学的，因此制作课件时，不要忘记课件的主要用途是满足教学需求，一切先进技术的应用都是辅助手段。一个上乘的课件，应该是学生只为内容所吸引而没有意识到课件本身的存在，就像电影、电视剧一样，所吸引观众的不是华丽的服装、漂亮的演员，而是扣人心弦的故事情节。

最后，我们也应该看到，多媒体 CAI 课件虽然是一项先进的教学手段，但是它也存在一些局限性。由于课件可以把逻辑思维、抽象思维的东西具体化、形象化，所以淡化了对学生逻辑思维、抽象思维的训练。另外，由于课件是按预制的程序设计的，所以不能回答学生随意提出的问题，也更无法替代教师形态语言的暗示作用。

1.3 多媒体计算机的基本构成

多媒体 CAI 课件的设计制作，离不开与之配套的制作环境。在设计课件的过程中，从素材的搜集、整理、加工到完成等一系列的工作，都要求具备较高配置的多媒体计算机。多媒体计算机(Multimedia Personal Computer，MPC)与普通计算机(PC)没有本质的区别，只是在 PC 的基础上增加了一个多媒体，即 M(Multimedia)，这说明 PC 是 MPC 的基础，只有 PC 的功能强大才能更好地发挥它的多媒体功能。

多媒体计算机的基本构成如下：

- 主机：即 PC 机。
- 视频、音频输入设备：包括摄像机、录像机、话筒、录音机等。
- 视频、音频输出设备：包括电视机、投影仪、扬声器、立体声耳机等。
- 功能卡：包括视频卡、声卡、显卡、网卡等。
- 存储设备：包括 CD-ROM、磁盘驱动器、刻录机等。
- 交互设备：包括键盘、鼠标等。
- 软件：包括操作系统、各种硬件驱动程序和各种应用程序。

下面我们用一个示意图来表示多媒体计算机的基本构成，如图 1-2 所示。

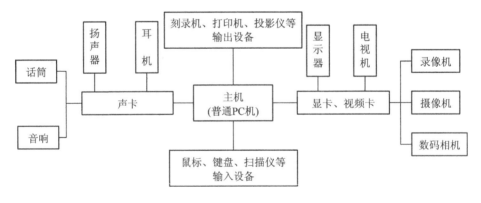

图 1-2 多媒体计算机构成示意图

1.4 制作多媒体课件的计算机配置要求

制作多媒体课件必须具备基本的制作系统，这个制作系统分为硬件系统和软件系统两部分。硬件系统是基础，软件系统是条件，也就是说，没有符合要求的硬件配置，就无从谈起课件的制作，没有制作软件，就无法实现课件的制作，两者缺一不可。

那么，什么配置的计算机才能满足制作多媒体课件的基本要求呢？

目前，市面上销售的家用计算机基本上都能满足要求。但是我们建议制作多媒体课件的计算机配置如下：

- CPU：PentiumⅢ 以上，赛扬、K6-2 系列同样可以胜任。
- 硬盘：15 GB 以上，现在的硬盘容量都能满足要求。
- 内存：128 MB 以上，越大越好。
- 显卡：要求显存在 32 MB 以上。
- 声卡：16 位采样。
- CD-ROM：大于 32 倍速。
- 音响、打印机、扫描仪、话筒、光盘刻录机等其它设备。

以上我们推荐了制作多媒体课件的基本硬件配置，这仅仅是一种建议，有条件的用户可以选择配置更高的计算机，甚至可以再配备数码相机、摄像机等高档设备，这样制作多媒体课件时就会更加得心应手。

1.5　常用的多媒体课件制作软件

如前所述，多媒体课件的制作涉及到素材的搜集、整理、加工以及课件的制作、调试、发布等诸多环节，因此，制作多媒体课件时涉及的软件也比较多。

1.5.1　素材制作软件

1．文字素材处理软件

在多媒体信息载体中，文字是最重要的一种信息传播媒介。无论计算机技术发展到何种程度，文字依然是最重要的载体，因此，几乎所有的应用软件都有文字处理功能。如果课件对文字的要求不高，那么，多媒体课件制作软件本身就可以完成文字的录入、编辑。如果要对文字进行艺术加工，就要借助于专业的文字处理软件了。

- 常用文字处理软件：如写字板、Word、WPS 等。
- 艺术文字处理软件：如 Photoshop、CorelDraw、FreeHand、Word 等。

2．图像素材处理软件

图像素材的采集方法很多，但是，如果图像素材不适合设计的需要，这就要使用图像处理软件。

- 图像制作软件：如画笔、金山画王、CorelDraw、Painter 等。
- 图像处理软件：如 Photoshop、PhotoDraw 等。

3．声音素材处理软件

在多媒体课件制作时经常要用到音效、配音、背景音乐等。声音的格式很多，如基于 PC 系统的 WAV、MIDI 格式，基于 MAC 系统的 SND、AIF 格式，这些格式之间经常需要转换，因此，声音素材的采集整理需要更多的软件支持。

在多媒体课件制作中可以选择使用以下两种音频编辑软件：

- Creative Wave Studio "录音大师"：它是 Creative Technology 公司 Sound Blaster

AWE64 声卡附带的音频编辑软件。在 Windows 环境下它可以录制、播放、编辑 8 位和 16 位的波形音乐。

- Cake Walk：是 Twelev Tone System 公司开发的音乐编辑软件，利用它可以创作出具有专业水平的"计算机音乐"。

4．动画素材处理软件

多媒体课件中使用的动画主要有两种：二维动画和三维动画。常见的动画制作软件有：

- 二维动画软件：如 Animator Pro、Flash、Swish 等。
- 三维动画软件：如 3D Studio MAX、Cool 3D 等。

5．视频素材处理软件

视频以其生动、活泼、直观的特点，在多媒体系统中得以广泛的应用，并扮演着极其重要的角色。多媒体 CAI 课件要用到大量的视频文件，常用的视频素材是 AVI、MOV 和 MPG 格式的视频文件。

视频处理软件主要有：

- QuickTime：QuickTime 是著名的 Apple 公司的一款视频编辑、播放、浏览软件，是当今使用最广泛的跨平台多媒体技术，已经成为世界上第一个基于工业标准的 Internet 流(Stream)产品。使用 QuickTime 可以处理视频、动画、声音、文本、平面图形、三维图形、交互图像等内容。
- Adobe Premiere：Adobe 公司推出的一个功能十分强大的处理影视作品的视频和音频编辑软件。
- Ulead Media Studio Pro：友立公司推出的一款非常著名的视频编辑软件。

1.5.2　课件制作软件

多媒体课件制作软件，也称为多媒体集成工具软件。目前，这种工具软件很多，如 Authorware、Director、Flash、方正奥思、蒙泰瑶光等。本书从实际需要出发，主要介绍 PowerPoint、Dreamweaver、Flash、Authorware 的使用技术。

- PowerPoint：微软公司 Office 中的成员之一，主要用于制作演示文稿、电子讲义等，是一款简单易学的多媒体软件，可以用来制作一些简单的课件。
- Dreamweaver：目前最流行的站点开发与制作工具，能够处理多种媒体信息，可以用于制作网络课件。
- Flash：目前最专业的网络动画软件之一，近几年，随着软件功能的不断增强，它被广泛地应用在多媒体开发、课件制作等领域。
- Authorware：一款老牌多媒体开发工具，主要用于创建交互式多媒体程序，它属于一款比较专业的课件开发工具。

1.5.3　实用工具软件

在多媒体课件制作过程中，除了课件制作软件外，凡在课件制作中能提供帮助的软件都属于实用工具软件。前面我们已经介绍了一些课件素材制作软件，除此之外，还有一些常用的工具软件。

1. ACDSee

在多媒体课件制作过程中需要一些现成的图片，这些图片大量存在于网络、光盘中，要快速准确地找到所需的图片并不是一件容易的事。但是有了 ACDSee 看图软件，这个问题就迎刃而解了。ACDSee 是一款看图软件，几乎是所有计算机爱好者的必备工具。ACDSee 6.0 具有以下功能：

- 浏览编辑功能：ACDSee 6.0 在原来的基础上增加了很多新功能，它在浏览图片方面较以前更加方便，提供了文件列表和预览窗口等许多选项，还提供了向导功能、图片搜索功能等。另外，ACDSee 6.0 也提供了功能强大的图像编辑功能，在 ACDSee 中可以对图像进行色彩、特效方面的调整。
- 组织管理功能：ACDSee 6.0 对图片的组织管理能力非常突出。第一，使用它可以导入数码相机中的照片；第二，它可以对图片进行分等定级，例如，可以将一些图片定为 1 级，而另一些图片定为 2 级……，将来可以按照图片的级别来浏览图片，这样，选择图片更容易；第三，可以将不同文件夹中的图片收集在一个"图片篮"工具中，同时显示这些图片，这只是一个虚拟的空间，实际上，图片仍然在原位置。
- 支持多媒体文件：ACDSee 6.0 具有强大的多媒体文件支持能力，当浏览有声音和动画的文件时，可以直接在 ACDSee 里预览和打开。
- 抓取屏幕能力：ACDSee 6.0 增加了抓图功能，设有 Desktop、Window、Region、Object 四大类抓图方式。
- 分享打印图片：ACDSee 6.0 可以刻录图片光盘，制作 HTML 幻灯片，打印专业照片效果，制作个性化屏保等。

2. 超级解霸

声音和视频(包括动画)是多媒体课件中最活跃的元素，如果没有声音、视频，CAI 课件就不能称为多媒体课件。使用超级解霸可以完成声音与视频的采集，下一章中我们将结合实例具体介绍视频的采集技术。

超级解霸包括六个组成部分：

- 超级解霸。
- 超级音频解霸。
- 超级 DVD 2.0。
- 界面编辑器。
- 网络视频新技术。
- 豪杰实用工具集。

需要强调的是，多媒体播放、剪辑、压缩、格式转换的实用工具很多，如"东方影都"、PowerDVD、inDVD 等，用户可以选择自己习惯的软件使用。

3. HyperSnap-DX

在制作课件时，经常需要从显示器屏幕上抓取图像，由于 Windows 系统提供的屏幕捕捉功能只能抓取全屏和窗口，存在一定的局限性，所以需要使用抓图软件来完成，其中 HyperSnap-DX 是一款优秀的屏幕抓图软件，是从事课件制作人员的必备工具。

HyperSnap-DX 除了能够完成基本的抓图功能外，还有以下功能：

- 可以抓取窗口、局部区域。
- 连同鼠标光标一起抓取图像。
- 抓取 VCD、DVD 及 DirectX 显示的图像。
- 动态抓取图像。
- 可以对抓取的图像进行简单的处理。

除了 HyperSnap-DX 外，抓图工具还有很多，例如 Capture、Flash32、SnagIt、Clip 等，都是不错的抓图软件。

4．WinZIP

在传输或发布课件时，如果文件的数据较大，需要使用压缩工具对文件进行压缩，以加快传输与发布速度。在各式各样的压缩软件中，WinZIP 是最流行的一款。它支持多种压缩格式，并支持长文件名，支持病毒扫描，其最大的特点是紧密地与 Windows 资源管理器相结合，可以直接进行拖放操作，操作十分简便。

5．WinRAR

WinRAR 是这几年来非常流行的压缩工具，它的用户群已经远远超过了 WinZIP 的用户。使用它可以实现大文件的分卷压缩，将文件切成若干块，解压缩后，所有分卷压缩包中的内容将合并成为一个。另外，在 WinRAR 环境下，可以一览无余地看到所有的隐藏文件，方便压缩隐藏文件。最后，在压缩文件时可以对文件进行加密压缩，对文件的保护性比较好。

以上简单地叙述了制作多媒体课件时经常使用的工具软件，这只是几款常用的工具软件，由于个人的习惯不同，可能使用的工具软件也不一样，所以，读者可以根据自己的习惯与爱好来选择工具软件，只要能够完成任务就可以。

1.6　制作多媒体课件的人员配备

多媒体课件的制作是一项复杂的系统工程。对于小型课件的制作，一两个人足以。但是，对于大型课件的设计制作仅靠一两个人是不行的，必须设置一个部门或小组来承担。一个优秀的课件，不仅要有很高的技术含量，也要求能够体现制作人员的丰富想象力和审美观。

一个理想的课件制作小组应包括如下人员：

- 策划人员

策划人员的职责是整个制作工作的核心，负责确立项目，协调各部门人员配合工作。这种工作最好由具有一定的策划知识、拥有一定领导职务的人员来承担。

- 教学专家

教学专家的主要职责是解决"教什么与如何教"的问题，这类人员一定要熟悉教学内容，对教材理解透彻，懂得教学方法，掌握和熟悉课件的使用对象。通常情况下，这类人员由具有丰富教学经验和资历的老师承担。

■　设计人员

这类人员的职责是解决"课件中的美学"的问题，他们需要具有一定的美学常识，最好懂得教学。把一个课件变为一个艺术品是设计人员的主要任务，这类人员最好由美术教师承担。

■　制作人员

课件制作人员要具备相当的计算机硬件、软件知识，特别是要精通多媒体课件集成工具的使用，其主要任务是把策划人员、教学专家、设计人员的构想变为多媒体课件。通常情况下，这类人员由计算机专业教师承担。

上述人员的配备是针对大中型课件而言的，是一个较为规范的课件小组的基本配置。事实上，在实际教学中，对于小型课件的制作，一个人就可以完成了，不过制作者必须具备一定的教学经验、美学基础和较高的计算机水平。

1.7　制作多媒体课件的一般流程

无论是大中型的多媒体课件，还是小型的多媒体课件，其基本的制作流程是一样的。当确定了课件的主题以后，应该按照如下流程进行制作：规划结构、收集素材、课件整合、测试发布。

■　规划结构

实际上，这是一个基本的设计过程，由于多媒体课件具有较强的集成性、交互性等特点，所以，制作课件时必须根据教学内容规划好整个课件的结构，这是制作课件的前提与基础。多媒体课件的结构决定了教学内容的组织与表现形式，反映了课件的基本框架与风格。

通常情况下，多媒体课件可以采用以下基本结构：线性结构、分支结构、网状结构、混合结构。不论哪种结构，都要注意一个重要的问题——导航要合理，也就是说，用户必须能够按照设计的课件结构走进去，也能按照课件结构走出来，一定要避免产生"无路可走"的现象。

■　收集素材

多媒体课件中主要有文本、图像、动画、声音等媒体信息，制作多媒体课件时收集素材是一项比较繁琐的工作，在第 2 章中我们详细阐述了各种素材的收集方法。

收集素材是制作多媒体课件的关键。没有素材，就失去了操作对象；素材不理想，就影响了课件的质量。因此，在制作课件之前一定要精心收集素材，要把课件中需要的素材全部收集起来，并进行适当的处理，然后再制作课件。这样，不但可以提高工作效率，同时也为制作出高质量的课件奠定了基础。

■　课件整合

课件整合就是根据课件的制作要求，把各种相关的素材按照一定的规律、组织形式整合到一起。这个过程主要运用多媒体制作软件来完成，如 PowerPoint、Authorware 等。课件的整合过程就是课件的生成过程，因此，要注重课件的科学性与艺术性的紧密结合。所谓科学性，就是要时刻把握住课件的基本功能，课件是帮助教师实现一定的教学目标、完成相应教学任务的一种程序，所以制作课件时要时刻遵循这一点。所谓艺术性，就是指课件在不偏离其基本功能的前提下，充分表现课件的美感，使学习者产生愉悦的心理，从而激发学习兴趣。

　　■　　测试发布

　　当完成了多媒体课件的制作后，在发布之前，一定要对课件进行全面的测试，这是因为在开发课件的过程中，特别是开发大型课件的过程中难免会存在一些疏漏，甚至是逻辑错误，因此，完成了课件的制作任务之后，并不意味着大功告成，一定要对每一个结构分支进行运行测试，并随时纠正存在的错误。另外，对课件进行了运行测试之后，还要求在不同的电脑上、不同的系统中进行测试，确保课件能够正常运行。通过了所有的测试以后，就可以将课件打包发行，应用于实际教学中了。

1.8　练　习　题

一、填空题

1．计算机辅助教育是一门交叉学科，它是_____与_____相结合的必然产物。

2．通常情况下，多媒体课件具有三个特性，即_____性、_____性和_____性。

3．开发多媒体课件必须具备基本的开发系统，即_____系统和_____系统两部分，前者是基础，后者是条件。

4．确定了课件主题以后，应该按照：规划结构、_____、课件整合、_____流程进行制作。

二、选择题

1．在传输或发布课件时，如果文件的数据较大，可以使用(　　　)工具对文件进行压缩。

　　A) Photoshop　　　　　B) WinZIP　　　　　C) ACDSee　　　　　D) Authorware

2．制作课件时，用于制作课件界面的常用软件是(　　　)。

　　A) HyperSnap-DX　　B) ACDSee　　　　　C) WinZIP　　　　　D) Photoshop

3．Authorware 的主要功能是(　　　)。

　　A) 界面处理　　　　　B) 数据处理　　　　　C) 课件开发　　　　　D) 文件压缩

4．声音是多媒体中最容易被人感知的媒体形式，声音的格式主要有(　　　)两种。

　　A) WAVE 和 MIDI　　B) AVI 和 MIDI　　C) WAVE 和 AVI　　　D) MIDI 和 DAT

三、问答题

1．什么是多媒体？什么是多媒体 CAI 课件？

2．简述制作多媒体课件的一般流程。

3．简述制作多媒体课件在现代教学中的意义。

第 2 章 多媒体素材的采集与编辑

本章内容

- 文字素材的采集与编辑
- 图像素材的采集与编辑
- 动画素材的采集与编辑
- 声音素材的采集与编辑
- 视频素材的采集与编辑
- 练习题

在多媒体 CAI 课件的制作过程中，素材的采集与编辑非常重要，也是比较复杂的一项工作。优秀的课件设计与制作者，一定非常重视课件素材的采集与编辑，因为课件素材是制作课件的基础与前提，素材的选择、质量、使用都直接影响到课件的质量。可见，素材的采集与编辑是不容忽视的。

上一章我们已经提到过素材的采集与编辑工具很多，既有专业的也有非专业的，那么，是不是要把所有的工具软件都掌握呢？事实上，任何人都不可能也没有必要全部掌握和熟悉所有的工具软件，何况这些工具软件还在不停地推陈出新！对我们来说，只要采集和编辑的素材符合课件的制作要求就达到了目的，使用什么工具并不重要。

多媒体素材的采集与编辑是一个很大的"话题"，本章将从一些最普通、最常见、最常用的工具软件入手，介绍有关多媒体素材的采集与编辑。

2.1　文字素材的采集与编辑

文字是最重要的信息载体，无论是课件制作工具还是素材采集与加工工具，几乎都具备文字、文本的采集与编辑功能。但是多媒体 CAI 课件涉及到数理化、文史哲等几乎所有的应用学科。这就难免会遇到一些专业的问题，除了普通的文字、文本之外，还会涉及到公式、函数、图形、字符等，这是采集与编辑文字素材常遇到的一些障碍，应该予以克服。

2.1.1　特殊字符的处理

制作课件时经常需要输入一些特殊字符，如单位符号、公式、拼音等。如果使用 PowerPoint 制作课件，可以直接输入；如果使用其它课件制作软件，可以考虑使用 Word 来解决，然后再进行抓图操作。

1．特殊字符的输入方法

下面我们以 Word 2007 为例，介绍特殊字符和汉字偏旁的输入方法。

1) 启动 Word 2007 中文版。

2) 在功能区中切换到【插入】标签，如图 2-1 所示。

图 2-1　【插入】标签

3) 在【符号】组中单击 Ω 符号 ▾ 按钮，在打开的列表中可以选择所需的符号，如果没有所需符号，可以选择列表中的【其他符号】选项，这时将弹出【符号】对话框，如图 2-2 所示。

图 2-2　【符号】对话框

4) 在【字体】下拉列表中选择"Wingdings"选项，即可选择特殊字符。如果要输入汉字偏旁，则需在【字体】下拉列表中选择"普通文本"选项，在【子集】中选择"CJK 统一汉字"，即可选用汉字偏旁，如图 2-3 所示。

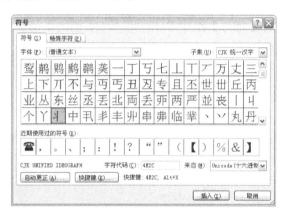

图 2-3　【符号】对话框

5) 选择要输入的特殊字符或汉字偏旁，单击 插入(I) 按钮即可将其插入到文档中。

2．为汉字注音

汉语拼音是学习汉语的重要工具，在文史哲类，特别是语文课件的制作中，有时会涉及到拼写问题，因此课件制作者有必要了解拼音的输入方法。

输入汉字拼音的最好方法是借助软键盘，如图 2-4 所示。

图 2-4　软键盘菜单

如图 2-5 所示为使用软键盘为汉字注音后的效果。

duōméitǐ kèjiàn zhìzuò

多 媒 体　课 件　制 作

图 2-5　汉字的注音效果

实际上使用软键盘可以实现很多特殊的功能，如各种数字序号、数学符号、单位符号等的输入。

3．公式的编辑

在 Word 2007 以前的版本中，公式的编辑需要借助公式编辑器，如果计算机中没有安装公式编辑器，就不能输入公式。在 Word 2007 版本中，这个问题就不存在了，用户可以直接插入多种样式的公式，并且可以快速、方便地编辑公式。

在 Word 中插入及编辑公式的方法如下：

1）在【插入】标签的【符号】组中单击 **π 公式** 右侧的小箭头，在打开的列表中有多种公式样式，如图 2-6 所示。

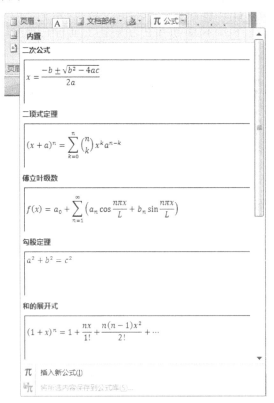

图 2-6　公式列表

2）在列表中选择所需的公式样式，这里选择"二次公式"，将切换到【设计】标签中，同时文档中出现了插入的公式，如图 2-7 所示。

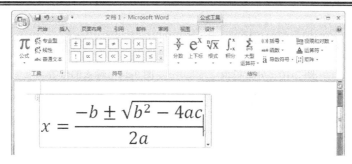

图 2-7　插入的公式

3) 在【设计】标签的【工具】组中可以重新插入公式，更改公式的形状等。

- 单击 π 按钮，可以重新插入系统内置的数学公式，或者使用数学符号库创建公式。

- 单击 专业型 按钮，可以将选择的公式转换为二维形式，即标准书写格式。

- 单击 线性 按钮，可以将选择的公式转换为一维形式，如图 2-8 所示。

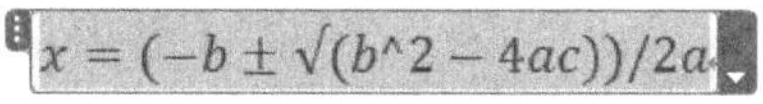

$$x = (-b \pm \sqrt{(b^2 - 4ac)})/2a$$

图 2-8　线性形式的公式

- 单击 abc 普通文本 按钮，可以在数学区域使用非数学文本。

4) 在【符号】组中选择所需的符号，即可将其插入到公式中。

5) 在【结构】组中可以选择多种常用的运算方式，如分数、上下标、根式、积分、大型运算符等，也可以自己选择运算模板输入公式，这里选择"分数(模式)"模板，如图 2-9 所示。

图 2-9　选择模板

6) 这时，文档中将出现分数模板，如图 2-10 所示，分别在分子和分母部分单击鼠标，输入所需的内容即可，如图 2-11 所示为输入的分数。

图 2-10　分数模板　　　　　　　图 2-11　输入的分数

Word 2007 增强了数学公式的编辑能力，主要表现在两个方面：一是输入公式的方法更加简捷高效；二是公式的类型更加丰富，如极限与对数、矩阵、积分与求导等。

2.1.2　文字的修饰

制作课件时，经常需要对标题文字、重点文字等加以修饰，这不但可以起到美观悦目的效果，而且对一些重点文字也起到了强调作用。下面我们介绍一些关于文字的修饰技术。

1．一般修饰

使用 Word 可以完成对文字的一般修饰，如阴影、空心、阳文、阴文等，这些内容都可以在【字体】对话框中设置，如图 2-12 所示。【字体】对话框中有两个标签，在这两个标签中可以设置不同的文字格式，实现修饰效果。

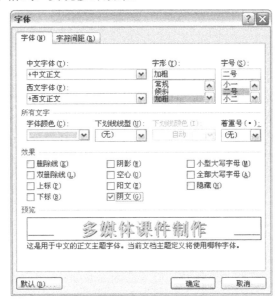

图 2-12　【字体】对话框

2．艺术修饰

在制作课件时如果需要使用艺术文字，可以采用两种方案解决。

一是使用 Office 中的艺术字库。Office 2007 办公组件增强了艺术字的功能，特别是在 PowerPoint 中，可以为艺术字添加很多预置的艺术效果，如"发光"、"映像"、"棱台"与"三维效果"等。如图 2-13 所示的艺术字就是在 PowerPoint 中制作的。

图 2-13　使用 PowerPoint 制作的艺术字

二是使用专业软件制作艺术字，如 Photoshop、Cool 3D 等。下面我们使用 Photoshop 制作一个简单的艺术字。

1) 启动 Photoshop CS4，建立一个新文件。
2) 选择工具箱中的 T 工具，在图像窗口中输入文字"艺术字效果"，如图 2-14 所示。

图 2-14　输入的文字

3) 单击菜单栏中的【窗口】\【样式】命令，打开【样式】面板。
4) 在【样式】面板中单击需要使用的样式，即可得到艺术字效果，如图 2-15 所示。

图 2-15　艺术字效果

2.2　图像素材的采集与编辑

　　图像在课件中的作用十分重要，通常情况下，一幅图像所表达的信息可以替代好多文字，它在课件中的作用仅次于文字。实际上，上一节介绍的文字也可以理解为图像中的矢量图形。因此，图像是一个广义的概念。

　　在多媒体课件的制作过程中，图像的采集比图像的编辑要容易一些。下面简单介绍图像的采集与编辑方法。

2.2.1　图像的采集

　　就图像的采集而言，有以下几种方法：

- 直接购买数字化图像和图片。目前数字化图像和图片库很多，它们主要存储在 CD-ROM 上，大部分是摄影、美术和计算机图像。
- 利用扫描仪对图像进行数字化处理。扫描仪可以将照片、艺术图片等转化成单色或全彩色的位图图像。
- 从视频节目中获取图像。如果视频节目源是 VCD 影碟，就可以利用一些软解压的播放器捕捉画面，然后进行处理。例如，超级解霸等就具有这样的功能。
- 利用软件自己创作。利用相应的工具软件自己绘制图像，可以使图像更加符合课件的要求。

　　以上概括了获取图像的四种基本方法，在制作课件时可以视具体情况而定。下面具体介绍几种获取图像的技巧。

1. 从光盘中获取图像

我们知道，电影是由成千上万的帧图像组成的，因此，可以把任何一张 VCD 光盘都看作一个丰富多彩的图像库，随时都可以把所需的画面捕捉下来，这是获取图像的一个很重要的渠道。

从光盘中获取图像的基本操作步骤如下：

1) 将光盘放入光驱，超级解霸 3500 将自动运行，如图 2-16 所示。

2) 单击菜单栏中的【控制】\【抓图】\【单图】命令，或者按下 Ctrl+F1 键，则弹出【保存图片】对话框，如图 2-17 所示。

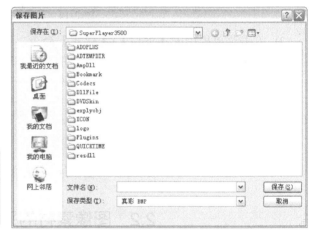

图 2-16　超级解霸 3500 操作窗口　　　　图 2-17　【保存图片】对话框

3) 在该对话框中确定文件名、保存位置，单击 保存(S) 按钮，即可将截取的画面保存起来。如图 2-18 所示是刚才截取的画面。

图 2-18　截取的画面

2. 从显示屏上获取图像

使用电脑时，无论是屏幕保护程序、应用软件、光盘还是网络等，都可能出现一些漂亮的图像，如果它们符合课件的要求，可以将其从显示屏上捕捉下来备用。

从显示屏上获取图像的具体操作步骤如下：

1) 当显示屏上出现了所需的图像时，按下键盘中的 Print Screen SysRq(屏幕打印)键，则该图像被保存到了 Windows 剪贴板中。

2) 单击【开始】\【程序】\【附件】\【画图】命令，启动画图软件。

3) 单击菜单栏中的【编辑】\【粘贴】命令，则将图像粘贴到了画图软件中。

4) 单击菜单栏中的【文件】\【保存】命令，将图像保存起来即可。如图 2-19 所示就是使用这种方法捕捉的 Photoshop CS4 启动画面。

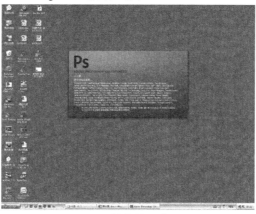

图 2-19　捕获的屏幕画面

> (i)　在捕捉屏幕画面时，按下 Print Screen SysRq 键将捕捉全屏画面；按下 Alt+Print Screen SysRq 键可以只捕捉屏幕上的活动窗口。

3. 用抓图软件获取图像

实际上，使用抓图软件来获取图像是最方便的，它可以从屏幕上获取所需的各种图像，如全屏、区域、窗口等。在多种抓图软件中，HyperSnap 6 是比较优秀的一款，其工作界面如图 2-20 所示。

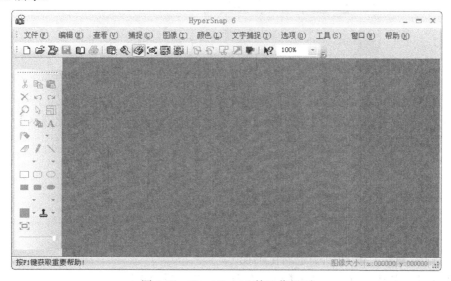

图 2-20　HyperSnap 6 的工作界面

该软件的使用方法比较简单：单击 按钮，可以抓取全屏、活动窗口、按钮等图像；单击 按钮，可以抓取任意区域内的图像。

使用 HyperSnap-DX Pro 软件抓取图像后，利用工具箱中的工具还可以对其进行各种编辑操作，编辑完成的图像可以保存为 BMP、JPG、GIF、PSD、TGA、WMF、PNG 等多种图像格式。

2.2.2　图像的编辑

使用图像编辑软件捕获图像的过程实际上也是对图像的加工处理过程。制作课件时，如果要使自己的课件更加专业化，就必须对各种素材进行编辑加工。对于图像素材的编辑加工，通常情况下由 Photoshop 来完成，因为 Photoshop 易学易用、功能强大，能够制作出各种各样的图像效果，从而满足课件的要求。

1．图像的修饰

使用 Photoshop 修饰图像是一件非常简单的事情。例如，如果觉得一幅图片过于呆板，要让它产生一种虚边的效果，就可以使用 Photoshop 的羽化功能来完成。

下面我们使用 Photoshop 的羽化功能制作虚边的图像效果。

1) 启动 Photoshop 软件，打开一幅图像，如图 2-21 所示。

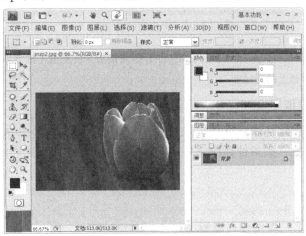

图 2-21　打开的图像

2) 选择工具箱中的 工具，在图像中拖曳鼠标，建立一个选择区域。

3) 单击菜单栏中的【选择】\【修改】\【羽化】命令，在弹出的【羽化选区】对话框中设置羽化值为 20，如图 2-22 所示。

图 2-22　【羽化选区】对话框

4) 单击 确定 按钮，确定羽化半径。

5) 单击菜单栏中的【选择】\【反向】命令，建立反向选区。

6) 连续按两次 Delete 键，删除选择区域中的内容，则图像产生了虚边效果，如图 2-23 所示。

图 2-23　图像效果

2．图像格式的转换

图像的格式多达几十种。不同的标准、不同的压缩算法就会产生不同的图像格式。在多媒体课件的制作过程中，经常存在图像格式的转换问题，例如，制作网络课件时，以目前的浏览器及 HTML4.0 标准来说，可以放进网页中的图像格式只有三种：JPEG、GIF、PNG，其中前两种格式的图像使用最频繁，如果所用的图像不是 HTML 4.0 标准所接受的格式，就必须转换图像格式。其实，制作非网络课件也存在这样的问题，例如，在 Authorware 中不能直接使用 PSD 格式的图像，因此，在使用之前也需要转换图像格式。

转换图像格式的简单方法就是用 Windows 画图软件打开要转换的图像，然后单击菜单栏中的【文件】\【另存为】命令，将图像以另外的格式保存起来。当然，最好的方法是使用 Photoshop 软件，它几乎能打开所有格式的图像文件。

2.3　动画素材的采集与编辑

动画是多媒体课件中最为活跃的元素。动画的素材很多，在光盘、网络中随处可以得到。但要获取适合不同课件主题要求的动画并不是件容易的事，有时需要自己动手去做，而动画制作软件大多具有相当高的专业性，如 Animater Pro、3DS MAX 等，要熟练地掌握它们并不是件容易的事。这里我们通过一些比较简单的工具介绍有关动画的处理问题。

2.3.1　用 Swish max 制作动态按钮

在多媒体课件中，按钮作为人机交互的重要方式使用非常频繁。课件界面是否美观漂亮、富有动感，按钮的作用是不可忽视的。

在 Swish max 中，按钮有四种基本状态，即向上、移过、向下、按键。在每一种状态中放入不同的图像就形成了动态按钮。如图 2-24 所示是按钮的三种状态。

图 2-24　按钮的三种状态

下面我们介绍使用 Swish max 制作该动态按钮的方法。

1) 启动 Swish max 软件。

2) 单击菜单栏中的【插入】\【按钮】命令，结果如图 2-25 所示。

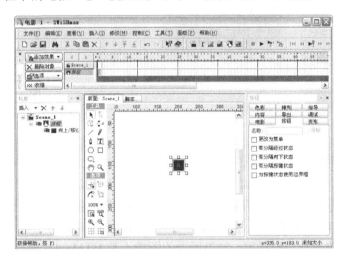

图 2-25　插入按钮

3) 在工作窗口左侧单击"向上/移过/向下/按键"，然后使用绘图工具绘制一个按钮，结果如图 2-26 所示。

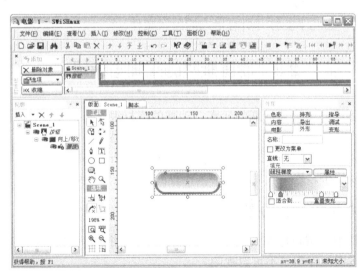

图 2-26　绘制的按钮

4) 单击菜单栏中的【插入】\【文本】命令，在按钮上方添加一个文本，并使用文本工具 $\boxed{\text{T}}$ 修改文字为 "方程式"，如图 2-27 所示。

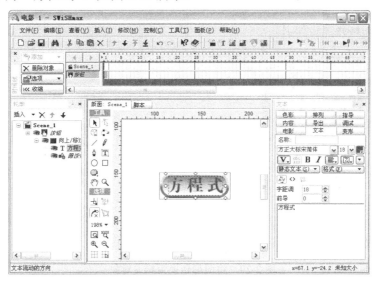

图 2-27　插入的按钮文本

5) 在工作窗口左侧单击 "按钮"，返回按钮层级，然后在右侧的【按钮】面板中同时选择【有分隔经过状态】、【有分隔向下状态】和【有分隔按键状态】选项，结果如图 2-28 所示。

图 2-28　【按钮】面板

6) 在工作窗口左侧单击 "移过状态" 下方的 "圆按钮"，单击菜单栏中的【修改】\【变形】\【垂直翻转】命令，翻转按钮；然后单击 "移过状态" 下方的 "方程式"，单击菜单栏中的【修改】\【转换】\【转换为精灵】命令，将图形转换为精灵对象，结果如图 2-29 所示。

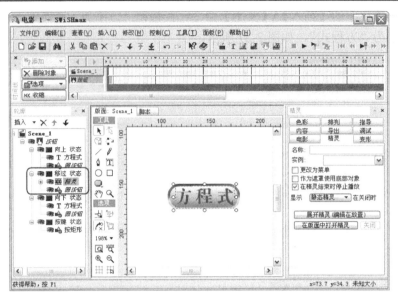

图 2-29　将图形转换为精灵对象

7) 在工作窗口左侧单击"精灵"下方的"方程式"，单击【时间轴】面板左侧的 [添加效果 ▼]
按钮，在打开的菜单中选择【连续循环】\【脉冲】命令，这时【时间轴】面板中将出现效
果帧，如图 2-30 所示。

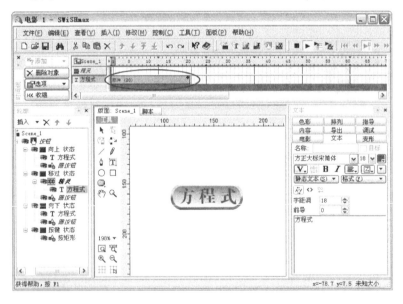

图 2-30　【时间轴】面板中出现的效果帧

8) 在【时间轴】面板中选择第 20 帧，单击左侧的 [S 添加脚本 ▼] 按钮，在打开的菜单中选择
【电影控制】\【gotoandplay】\【gotoandplay(FRAME)】命令，使文字效果循环播放，如图
2-31 所示。

图 2-31 使文字效果循环播放

9) 在工作窗口左侧单击"向下状态",在右侧的【变形】面板中设置缩放比例为 90,如图 2-32 所示。

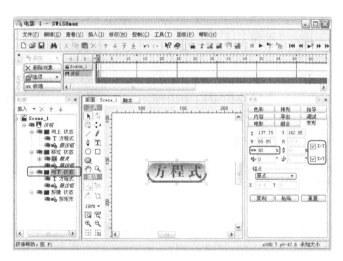

图 2-32 【变形】面板

10) 单击工具栏中的 ► 按钮,可以测试按钮的效果。单击菜单栏中的【文件】\【导出】\【SWF】命令,可以导入制作的按钮。

2.3.2 用 Cool 3D 制作课件的片头动画

Ulead Cool 3D 是一款三维动画制作工具,主要用于三维字体的动画制作。与 3DS MAX 相比,它简单实用,易于上手,比较适合非专业人员使用。下面通过一个简单的实例来介绍它的使用方法。

1) 启动 Ulead Cool 3D,进入程序的操作界面。该界面由五部分组成,由上而下依次为标题栏、菜单栏、工具栏、操作窗口、功能区,如图 2-33 所示。

标题栏
菜单栏
　　　　　　　　　　　　　　　　　　　　　　　　　　　　工具栏
操作窗口　　　　　　　　　　功能区

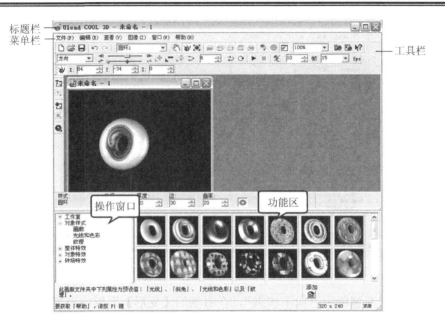

图 2-33　Ulead CooL 3D 的操作界面

2) 关闭操作窗口中的"未命名-1"文件。

3) 在【功能区】左侧的窗口中依次单击【工作室】\【组合】，在【功能区】右侧的窗口中双击第一行的第一个缩略图，这时操作窗口中出现了如图 2-34 所示的文件窗口。

4) 在工具栏中的"对象列表"中选择"COOL1"，如图 2-35 所示；然后单击对象工具栏中的 回 按钮，则出现如图 2-36 所示的【Ulead Cool 3D 文字】对话框。

图 2-34　文件窗口

图 2-35　工具栏

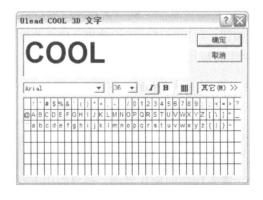

图 2-36　【Ulead Cool 3D 文字】对话框

5) 在对话框中将"COOL"修改为"多媒体课件"后单击 确定 按钮。

6) 用同样的方法，在工具栏中的"对象列表"中选择"COOL2"，再打开【Ulead Cool 3D 文字】对话框，将"COOL"修改为"多媒体课件"。

7) 如果感到满意，则结束操作。否则，可以根据爱好在【功能区】中选择不同的背景、风格和效果，本例制作结果如图 2-37 所示。

图 2-37　文件窗口

8) 单击【动画】工具栏中的 ▶ 按钮，预览动画效果，如图 2-38 所示是三个瞬间画面。

图 2-38　动画的瞬间画面

9) 单击菜单栏中的【文件】\【创建动画文件】\【GIF 动画文件】命令，将文件保存为所需要的格式。

2.4　声音素材的采集与编辑

多媒体课件中使用的声音主要有三种：背景音乐(包括主题音乐)、音效和配音。其中背景音乐或主题音乐是指用来烘托气氛的歌曲或乐曲；音效是指为按钮或交互响应等设计的声音效果；配音主要是指朗诵或旁白。

如果能为课件主题专门创作一首乐曲，那当然很好，只是这对于课件制作者来说未免过于苛刻。事实上，能对现有的声音合理地利用，也可以提高课件的质量。在此，介绍一些关于声音素材的采集、加工、压缩和解压缩的基本常识。

2.4.1　声音的采集

从数字化的技术特征来看，声音主要有两种：WAV 和 MIDI。无论哪一种格式，在人类的听觉里面都是声音，而这些声音文件和其它的信息元素一样广泛地存在于光盘、网络等信息载体中。

当前还有一种重要的声音格式 MP3，MP3 是 ISO-MPEG Audio Layer-3 的简称，它是在 1987 年的数字音频广播(Digital Audio Broadcasting)计划中发明出来的一种音频算法。这种算法同属于 MPEG-1(VCD 标准)与 MPEG-2(DVD 标准)的一部分，所以 MP3 并不是 MPEG-4。MP3 之所以能够风靡网络，是因为它能够在不失去原有音质的情况下，将 CD 音轨压缩至原有的 1/12 左右。MP3 算法不仅可以用来压缩 CD 音乐，还可以用来压缩任何数字音频。针对不同的声音品质，会有不同的压缩率，如表 2-1 所示。

表 2-1 不同声音的压缩率

声音品质	频 宽	模 式	速 率	压缩比
电话	2.5 kHz	单声道	8 kb/s	96:1
AM 调频	7.5 kHz	单声道	32 kb/s	24:1
FM 调频	11 kHz	立体声	56～64 kb/s	26:1～24:1
CD	>15 kHz	立体声	112～128 kb/s	14:1～12:1

在制作课件时，如果要使用声音文件，MP3 格式是一种比较理想的选择。我们可以将其它格式的声音文件转换为 MP3 格式，这方面的工具很多，这里介绍两种方法，供大家参考。

1. 用音频解霸转换为 MP3

使用音频解霸可以将正在播放的音乐转换为 MP3 格式，操作步骤如下：

1) 启动音频解霸，则出现如图 2-39 所示的操作界面。

图 2-39 音频解霸操作界面

2) 按下 🔁(循环)按钮，然后使用 ⏫(选择开始点)和 ⏬(选择结束点)按钮选出要转换的时间段。

3) 按下 MP3(保存为 MP3)按钮，在弹出的对话框中选择保存路径并输入文件名，单击 保存(S) 按钮，则弹出如图 2-40 所示的提示框。稍等片刻，一段 MP3 就录制完成了。

图 2-40 进度提示框

2. 用 MP3 转换器

MP3 转换器是一款界面简洁、操作方便的 MP3 格式转换工具，使用方法简单，功能强大，可以将各种流行的视频或音频格式转换成 MP3 文件。

1）安装并启动 MP3 转换器，出现如图 2-41 所示的操作界面。

图 2-41　MP3 转换器操作界面

2）在工具栏中单击 按钮，在弹出的对话框中选择要转换的声音文件，添加文件以后，文件名将显示在下方的文件列表中，如图 2-42 所示。

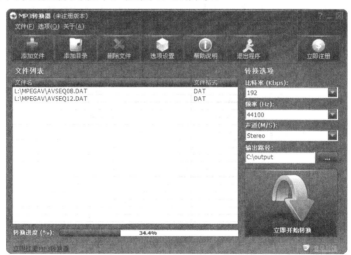

图 2-42　添加要转换的文件

3）单击右下角的【立即开始转换】按钮，下方的转换进度条将显示进度，当达到 100% 时即完成转换。

2.4.2　声音的编辑

上一节介绍了声音的采集，本节主要介绍关于录音、配音、音乐合成等方面的简单知识。

1．录制声音

制作多媒体课件时经常需要录制声音，如诗文朗诵、旁白等，这需要使用录音工具软件来完成。Windows XP 的录音机可以通过数字采样方式录制波形声音(WAV)，而且可以在录制声音时对数字文件以特定的方式进行编码，以减小录制文件的大小。在进行录音之前，应确保话筒已经连接在声卡后面的 MIC 插孔上，录音时应保持环境安静。

录制声音的基本操作步骤如下：

1) 单击【开始】\【程序】\【附件】\【娱乐】\【录音机】命令，启动录音机软件，如图 2-43 所示。

2) 单击菜单栏中的【文件】\【新建】命令，准备录音。

3) 单击 ■ 按钮即可进行录音。一般情况下，一个声音文件可以录制 60.06 秒。

4) 单击菜单栏中的【文件】\【保存】命令，将录制的声音文件保存起来。

图 2-43　启动录音机软件

2．编辑声音

声音的编辑、加工和装饰包括将多个声音文件进行剪切、拼接和混合等处理。声音文件经过加工处理以后，可以更加符合课件设计的要求。

■　将两个声音文件进行混合处理

1) 启动录音机软件。

2) 单击菜单栏中的【文件】\【打开】命令，播放第一个声音文件，并在需要插入另一个声音的地方暂停。

3) 单击菜单栏中的【编辑】\【与文件混音】命令，如图 2-44 所示。

图 2-44　选择菜单命令

4) 在弹出的【混入文件】对话框中选择要混合的声音文件(第二个声音文件)。

5) 单击 打开(O) 按钮，即可将两个声音文件混合到一起。

■　将两个声音文件进行拼接处理

将两个声音文件进行拼接的操作方法与混音处理基本一样，所不同的是在第 3) 步中是选择【编辑】\【插入文件】命令。

ⓘ　需要注意的是，【插入文件】是在播放停止处插入另一个声音文件，在另一个声音文件播放完之后将继续播放前面的声音文件；而【混入文件】是将加入的声音同原来的声音同时播放。

此外，Windows 录音机的【编辑】菜单中还提供了【删除当前位置以前的内容】与【删除当前位置以后的内容】命令。在【效果】菜单中提供了【加大音量】、【降低音量】、【加速】、【减速】、【添加回音】、【反转】等音效处理命令，如图 2-45 所示。这些功能比较简单，只要试一试便可以掌握，在此不再赘述。

图 2-45　【效果】菜单

3．格式转换

Windows 录音机也可以进行声音格式的转换，操作步骤如下：

1）启动录音机软件后，单击菜单栏中的【文件】\【打开】命令，打开要转换格式的声音文件。

2）单击菜单栏中的【文件】\【另存为】命令，则弹出【另存为】对话框，如图 2-46 所示。

图 2-46　【另存为】对话框

3）单击 更改(C)... 按钮，则弹出【声音选定】对话框，如图 2-47 所示。

图 2-47　【声音选定】对话框

4）在该对话框中选择要转换成的声音格式，单击 确定 按钮返回【另存为】对话框。

5）单击 保存(S) 按钮，完成声音格式的转换。

2.5　视频素材的采集与编辑

视频在多媒体课件中是不可缺少的信息载体，它可以起到烘托气氛的作用，可以给人一种震撼力，是其它信息元素所无法替代的。同时也应看到，视频素材的采集与加工整理的难度最大。视频文件主要存在三种格式：AVI 格式、MOV 格式和 MPEG 格式。

2.5.1　视频素材的采集

所谓视频素材的采集，是指从电视、录像、数字影碟等各种视频源中获取素材。但是要从电视、录像中采集素材，需要在计算机上安装视频卡，这里我们只介绍从数字影碟中采集视频素材。

1．从 VCD 中截取视频

制作课件时，如果需要从 VCD 中截取一部分视频，可以使用超级解霸播放器完成，这是一种比较简便的办法。

1) 首先播放 VCD 或 DVD 光碟，则出现如图 2-48 所示的操作界面。

图 2-48　超级解霸播放器操作界面

2) 按下 (循环播放)按钮，然后使用 (选择开始点)和 (选择结束点)按钮确定要截取的视频片段。

3) 按下 MPG (保存 MPG)按钮，则弹出【保存 MPEG 文件】对话框，如图 2-49 所示。

图 2-49　【保存 MPEG 文件】对话框

4）在该对话框中确定文件名、保存位置，然后单击 保存(S) 按钮，则弹出如图 2-50 所示的进度提示框。稍等片刻，一段视频片断就截取完成了。

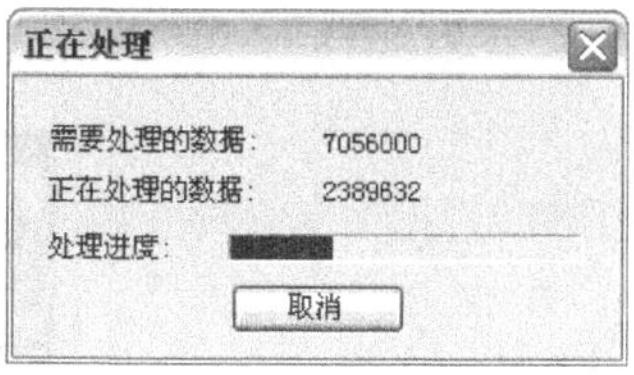

使用超级解霸可以截取的视频片断是 MPEG 格式，如果需要使用其它格式，还需要格式转换，以适应课件制作的要求。

2．视频的转换

视频的格式有很多种，为了在各种不同的视频格式之间进行转换，可以使用专业工具软件。本节将介绍一款非常实用的视频转换工具——WinAVI Video Converter。

图 2-50　进度提示框

WinAVI Video Converter 是专业的视频编、解码软件，具有界面美观、功能实用、操作简单的特点。它可以将视频文件在 AVI、DVD(MPEG)、VOB、WMV 之间进行转换。下面我们将上一节中从 VCD 中截取的"视频片段"转换为 AVI 格式。

1）安装并启动 WinAVI Video Converter，出现如图 2-51 所示的操作界面。

图 2-51　操作界面

2）在操作界面中单击 按钮，在弹出的【打开】对话框中选择要转换的视频文件，则弹出【x 转 AVI】对话框，如图 2-52 所示。

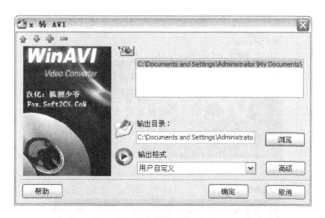

图 2-52　【x 转 AVI】对话框

3）单击【输出目录】右侧的 浏览 按钮，可以设置转换后视频文件的输出位置，单击

确定 按钮，则弹出【转换中……】对话框，如图 2-53 所示。

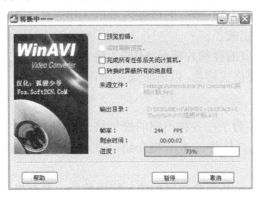

图 2-53　【转换中……】对话框

4) 当进度达到 100%时，将出现提示对话框，如图 2-54 所示，单击 确定 按钮即可。

用同样的方法，也可以将视频文件转换为 RM、WMV 格式。总之，在视频格式转换方面，WinAVI Video Converter 是一款不可多得的工具，它可以帮助我们解决制作课件过程中的视频问题。

图 2-54　提示对话框

2.5.2　视频素材的编辑

编辑视频素材时，除了前面介绍的视频采集、格式转换以外，还包括视频画面的分离、剪接，视频和音频的分离与合成等内容。这往往需要一些专业的软件来完成，例如 Premiere、Effects 等。下面我们介绍一个简单适用的小软件 VCDCutter，使用它可以非常容易地编辑视频文件。

1. 录制视频剪辑

1) 启动 VCDCutter，其工作界面如图 2-55 所示。该窗口由七部分组成：标题栏、菜单栏、视窗、控制与剪辑栏、标尺、播放与剪辑列表窗口、状态栏。

图 2-55　VCDCutter 工作界面

2) 将 VCD 光盘插入光驱，单击菜单栏中的【文件】\【播放 VCD】命令，使程序处于待播放状态。此时，控制与剪辑栏中的▣按钮被激活。按下该按钮或按 F5 键，则设置了视频剪辑的始端。如果要从头剪辑，则在按下▣按钮之前需要将标尺移动到最左端进行定位。

3) 设置了视频剪辑始端以后，则控制与剪辑栏中的▣按钮被激活。按下该按钮或按 F6 键，则设置了视频剪辑的末端。

4) 设置了视频剪辑的末端之后，控制与剪辑栏中的▣按钮被激活。按下该按钮或按 F7 键，可以将剪辑片段添加到剪辑列表中。

5) 单击【剪辑列表】标签，可以看到剪辑列表中添加了一个剪辑后的片段。在该片段上单击鼠标右键，可以了解其相关信息。

6) 重复 2)至 5)步操作，可以将同一个视频文件中的不同片段，或不同视频文件的片段剪辑出来，添加到剪辑列表中。

7) 在【剪辑列表】标签下，在某个剪辑片段上按住鼠标左右拖动，可以调整剪辑片段之间的排列次序，从而组成一部新的完整影片。

8) 编辑好了剪辑片段的次序后，单击控制与剪辑栏中的▣按钮或按下 F8 键，在弹出的【另存为】对话框中保存新影片即可。

2．分离影像和声音

1) 启动 VCDCutter，单击菜单栏中的【工具】\【分割系统数据流到 M1V，MP3】命令，则弹出如图 2-56 所示的对话框，其作用是把视频文件分离为无声的视频文件 M1V 与音频文件 MP3。

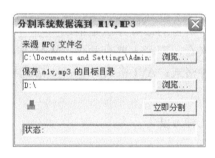

图 2-56　【分割系统数据流到 M1V，MP3】对话框

2) 单击【来源 MPG 文件名】选项右侧的 浏览... 按钮，在弹出的对话框中选择要分离影像和声音的视频文件。

3) 单击【保存 mlv,mp3 的目标目录】选项右侧的 浏览... 按钮，在弹出的对话框中选择将要生成的 M1V 和 MP3 文件的保存目录。

4) 单击 立即分割 按钮，可以将指定的视频文件分离为一个无声的视频文件(.M1V)和音频文件(.MP3)。

3．合成

1) 启动 VCDCutter，单击菜单栏中的【工具】\【编码 M1V，MP3 到系统数据流】命令，则弹出如图 2-57 所示的对话框，其作用是把无声的视频文件 M1V 与音频文件 MP3 合成为有声的视频文件。

图 2-57　【编码 M1V，MP3 到系统数据流】对话框

2) 单击【来源 M1V 文件名】选项右侧的 [浏览...] 按钮，在弹出的对话框中选择要添加声音的无声视频文件。

3) 单击【来源 MP3 文件名(仅级别 I 和 II)】选项右侧的 [浏览...] 按钮，在弹出的对话框中选择一个 MP3 音频文件。

4) 在【目标 MPG 文件名】选项输入要保存的文件名称及路径。

5) 单击 [立即编码] 按钮，则可以合成一个新的视频文件。

2.6 练 习 题

一、填空题

1. 多媒体课件中使用的声音主要有三种：_____、_____和背景音乐(包括主题音乐)。

2. 一般情况下，输入汉字拼音的最好方法是借助_____。

3. 从数字化的技术特征来看，声音主要有两种：WAV 和_____。

4. 视频文件主要存在三种格式：AVI 格式、_____格式和 MPEG 格式。

二、问答题

1. 图像素材的采集有哪几种方法？

2. 怎样录制、编辑声音？

3. 怎样对文字进行简单的装饰？

第3章 多媒体课件界面设计

本章内容

■ 多媒体课件界面的分类

■ 课件界面配色常识

■ 课件界面中的文字

■ Photoshop CS4 基础介绍

■ 渐变色的运用

■ 图层样式

■ 滤镜技术

■ 课件界面的输出

■ 练习题

对于多媒体课件来说，除了要有一个优秀的教学设计、课件结构以外，拥有一个友好的用户界面也是至关重要的，它是课件程序的"脸面"，在一定程度上决定了多媒体课件的成败。优秀的课件界面不但可以增强作品的美感，吸引用户注目，而且能够使课堂教学更加精彩。通常情况下，一个课件的界面由标题、图标、图形、按钮和菜单、教学演示区等几部分构成。因此，课件界面设计就是合理地安排这些构成要素的位置、区间大小、颜色搭配、比例关系等问题。本章将介绍一些课件界面设计方面的技术，供读者参考学习。

3.1　多媒体课件界面的分类

通常情况下，一个完整的课件主要包括两类界面，一类是主界面，即运行课件后出现的第一个界面，这个界面可以看作是课件的"封面"，要求简洁大方，体现课堂内容；另一类是次界面，即讲课时使用的界面，次界面的最大特点是具有"教学内容演示区"，而且要占次界面 85% 左右的比例。本节将简要介绍课件制作中经常遇到的几种界面。

3.1.1　片头或启动界面

一般地，大型课件程序应该具有片头或启动界面，当然并不是必需的，但是如果具有了片头或启动界面，课件作品就会更加引人注目，更加具有专业性与艺术性。

片头通常是一段动画，可以是 AVI 动画、GIF 动画或 Flash 动画。制作工具也比较多，如 3DS MAX、Animator Pro、Flash 等，它们都可以用于制作课件的片头。片头不宜过长，一般控制在 15～20 秒左右即可。

如果不给课件设计片头动画，为它设计一个启动界面也会增色不少。我们使用的每一款软件都有一个漂亮的启动界面(也称为软件 Logo)，即启动程序的过程中出现的画面。无论电脑运行速度多快，启动软件时必然要有一段反应时间，为了避免让用户在一种"毫无信息"的状态下等待，几乎所有的软件都设有启动界面，如图 3-1 所示分别为 PowerPoint 和 Photoshop 的启动界面。

图 3-1　PowerPoint 和 Photoshop 的启动界面

同样，如果课件程序比较大，启动缓慢，也应该为其设计一个别具特色的启动界面，一般需要使用 Photoshop 来制作。如图 3-2 所示是使用 Photoshop 设计的两个课件启动界面。

图 3-2　课件启动界面

3.1.2　主界面

主界面通常是指启动课件程序后出现的第一个界面，它是课件的总导航。主界面上一般应该具有鲜明的标题、个性的图标、明确的导航。其中，导航是最关键的，除了要美观之外，导航应该具有科学性、目的性，能够引导教学任务的完成。

对于主界面的设计而言，除了要遵循平面设计的基本原则之外，一般还要考虑尺寸大小、课件内容、风格样式以及导航形式等因素。而课件界面设计与其它平面作品的最大不同就是课件界面必须具备导航功能，而导航既可以是按钮的形式，也可以是菜单的形式，如图 3-3 所示是两种不同的导航设计。

图 3-3　两种不同的导航设计

3.1.3　次界面

课件的次界面需要具有教学演示区，而且要占据主要版面，同时还要根据课件的要求设计合理的导航，如"上一步"、"下一步"、"返回"、"首页"等，也可以与主界面具有相同的导航结构。总之，界面的设计、导航的安排要符合课件本身的教学要求，同时兼顾视觉审美原则，如图 3-4 所示为两个课件的次界面。

图 3-4　课件的次界面

3.1.4　片尾

课件的片尾设计可以简洁一些,当完成了一节课的教学以后,课件的退出是一个短暂的过程,不宜罗列大量的信息。通常可以采用静态图片与字幕动画的形式,其中字幕动画形式居多,文字信息主要为创作人员信息,也可有一些客套词句,如"谢谢"、"再见"等。

退出界面的设计要与整体设计协调统一,无论是版式、色彩,还是结构,各方面都要服从于整体,不要让人产生"互不相干"的视觉感受。如图 3-5 所示是两个教学课件的片尾瞬间画面。

图 3-5　课件的片尾瞬间画面

3.2　课件界面配色常识

在课件的界面设计中,色彩搭配十分重要。不同的色彩搭配可以产生不同的效果,从而给浏览者以不同的视觉感受。因此,我们必须掌握一些必要的色彩常识。

3.2.1　色彩的对比与调和

两种以上的色彩以空间或时间关系进行比较,从而得出其明显的差别与相互关系,称为色彩的对比。而将两种或两种以上的色彩进行合理搭配,产生统一和谐的效果,则称为色彩的调和。在色彩构成中,色彩对比与调和是一对矛盾的统一体,色彩的对比是寻求颜色之间的差别,以获得刺激、强调、热烈的作用,而色彩调和是寻找色彩之间的内在关系,减弱对比,强化联系,使画面产生统一、含蓄、和谐的色彩感觉。

■　色相对比

以色相差异为主要形式的对比称为色相对比。色相对比是色彩对比中非常重要的对比,它既可以发生在纯度高的颜色中,也可以出现在纯度低的颜色中。色相对比可分为同类色对比、邻近色对比、冷暖色对比、补色对比等多种情形。

■　明度对比

明度对比是指因明度之间的差别形成的对比。明度对比在色彩构成中占有重要位置,色彩的层次、质感、空间关系主要靠色彩的明度对比来实现。每一种颜色都体现出不同的明度,例如,柠檬黄的明度高,蓝紫色的明度低,橙色和绿色属中明度,红色与蓝色属中低明度。

■　纯度对比

纯度对比是指以色彩三要素中的纯度差异为对比关系而呈现出的色彩效果。其中，以高纯度为主的色调能给人以丰富多彩、色感强烈且积极的色彩感觉，会使人们联想到节日气氛；以中纯度为主的色调，可以给人以厚实、丰富、稳定的感觉；以低纯度为主的色调，则给人以典雅、温馨、柔和的感觉。

■　补色对比

补色对比指由色相环上间隔 180 度的颜色搭配而形成的色彩对比。这类对比最强烈、最饱满、最充实，它让色彩的对比达到了最大的鲜明程度，并且极大地提高了色彩的相互作用。

■　冷暖对比

由于色彩感觉的冷暖差别而形成的色彩对比称为冷暖对比。红、橙、黄使人感觉温暖；蓝、蓝绿、蓝紫使人感觉寒冷。

3.2.2　基本的配色方法

色彩搭配应以大众的审美习惯为标准，同时兼顾课件作品的特点。配色时要遵循这样几个基本原则：第一是色彩的合理性，色彩要漂亮、引人注目；第二是色彩的独特性，色彩搭配要与众不同；第三是色彩的艺术性，色彩要与课件作品的主题相适应。通常情况下，可以采用以下几种方法进行配色。

■　同类色配色法

同类色配色是只选用一个色相，非常容易调和，需要在明度与纯度上进行变化(加黑、白、灰)后配色。同一色相配色是统一性很高的调和配色。同一色相的色彩搭配给人以简洁、清爽、单纯的调和美感，但过于类似将会显得单调，因此应加强明度和纯度上的变化。

■　邻近色配色法

这种配色方法是先选定一种色彩作为主色调，然后选择它在色谱中相邻区域的颜色作为补色，如蓝色和绿色互为邻近色，黄色与橙色互为邻近色。邻近色搭配可以使整个页面色彩丰富但不花哨。

■　对比色配色法

对比色是指处于色相环上对立位置上的两种颜色，这种配色因色相的对比关系明显，具有明快、活泼、强烈甚至刺激性、戏剧性的效果。但如果处理不好，会产生令人烦躁的不调和感觉。

每一种色彩均可作为对比色使用，但应以一种颜色为主色调，使它占有较大的面积，同时辅以对比色起到点缀丰富的作用。

3.3　课件界面中的文字

课件是为课堂教学服务的，因此，正确传递信息就成了文字的主要功用。试想，如果一个课件作品中没有文字，即使它具有极强的视觉冲击、审美艺术，也不能给教学带来任何有价值的信息。

3.3.1 标题文字

在课件作品中，标题文字往往都使用特效字，即使不使用特效字，也会使用一些字体比较粗壮、明显的文字，用于吸引浏览者的目光，起到强调、突出的作用，如图 3-6 所示。

图 3-6　课件界面中的标题文字

由于标题文字比较特殊，除了具有强调语意与信息的功能外，还要特别强调审美效应，因此，常常把这一部分文字进行图形化处理，使其既具有文字的外观，又具有图像的艺术效果。

一般计算机用户字库中的字体都局限于宋、黑、隶、幼圆、仿宋等几种字体，因此，如果想用字体传达信息并起到装饰作用时，就必须将文字进行图形化处理，将文字制作成图形图像的格式。对于字型方面的选择，可以安装艺术字库或使用设计软件进行创作，然后再制作一些特效，如金属字、立体字、描边字、像素字等。

3.3.2 导航文字

导航文字通常与按钮组合在一起形成导航条，其作用相当于目录或索引。当课件内容较多时，我们必须对其进行分类，这样就会产生很多栏目，因此，需要设计一个导航条，引导浏览者知道"从哪里走"、"到哪里去"，很容易地找到自己需要的内容，避免盲目浏览，浪费时间，甚至迷失方向。

导航文字既可以是普通的字体，也可以结合按钮制作成特效文字。导航文字的运用要依据课件的整体风格而定，如图 3-7 所示。

图 3-7　几种导航文字效果

3.4　Photoshop CS4 基础介绍

如果我们使用 PowerPoint、Flash 制作课件，直接使用这两个软件就可以完成界面设计，但是其美观性、专业性要差一些，其中 Flash 的界面设计能力要比 PowerPoint 强一些。如果使用 Authorware、Director 制作课件，就不得不使用 Photoshop 制作课件界面了。

无论使用什么软件制作课件，要想更加专业、更加美观、更加实用，必须掌握 Photoshop 技术。Photoshop 是一款专业图像处理软件，目前版本为 Photoshop CS4 中文版。它具有卓越的图像处理能力，不仅可以处理现有的图像素材，还可以方便地完成绘画作品，广泛地应用于美工设计、广告制作、界面设计、数码照片、多媒体设计等领域。

3.4.1　工作界面

与以前的版本相比，Photoshop CS4 的工作界面变化比较大，比较突出的变化有三点：一是图像窗口由原来的浮动式改为了标签式；二是增加了一个快捷工具栏；三是提供了多种不同的工作区设置，如图 3-8 所示。

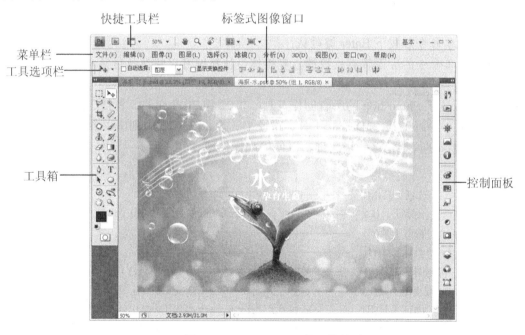

图 3-8　Photoshop CS4 的工作界面

1．快捷工具栏

快捷工具栏是 Photoshop CS4 新增的功能，它将一些最常用的命令整合在一起，便于快速地操作与切换界面。当窗口最大化时，快捷工具栏将出现在菜单栏的右侧，否则出现在菜单栏的上方。其最右侧的按钮用于更换工作区设置，如图 3-9 所示。不同工作区设置的界面会有一些变化。

图 3-9　系统预设的工作区

2．菜单栏

Photoshop CS4 菜单栏由 11 组菜单组成，共有 230 多条主命令(不包括子菜单命令)，包含了 Photoshop 的大部分操作命令。其操作方法与其它 Windows 应用软件一样，可采用下述三种方法进行操作：

- 将光标指向菜单名称单击鼠标，在打开的菜单中可以选择所需的菜单命令或子菜单命令。
- 按住 Alt 键的同时按下菜单后面带下划线的字母打开菜单，使用方向键选择相应的菜单命令后按下 Enter 键确认。
- 很多菜单命令的后面带有快捷键，直接按下快捷键可以快速执行菜单命令。

3．工具箱

工具箱中放置了 Photoshop 的所有创作工具，共 22 组 70 个工具。包括选择工具、修复工具、填充工具、绘画工具、3D 控制工具、路径工具等。图 3-10 中列出了各种工具的名称与相应的快捷键。建议牢记这些快捷键，以便提高操作速度。

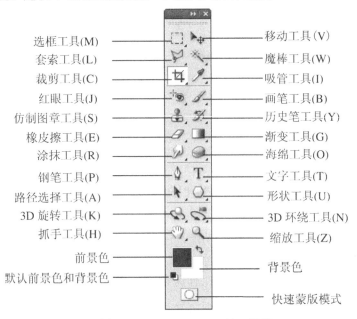

图 3-10　Photoshop CS4 的工具箱

使用工具箱中的工具时可以采用下述方法：

- 单击所需工具或直接按下工具的快捷键，可以选择该工具。
- 在含有隐藏工具的按钮上按住鼠标左键，将光标指向所需的工具上后释放鼠标，可以选择隐藏工具。
- 按住 Alt 键的同时重复单击含有隐藏工具的按钮，或者按住 Shift 键的同时反复按相应工具的快捷键，可以循环选择隐藏工具。
- 选择工具后，光标将变为工具形或笔刷形图标状。按下 Caps Lock 键，可以使光标在图标状与精确十字状之间进行切换。
- 选择工具后，在工具选项栏中可以设置相关的选项。

4．工具选项栏

工具选项栏是 Photoshop 的重要组成部分，在使用任何工具之前，都要在工具选项栏中对其进行参数设置。选择不同的工具时，工具选项栏中的参数也将随之发生变化，如图 3-11 所示为画笔工具选项栏。

图 3-11　画笔工具选项栏

5．控制面板

控制面板主要用来监视和编辑、修改图像，Photoshop CS4 的控制面板也做了很大改进，同时还新增了若干新的控制面板。默认情况下，控制面板是成组出现的，并且以标签来区分。在处理图像的过程中，可以自由地移动、展开、折叠控制面板，也可以显示或隐藏控制面板。

- 展开与折叠

Photoshop CS4 将控制面板设计为可折叠的，大大地扩展了工作空间。在编辑图像时，如果不需要使用控制面板，可以将其折叠为图标；需要使用的时候，可以再将其展开。操作十分简单，只需要在面板图标上单击鼠标，就可以展开或折叠控制面板，如图 3-12 所示。

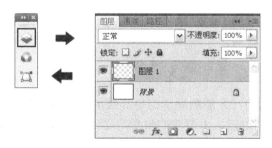

图 3-12　展开或折叠控制面板

另外，单击【窗口】菜单中相应的命令，也可以展开或折叠控制面板。

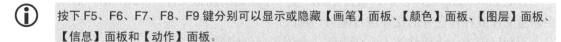

按下 F5、F6、F7、F8、F9 键分别可以显示或隐藏【画笔】面板、【颜色】面板、【图层】面板、【信息】面板和【动作】面板。

- 拆分与组合

控制面板展开以后，可以看到控制面板都是以组的形式出现的。但是控制面板组可以自由拆分或组合。将光标指向面板的标签，按住鼠标左键拖曳可以将某面板移到面板组外，即可拆分面板组；将面板拖曳到另一个面板组中，即可重新组合面板组。

　　■　调整大小

控制面板的右下角呈 状，表示该控制面板的大小可以进行调整，将光标指向面板的四边或角端，当光标变为双向箭头时拖曳鼠标，可以改变面板的大小。

(i) 在处理图像的过程中，有时为了使工作空间更大，通常隐藏控制面板。操作比较简单，重复按 Shift+Tab 键，可以显示或隐藏控制面板；另外，重复按 Tab 键，可以循环显示或隐藏控制面板、工具箱及工具选项栏。

6. 标签式图像窗口

在 Photoshop 中，无论是新建文件还是打开文件，都会出现图像窗口。在 Photoshop CS4 中，图像窗口以标签的形式出现，如图 3-13 所示，这使得窗口之间的切换比较方便，直接单击要激活的图像窗口的标签即可。

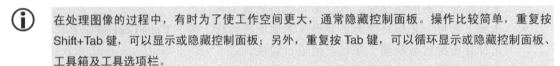

图 3-13　标签式图像窗口

图像窗口以标签的形式显示虽然有方便之处，但也存在不足，例如，当在两个或多个图像之间复制图层时，非常不便。这时可以将图像窗口变为浮动状态，有下列两种操作方法。

方法一：在图像窗口的标签上单击鼠标右键，在弹出的快捷菜单中选择【移动到新窗口】命令，可以将当前窗口变为浮动状态，如图 3-14 所示。

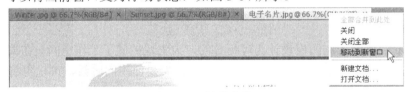

图 3-14　快捷菜单

方法二：单击菜单栏中的【窗口】\【排列】\【使所有内容在窗口中浮动】命令，可以将所有的窗口都变为浮动状态。

3.4.2　文件的基本操作

只有练好扎实的基本功，才能顺利学习更高级的图像编辑与处理技巧。因此，了解了 Photoshop CS4 的工作界面以后，本节我们将学习文件的基本操作，如文件的建立、打开、关闭和保存等。

1. 新建文件

启动 Photoshop CS4 以后，系统并不产生一个默认的图像文件。因此，用户必须自己动手新建文件或打开已有的文件进行编辑、修改。

下面以创建一个课件的主界面为例，介绍如何创建新文件。

1) 单击菜单栏中的【文件】\【新建】命令，或者按下键盘中的 Ctrl+N 键，则弹出【新建】对话框，如图 3-15 所示。

图 3-15　【新建】对话框

2) 在【名称】文本框中输入图像文件的名称，名称要与文件的性质相符，便于以后查找，如"勾股定理课件界面"。

3) 在【宽度】和【高度】文本框中输入数值，确定图像的尺寸。对于课件界面而言，建议以"像素"为单位，通常情况下，界面的尺寸要与显示器的分辨率匹配，如 640×480 像素、800×600 像素、1024×768 像素等。

4) 设置图像的分辨率与颜色模式。由于课件作品最终通过显示器输出，所以分辨率应该设置为 72 像素/英寸，颜色模式为 RGB 模式。原因是显示器的工作模式是 RGB 模式，分辨率为 72 ppi(每英寸像素，pixel per inch)。

5) 在【背景内容】下拉列表中选择图像的背景颜色，通常选择"白色"。

6) 单击[　　确定　　]按钮，即按照任务要求创建了一个图像文件。

2．打开文件

如果要打开一个已有的图像文件进行编辑，可以按照如下步骤进行操作：

1) 单击菜单栏中的【文件】\【打开】命令，或者按下 Ctrl+O 键，则弹出【打开】对话框，如图 3-16 所示。

图 3-16　【打开】对话框

2) 在对话框中进行选项设置。

- 在【查找范围】下拉列表中选择图像文件所在的位置。
- 在【文件类型】下拉列表中选择图像的格式。

3) 在文件列表中选择要打开的图像文件，单击 打开(O) 按钮，即可打开该图像文件。

另外，为了方便用户的操作，Photoshop 将最近打开的文件记录在【文件】\【最近打开文件】菜单中，这样打开文件就会更快捷一些。但是，默认情况下，系统只记录最近使用过的 10 个文件，如图 3-17 所示。如果要修改其数量，可以在【首选项】对话框中进行设置。

图 3-17   最近打开的文件

3. 保存图像文件

当在 Photoshop 中完成了一个课件界面以后，需要将其保存起来。保存文件的方法很简单，只要单击菜单栏中的【文件】\【存储】命令，或者按下 Ctrl+S 键即可保存图像文件。如果是第一次执行该命令，将出现【存储为】对话框，如图 3-18 所示。

图 3-18   【存储为】对话框

单击【保存在】选项右侧的☑按钮，在打开的下拉列表中选择文件的保存位置；在【文件名】文本框中输入要保存的名称；在【格式】下拉列表中选择图像的保存格式；然后单击 保存(S) 按钮就可以将文件保存起来。

保存图像文件就是将屏幕上的显示内容以特定的数据格式写到磁盘上。不同的格式影响着图像的质量、大小、计算机的兼容性等问题。例如，一幅看起来完全相同的图像，PSD格式要比 JPG 格式大得多。因此，保存图像时要正确选择图像的格式。常见的图像格式有：

PSD 格式：这是 Photoshop 的缺省文件格式，其它图像软件很难读取此格式的文件。一般情况下，如果我们的作品尚未最后完成，都要选择 PSD 格式进行保存。

JPG 格式(即 JPEG 格式)：这是应用最广泛的一种图像压缩格式，它的最大特点是压缩性很强，但是如果压缩比率过大，图像将受到损坏。因此，在生成 JPEG 文件时建议选择"最佳"选项，以保证图像的质量，如图 3-19 所示。当完成课件界面的制作后，通常需要保存为 JPG 图像格式。

图 3-19　【JPEG 选项】对话框

GIF 格式：GIF 格式主要用于网络传输、多媒体设计等，它采用的是无损压缩方案，但只支持 256 种颜色。多用来制作 GIF 动画、课件按钮等。对于颜色比较单一的课件界面，也可以采用该图像格式输出。

3.5　渐变色的运用

所谓渐变色，是指从一种颜色逐渐过渡到另一种颜色。Photoshop 提供的渐变工具可以轻松实现多种颜色的过渡效果。

在课件界面设计工作中，渐变色是一个重要的设计工具。使用渐变色不仅可以表现出物体的光影效果，而且可以很好地表现物体的质感，因此它是一个非常富有表现力的绘画工具。例如"苹果"界面效果就可以轻松地利用渐变色来完成，如图 3-20 所示。

图 3-20　利用渐变色完成的"苹果"界面效果

3.5.1　渐变色的类型

Photoshop 提供了 5 种类型的渐变色，分别是线性渐变、径向渐变、角度渐变、对称渐变、菱形渐变。不同的渐变类型定义了颜色的不同过渡方式。当选择了工具箱中的■工具以后，在其工具选项栏中可以选择不同的渐变类型，如图 3-21 所示。

图 3-21　渐变工具选项栏

下面简单介绍一下各种渐变类型的意义。

线性渐变■：从起点到终点以直线方式逐步过渡。这是使用比较多的一种过渡类型，可以表现平面物体的光照效果，也是表现立体效果的一种有效手段。

径向渐变■：从起点到终点以圆形方式逐步过渡。可以表现球形体、柱形体的光照效果。

角度渐变■：围绕起点以逆时针环绕方式逐步过渡。可以表现放射状的光照效果，经常使用这种渐变来制作光盘效果。

对称渐变■：在起点两侧用对称线性渐变方式逐步过渡。可以表现柱状体的光照效果，这种过渡类型使用较少。

菱形渐变■：从起点向外以菱形图案方式逐步过渡，终点定义为菱形的一角。这种过渡类型使用得也比较少。

3.5.2　渐变色的使用

使用渐变色可以实现很多效果，它是制作课件界面的有力工具。在 Photoshop 中使用渐变工具填充渐变色的基本操作步骤如下：

1) 在图像窗口中建立一个选择区域。

2) 选择工具箱中的渐变工具■，在其工具选项栏中单击■右侧的三角形按钮，在打开的选项板中选择系统预设的渐变色，如图 3-22 所示。

图 3-22　预设的渐变色

3) 在工具选项栏中选择一种渐变类型，然后设置模式、不透明度以及其它选项。

- 选择【反向】复选框时，可以反转渐变填充中起点与终点的颜色顺序。
- 选择【仿色】复选框时，Photoshop 将使用一种称为“仿色”的处理技术在渐变工具填充的各颜色之间进行平滑过渡，以防止出现颜色过渡过程中的间断现象。
- 选择【透明区域】复选框时，可以保留渐变填充所使用颜色中的透明属性。

4) 在选择区域内，在起点处按下鼠标左键，拖曳到终点处释放鼠标，即可填充渐变色，按住 Shift 键的同时可以以水平、垂直或 45°角填充渐变色。填充渐变色时，起点与终点的位置不同，渐变效果也不同，如图 3-23 所示。

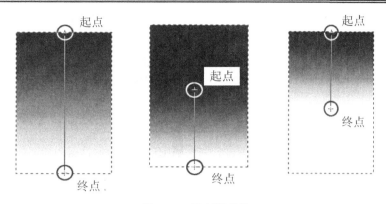

图 3-23 填充渐变色

3.5.3 编辑渐变色

在 Photoshop CS4 中，系统预置了多种渐变色，用户可以直接使用这些渐变色，如果这些渐变色不能满足设计需要，还可以自己编辑渐变色。

编辑渐变色的基本操作步骤如下：

1) 选择工具箱中的渐变工具 ■。

2) 单击工具选项栏中的渐变预览条 ■，则弹出【渐变编辑器】对话框，如图 3-24 所示。

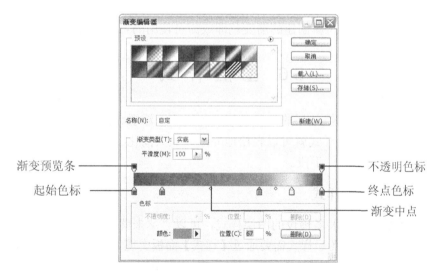

图 3-24 【渐变编辑器】对话框

3) 从【预设】列表中选择一种渐变色，可以基于所选的渐变色创建新的渐变色。

4) 将光标指向渐变预览条的下方，当光标变为 形状时单击鼠标，可以添加色标。按住色标向上或向下拖曳鼠标，可以删除色标。

5) 根据需要编辑渐变色。单击色标，则色标上方的三角形变黑，表示正在编辑该色标的颜色，此时单击【色标】选项组中的颜色块或者双击色标，则弹出【选择色标颜色:】对话框，如图 3-25 所示，在对话框中可以设置该色标的颜色。

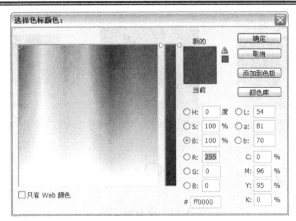

图 3-25　【选择色标颜色：】对话框

6) 将光标指向色标，按住鼠标左键水平拖曳，可以调整色标的位置；也可以单击色标后，在【位置】文本框中输入一个数值确定色标的位置。

7) 拖曳渐变中点，可以调整两种颜色之间的分界线位置；也可以单击渐变中点，在【位置】文本框中输入一个数值确定中点的位置。

8) 根据需要设置渐变的不透明度，不透明色标的操作方法与色标操作方法类似。

9) 在【平滑度】文本框中输入一个值或拖移滑块，可以设置整个渐变色的平滑度。

10) 在【名称】文本框中输入渐变色的名称，单击 新建(W) 按钮，可以将渐变色存储为预设方式。

11) 单击 确定 按钮，新创建的渐变色即成为可使用的当前渐变色。

3.6　图 层 样 式

图层样式其实是一些滤镜效果的简化使用，如投影、浮雕、发光等。以前需要由滤镜创作的效果，现在使用图层样式就可以轻松地完成，大大简化了工作流程。这在课件界面设计中是一种非常有效的创作手段。

3.6.1　使用系统预设的样式

Photoshop 系统提供了很多预设的图层样式，可以"拿来就用"，并且可以在此基础上进行修改。使用系统预设的图层样式需要通过【样式】面板实现。单击菜单栏中的【窗口】\【样式】命令，打开【样式】面板，在这里可以直接应用系统预设的样式。默认情况下，【样式】面板中的预设样式是以小缩览图显示的，如图 3-26 所示。

图 3-26　【样式】面板

第一次打开【样式】面板，其中的图层样式很少。实际上，Photoshop 为我们提供了非常多的预设样式，使用时可以将它们加载到【样式】面板中。

加载样式的基本操作步骤如下：

1) 单击【样式】面板右上角的按钮，打开面板菜单，在面板菜单的下方有一组样式命令，如图 3-27 所示。

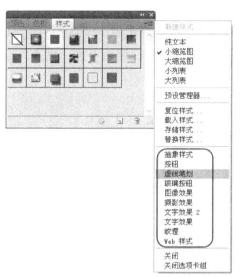

图 3-27　面板菜单

2) 单击相应的命令，将弹出一个信息提示框，如图 3-28 所示。

图 3-28　信息提示框

3) 单击 追加(A) 按钮，可以将样式追加到【样式】面板中；单击 确定 按钮，则用载入的样式替换掉【样式】面板中原有的样式。

通常情况下，在【样式】面板中单击某一种样式，就可以将其应用到当前图层上。从【样式】面板拖曳样式到【图层】面板中的图层上或者图像窗口中，也可以为当前图层应用样式。如图 3-29 所示为应用了样式后的文字效果。

图 3-29　应用了样式后的文字效果

当对图层中的内容应用了样式后，再应用另外一个样式时，前一个样式将被替换掉。如果要在已经应用了样式的图层中继续添加其它样式，而不是替换，则需要按住 Shift 键再单击要应用的样式。

如果要取消已经应用的样式，可以单击【样式】面板中的 ⊠ 图标，或者单击【样式】面板中的 ⊠ 按钮(该按钮的作用与无样式图标 ⊠ 的作用相同)。如果要从图层样式中删除个别效果，可以在【图层】面板中展开图层样式，将要删除的效果拖曳到面板底部的 ⅲ 按钮上即可。

3.6.2　图层样式的参数

在 Photoshop CS4 中，图层样式共有 10 种，分别是投影、内阴影、外发光、内发光、斜面和浮雕、光泽、颜色叠加、渐变叠加、图案叠加、描边。综合使用这些图层样式，可以创建出非凡的图像效果，如图 3-30 所示。

图 3-30　由图层样式创建的特效字

1．投影

这是最常见的一种图层样式，用于产生投影效果，用户可以设置投影的颜色、不透明度、混合模式、投影的位置、投影方向等参数。

单击菜单栏中的【图层】\【图层样式】\【投影】命令，则弹出【图层样式】对话框，通过调整【投影】选项区中的参数，可以改变投影效果，如图 3-31 所示。

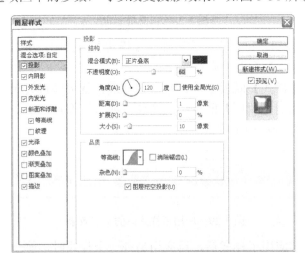

图 3-31　【图层样式】对话框(1)

【投影】选项区中各项参数的作用如下：

- 【混合模式】：用于设置图层样式与其下面图层的混合模式。其右侧的颜色块用于设置投影的颜色。
- 【不透明度】：用于设置投影的不透明程度。
- 【角度】：用于设置投影效果的光照角度。如果选择【使用全局光】复选框，则光照角度应用于图像中的所有图层；否则，光照角度仅对当前图层起作用。
- 【距离】：用于设置投影的偏移距离。
- 【扩展】：用于设置投影向四周的发散程度。
- 【大小】：用于设置投影范围的大小。
- 【等高线】：用于设置投影边缘的效果，单击右侧的 ◪ 按钮，则弹出等高线选项板，选择不同的等高线选项，投影的边缘效果也不一样。
- 【消除锯齿】：选择该选项，可以消除投影的锯齿边缘。
- 【杂色】：用于向投影中添加杂点。

2．内阴影

内阴影是指向图像的内部投影，默认情况下产生一种挖空的视觉效果，我们可以通过修改它的混合模式、投影的位置、投影方向等参数创建特殊效果。

单击菜单栏中的【图层】\【图层样式】\【内阴影】命令，则弹出【图层样式】对话框。通过调整【内阴影】选项区中的参数，可以改变内阴影效果，如图 3-32 所示。

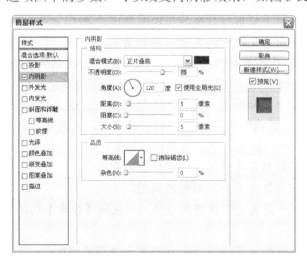

图 3-32　【图层样式】对话框(2)

选择内阴影样式时，选项区中的参数与投影样式的参数基本相同，两者产生的效果却相反，这里不再重复叙述。

3．外发光

外发光能够创建传统的光环效果，它使图像沿着边缘向四周产生光晕，用户可以控制光晕的颜色、大小、形态等，还可以设置渐变色的发光效果。

单击菜单栏中的【图层】\【图层样式】\【外发光】命令，则弹出【图层样式】对话框。

通过调整【外发光】选项区中的参数，可以改变外发光效果，如图 3-33 所示。

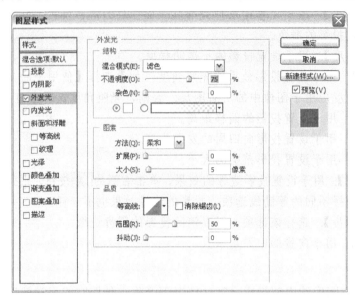

图 3-33 【图层样式】对话框(3)

【外发光】选项区中各项参数的作用如下：

- 【混合模式】：用于设置图层样式与其下面图层的混合模式。
- 【不透明度】：用于设置外发光的不透明程度。
- 【杂色】：用于向发光产生的光晕中添加杂点。
- 发光颜色选项：选择前面的选项为纯色光；选择后面的选项为渐变色光。分别单击颜色块□或▭，可以设置发光的颜色或特殊的发光效果。
- 【方法】：选择"柔和"选项时将产生模糊发光，该选项适合所有的实边与虚边对象；选择"精确"选项时则产生清晰发光，该选项适合于实边对象(如文字)，它与"柔和"相比，能够较好地保留发光对象的外型特征。
- 【扩展】：用于控制发光效果向四周的发散程度。
- 【大小】：用于设置发光效果影响的范围。
- 【等高线】：用于设置光晕边缘的效果，用法同【投影】选项区中的【等高线】选项。
- 【消除锯齿】：选择该选项，可以消除发光的锯齿边缘。
- 【范围】：用于控制发光光晕中应用等高线特性的范围大小。
- 【抖动】：当发光为渐变色时，用于控制渐变颜色的抖动效果。

4. 内发光

内发光使图像沿着边缘向图像内部产生光晕效果，它的参数与外发光一致，只是发光的形式不同。另外，内发光有两种光源——"居中"和"边缘"。

单击菜单栏中的【图层】\【图层样式】\【内发光】命令，则弹出【图层样式】对话框。通过调整【内发光】选项区中的参数，可以改变内发光效果，如图 3-34 所示。

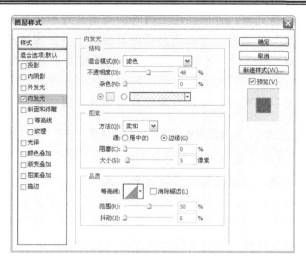

图 3-34　【图层样式】对话框(4)

选择内发光样式时，其选项区中的参数与外发光样式相比多了两个单选按钮，即【居中】和【边缘】按钮，其它参数完全相同。选择【居中】选项时，将从图像的中心向四周发光；选择【边缘】选项时，则从图像边缘向内侧发光。

5．斜面和浮雕

这是使用最频繁的一种图层样式，功能也最强大。使用它可以创建立体表现效果。斜面和浮雕共有 5 种样式，分别是外斜面、内斜面、浮雕效果、枕状浮雕、描边浮雕，不同的样式产生的效果是不一样的。

单击菜单栏中的【图层】\【图层样式】\【斜面和浮雕】命令，则弹出【图层样式】对话框。【斜面和浮雕】选项区中的参数较多，下面介绍一些比较常用的参数，如图 3-35 所示。

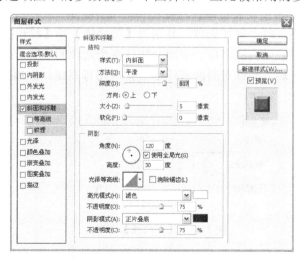

图 3-35　【图层样式】对话框(5)

- 　【样式】：用于选择不同的斜面样式。其中：
　　选择"内斜面"样式时，可以在图层内容的内侧边缘产生斜面。

选择"外斜面"样式时，可以在图层内容的外侧边缘产生斜面。

选择"浮雕效果"样式时，可以使图层内容相对于下面图层产生浮雕效果。

选择"枕状浮雕"样式时，可以使图层内容边缘相对于下面的图层中产生冲压效果。

选择"描边浮雕"样式时，可以对图层应用描边浮雕效果。

ⓘ 选择"描边浮雕"样式时，如果图层中没有应用描边效果，则不显示"描边浮雕"效果。

- 【方法】：用于选择斜面和浮雕的形式。其中：

  选择"平滑"选项，可以使棱角显得比较光滑。

  选择"雕刻清晰"选项，可以使斜面或浮雕的棱角显得坚硬清晰，类似于金属效果。

  选择"雕刻柔和"选项，可以使斜面或浮雕的棱角显得柔和平滑，类似于塑料效果。

- 【深度】：用于设置斜面或浮雕效果的深度。

- 【方向】：用于确定斜面或浮雕的方向。选择【上】选项，则斜面或浮雕效果向上凸出；选择【下】选项，则斜面或浮雕效果向下凹陷。

- 【大小】：用于设置斜面或浮雕的尺寸大小。

- 【软化】：用于设置模糊阴影程度，以减弱斜面或浮雕的三维效果。

- 【角度】：用于设置光照的角度，它直接影响斜面或浮雕效果。

- 【高度】：用于设置光照高度。

- 【光泽等高线】：用于产生有光泽的、类似金属效果的外观，覆盖在斜面或浮雕效果之上。

- 【高光模式】：用于设置斜面或浮雕高光区域的混合模式。

- 【阴影模式】：用于设置斜面或浮雕阴影的混合模式。

斜面和浮雕样式还有两个附加选项，分别为【等高线】和【纹理】，通过设置这两个选项，可以使斜面和浮雕效果更加丰富。下面介绍这两个选项的参数。

选择【等高线】以后，允许对斜面或浮雕效果应用等高线。选项区中的参数如图 3-36 所示。

图 3-36　【等高线】选项区

- 【等高线】：用于设置斜面与浮雕效果的等高线特性，用法同【投影】选项区中的【等高线】选项。

- 【消除锯齿】：选择该复选框，可以消除锯齿边缘。

- 【范围】：用于控制斜面与浮雕中应用等高线特性的范围大小。

选择【纹理】以后，允许对斜面或浮雕效果应用各种纹理图案。选项区中的参数如图
3-37 所示。

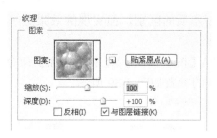

图 3-37　　【纹理】选项区

- ▪　【图案】：用于显示与选择纹理图案。单击图案右侧的按钮，可从弹出的纹理
  列表中选择所需的纹理图案。
- ▪　【缩放】：用于控制纹理图案的缩放比例，可以在文本框中输入一个比例数值，
  也可以拖动滑块调整缩放比例。
- ▪　【深度】：用于调整纹理的凹陷或凸起程度。
- ▪　选择【反相】复选框，可以对现有的纹理取反向效果，如果原来纹理为凹陷的，
  选择该选项后将变为凸出显示。
- ▪　选择【与图层链接】复选框，当移动图层时纹理也随之移动。

6．光泽

光泽样式用于向图像内部应用与图像形状相互作用的底纹，从而产生具有绸缎光泽的
效果。这种样式多用于表现物体表面斑驳的光影。

单击菜单栏中的【图层】\【图层样式】\【光泽】命令，在弹出的【图层样式】对话框
中可以设置【光泽】样式的参数，如图 3-38 所示。

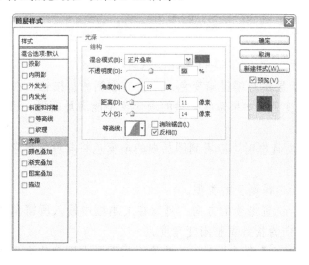

图 3-38　　【图层样式】对话框(6)

该选项区中的参数与前面介绍过的几种图层样式的参数基本类似，这里不再赘述。

7. 颜色叠加

颜色叠加的作用是使图层中的图像产生颜色覆盖效果，也就是在图像的表面覆盖上一层新的内容。它们与填充有着本质的区别，但实现的效果是一样的，它们的最大优势就是不破坏图像原有的色彩与图案。

单击菜单栏中的【图层】\【图层样式】\【颜色叠加】命令，则弹出【图层样式】对话框，其【颜色叠加】选项区中的参数如图 3-39 所示。

图 3-39　【颜色叠加】选项区

【颜色叠加】选项区中的参数很简单，只有【混合模式】、【不透明度】、【叠加颜色】(图 3-39 中右侧的颜色块)三个选项，这里不再介绍，读者可以参照前面讲述的相关内容进行使用。

8. 渐变叠加

渐变叠加的原理与颜色叠加相同，只是它可以在图像的表面覆盖渐变色。单击菜单栏中的【图层】\【图层样式】\【渐变叠加】命令，则弹出【图层样式】对话框，其【渐变叠加】选项区中的参数如图 3-40 所示。

图 3-40　【渐变叠加】选项区

- 【渐变】：用于显示与编辑渐变色。单击其右侧的 按钮，在下拉列表中可以选择所需的渐变色。如果系统提供的渐变色不能满足需要，还可以自己编辑渐变色。
- 选择【反向】复选框时，应用到图层中的渐变色将与原渐变色方向相反，即反向过渡。
- 【样式】：用于选择渐变的类型。
- 【角度】：用于设置渐变的方向。可以在文本框中输入所需角度值，也可以直接拖动角度轮中的指针调整渐变角度。
- 选择【与图层对齐】复选框时，系统将根据图层中图像的大小尺寸将渐变色完全填充到图像上。

9. 图案叠加

单击菜单栏中的【图层】\【图层样式】\【图案叠加】命令，则弹出【图层样式】对话框，其【图案叠加】选项区中的参数如图 3-41 所示。

图 3-41　【图案叠加】选项区

- 　【混合模式】：用于设置图案与其下面图层的合成效果。
- 　【不透明度】：用于设置图案的不透明程度。
- 　【图案】：用于显示与选择图案。其中【图案】右侧显示的是所选图案。单击显示图案右侧的按钮，可以从弹出的选项板中选择所需的图案。
- 　【缩放】：用于控制图案的缩放比例，可以在文本框中输入一个比例数值，也可以拖动滑块调整缩放比例。
- 　选择【与图层链接】选项，当移动图层时图案也随之移动。

10. 描边

用描边样式可以对当前图层中的图像进行描边，不但可以描单纯色，还可以描渐变色和图案，这要比【描边】命令的功能更强大。图 3-42 所示分别为三种不同的描边效果。

图 3-42　三种不同的描边效果

单击菜单栏中的【图层】\【图层样式】\【描边】命令，则弹出【图层样式】对话框，其【描边】选项区中的参数如图 3-43 所示。

图 3-43　【描边】选项区

该选项区中的参数大部分与前面介绍的相同。下面主要介绍选项区中独有的几项参数。

- 　【大小】：用于设置描边效果的宽度，可以在文本框中输入一个宽度数值，也可以拖动滑块调整宽度值。
- 　【位置】：用于设置描边效果的填充位置，可以选择"外部"、"内部"或"居中"。

- 　【填充类型】：用于设置描边效果的填充内容，共有 3 种选项，即"颜色"、"渐变"和"图案"。选择了不同的填充内容，【描边】选项区中的参数也将有所变化。

3.6.3　复制图层样式

在 Photoshop CS4 中，用户可以将一个图层中的样式复制到另一图层上，这样可以减少工作量。具体操作步骤如下：

1) 在【图层】面板中选择包含图层样式的图层。
2) 单击菜单栏中的【图层】\【图层样式】\【拷贝图层样式】命令，复制图层样式。
3) 选择要粘贴样式的图层(可以是一层或多个图层)，单击菜单栏中的【图层】\【图层样式】\【粘贴图层样式】命令，即可将复制的样式粘贴到该图层上。

(i)　复制图层样式时，如果目标图层上已经存在图层样式，则粘贴的图层样式将取代原有的图层样式。

3.7　滤　镜　技　术

制作课件界面时，如果需要具有一些特殊的视觉效果，滤镜是最佳的创意工具。使用滤镜可以创建界面背景、特效图像、灯光效果等。滤镜是 Photoshop 的核心，具有令人惊奇的魔力，它可以创建出复杂多变的魔幻效果。

3.7.1　滤镜的基本使用方法

Photoshop 中共有 100 多个滤镜。尽管各个滤镜之间存在一定的差异，但是它们的使用方法基本相同。如果用户只需要对图像的一部分应用滤镜，应该先建立选择区域，否则将对整个图像的当前图层应用滤镜。对选择区域中的图像应用滤镜时，选择区域最好带有羽化边缘，这样，滤镜效果的过渡会比较柔和。

执行滤镜命令时有以下三种情况：

一是执行命令后马上出现滤镜效果，没有任何参数，如【云彩】滤镜、【彩块化】滤镜、【模糊】滤镜等。

二是执行命令后将出现一个对话框，通过对话框中的参数可以控制滤镜的效果。另外，有些对话框还提供了"预览"功能，用户可以在应用滤镜之前预览效果，如【彩色半调】滤镜、【切变】滤镜、动感模糊】滤镜等。

三是执行命令后进入【滤镜库】对话框，"滤镜库"把一些常用的滤镜命令集中到了一个对话框中，方便对图像同时应用多个滤镜效果。

当用户执行了一个滤镜命令后，该滤镜将出现在【滤镜】菜单的顶部，如果用户要重复使用同一个滤镜，可以直接单击该命令，它将记忆并使用上一次设置的滤镜参数。重复使用同一个滤镜的快捷键是 Ctrl+F。

3.7.2　使用【渐隐】命令

使用【渐隐】命令可以调整滤镜效果，这是唯一一个可以控制滤镜效果的命令。我们知道，滤镜的效果是破坏性的，即产生新效果的同时原图像也被破坏，因此修改起来很不方便，但是【渐隐】命令在一定程度上缓解了这一问题，对图像应用了滤镜命令以后，可以使用【渐隐】命令适当调整滤镜效果。基本操作步骤如下：

1）打开一幅图像，应用一种滤镜效果。

2）单击菜单栏中的【编辑】\【渐隐】命令，在弹出的【渐隐】对话框中调整参数，如图 3-44 所示。

图 3-44 【渐隐】对话框

- 【不透明度】：用于控制滤镜效果的不透明程度，拖曳滑块可以改变不透明度的值，取值范围从 0%(透明)到 100%(不透明)。
- 【模式】：用于设置滤镜效果与原图像的混合模式。

> 【渐隐】命令是一个动态命令，当执行的操作不同时，该命令会有一些变化。例如执行了【高斯模糊】滤镜，则该命令为【渐隐高斯模糊】；而使用画笔工具执行了涂抹操作，则该命令为【渐隐画笔工具】。

3）单击 确定 按钮，即可改变滤镜效果。图 3-45 所示从左至右分别为原图像、应用【旋转扭曲】滤镜后的效果和使用【渐隐】命令调整后的效果。

图 3-45 不同的图像效果

3.7.3 使用智能滤镜

正是由于滤镜是破坏性的，所以 Photoshop 在这方面做了很大的改进，增加了智能滤镜的功能。它可以保护图像不被破坏，并实现滤镜效果。

如果要使用智能滤镜，应该先将当前图层转换为智能对象图层，有两种方法可以实现：一种方法是单击菜单栏中的【图层】\【智能对象】\【转换为智能对象】命令；另一种方法是单击菜单栏中的【滤镜】\【转换为智能滤镜】命令。

在【图层】面板中非常容易识别出哪一个图层是智能对象图层，因为它有一个特殊的标识，如图 3-46 所示。

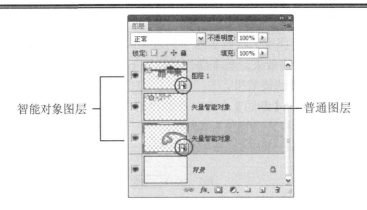

图 3-46 【图层】面板

应用于智能对象图层的任何滤镜都是智能滤镜，智能滤镜将出现在智能对象图层的下方，类似于图层样式，可以调整、移去或隐藏等，非常方便，而且是非破坏性的。如图 3-47 所示为对"图层 1"应用了智能滤镜，并且分别使用了【马赛克】、【波浪】与【动感模糊】滤镜。

图 3-47 【图层】面板

3.7.4 几个常用滤镜

Photoshop 中的滤镜非常多，限于篇幅，这里不可能一一介绍。本节中我们将介绍几个使用相对频繁的滤镜，以对读者在制作课件界面时有所帮助。如果读者想深入了解 Photoshop 内容，可以参考西安电子科技大学出版社出版的《Photoshop CS2 图像处理课堂实训》一书。

1．高斯模糊

【高斯模糊】滤镜使用可调整的参数值快速模糊选择区域中的图像，使图像产生一种朦胧效果。其中【半径】用于调节图像模糊程度。如图 3-48 所示是应用该滤镜前后的图像效果对比。

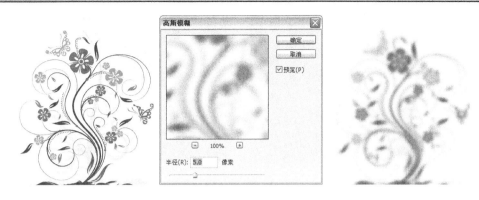

图 3-48　使用【高斯模糊】滤镜前后的效果对比

　　通常情况下，使用【高斯模糊】滤镜可以制作课件界面的背景，例如，打开一幅图片，然后使用该滤镜进行处理，可以得到随机颜色效果的背景，如图 3-49 所示。

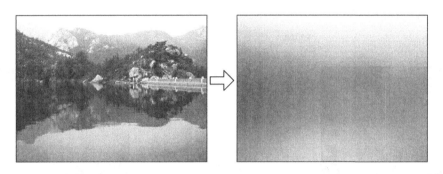

图 3-49　随机颜色效果的背景

2．彩色半调

　　【彩色半调】滤镜在图像的每个通道上使用扩大的半调网屏效果，图像中的每个颜色通道都转变成着色网点，网点的大小受其亮度的影响。其中，【最大半径】用于设置半调网点的最大半径；对于不同模式的图像，其颜色通道也不同。图 3-50 所示为应用该滤镜前后的图像效果对比。

图 3-50　使用【彩色半调】滤镜前后的效果对比

　　将【彩色半调】滤镜与 Alpha 通道结合起来，可以创建出布尔卡点的效果，这是广告作品或课件界面中常见的一种特效，合理运用会收到意想不到的视觉效果，如图 3-51 所示就是运用该滤镜与 Alpha 通道创建的图像效果。

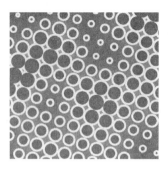

图 3-51　运用【彩色半调】滤镜与 Alpha 通道创建的图像效果

3．旋转扭曲

【旋转扭曲】滤镜可以使图像产生一种中心旋转程度比边缘旋转程度大的效果。单击菜单栏中的【滤镜】\【扭曲】\【旋转扭曲】命令，则弹出【旋转扭曲】对话框，其中【角度】用于设置旋转的程度，如图 3-52 所示。

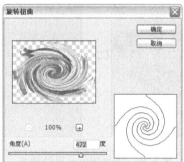

图 3-52　【旋转扭曲】对话框的使用

在课件界面制作过程中，使用【旋转扭曲】滤镜可以创建一些点缀物，也可以创建一些图案，以丰富界面内容。如图 3-53 所示，在制作该界面的过程中就运用了【旋转扭曲】滤镜。

图 3-53　运用【旋转扭曲】滤镜创建的课件界面

4．玻璃

【玻璃】滤镜可以扭曲图像中的像素，产生不同种类的玻璃表面效果。单击菜单栏中的【滤镜】\【扭曲】\【玻璃】命令，则打开【玻璃】对话框。其中【纹理】选项用于指定扭曲的纹理类型，如图 3-54 所示。

图 3-54　【玻璃】对话框

　　另外，该滤镜还可以载入和使用其它图像作为纹理，单击【纹理】右侧的▼≡按钮，从弹出的菜单中选择【载入纹理】命令，将出现【载入纹理】对话框，在 Photoshop 安装目录下的"Photoshop CS\Presets\Textures"中可以找到一些纹理图像。

5．添加杂色

　　使用【添加杂色】滤镜可在图像中添加随机分布的像素，模仿从高速胶片上捕捉画面的图像效果。单击菜单栏中的【滤镜】\【杂色】\【添加杂色】命令，则打开【添加杂色】对话框。其中：【数量】用于设置杂点的数目多少；选择【平均分布】选项，表示使用加或减运算指定随机分布的颜色值；选择【高斯分布】选项，表示使用钟形曲线分布杂色的颜色值；选择【单色】复选框时，可以向图像中添加单色调像素，如图 3-55 所示。

图 3-55　应用【添加杂色】滤镜前后的图像效果

6．光照效果

　　【光照效果】滤镜可以在图像上添加灯光，模拟各种各样的光照效果。该滤镜只能应用于 RGB 模式的图像。

单击菜单栏中的【滤镜】\【渲染】\【光照效果】命令，打开【光照效果】对话框。在该对话框中，用户可以从【样式】下拉列表中选择系统预设的光照效果，或者通过【光照类型】、【属性】、【纹理通道】选项自定义光照效果。

光照类型有平行光、全光源和点光三种，如图 3-56(a)、(b)、(c)所示。平行光类似于太阳光，给图像添加均匀的照明效果；全光源类似于白炽灯，光照强度向四周衰减；点光类似于聚光灯，光照范围呈锥形衰减。

(a) 平行光　　　　　　　　(b) 全光源　　　　　　　　(c) 点光

图 3-56　光照的类型

在【光照效果】对话框中有两个颜色块，单击它们可以选择颜色。【光照类型】选项组中的颜色块代表光源的颜色；【属性】选项组中的颜色块代表环境光的颜色。

7．纹理化

使用【纹理化】滤镜可以在图像上应用预设的或者自己创建的纹理。单击菜单栏中的【滤镜】\【纹理】\【纹理化】命令，打开【纹理化】对话框。其中【纹理】用于选择不同的纹理类型；【缩放】用于调整纹理的比例大小；【凸现】用于调节纹理的突出程度；【光照】用于设置光线的照射方向，如图 3-57 所示。

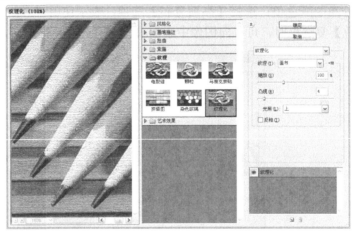

图 3-57　【纹理化】对话框

8．木刻

【木刻】滤镜可使图像产生粗糙的剪纸效果，同时使色调分离。单击菜单栏中的【滤镜】\【艺术效果】\【木刻】命令，打开【木刻】对话框。其中：【色阶数】用于控制色调的分层数；【边缘简化度】用于控制图像的简化程度；【边缘逼真度】用于控制产生图像线条的精确程度，如图 3-58 所示。

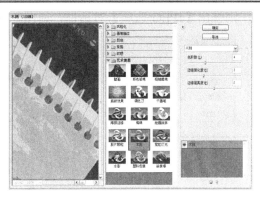

图 3-58　【木刻】对话框

3.8　课件界面的输出

在 Photoshop 中完成的课件界面，如何才能导入到 Authorware、Flash 或 Director 中呢？这里分两种情况：一是整件课件界面的输出；二是按钮的输出。

3.8.1　整体界面的输出

我们知道，在 Photoshop 中完成的界面往往是由多个图层构成的，并且图像文件的默认格式为 PSD 格式，这使得图像文件之间的交流很不方便。因此，制作完成的课件界面往往需要另存为 JPEG 格式。

JPEG 格式是应用最广泛的一种可跨平台操作的压缩格式文件，也是软件之间文件交流的主要格式。其最大的特点是压缩性很强。它采用的是"有损"压缩方案，因此，在生成 JPEG 文件时建议选择"最佳"选项，以保证图像的质量。

将制作完成的课件界面输出为 JPEG 格式的基本步骤如下：

1）在 Photoshop 中，单击菜单栏中的【文件】\【存储为】命令，在弹出的【存储为】对话框中设置文件的保存位置、文件名，选择保存类型为 JPEG 格式，如图 3-59 所示。

图 3-59　【存储为】对话框

2) 单击 保存(S) 按钮，则弹出【JPEG 选项】对话框，如图 3-60 所示。

图 3-60   【JPEG 选项】对话框

3) 在【品质】下拉列表中选择"最佳"选项，然后单击 确定 按钮，这样就把设计好的界面存储为 JPEG 格式了。当使用 Authorware、Flash 或 Director 制作课件时，导入该图片即可。

3.8.2   按钮的输出

导航按钮的制作往往是与界面设计一起进行的，这样做的好处是便于整体协调版面的颜色、布局、对比关系等。但是整合多媒体课件程序时，却需要使用独立的按钮，因此，设计完成了界面后要将其单独输出。输出按钮之前需要根据按钮的大小进行切片。

如图 3-61 所示是一个多媒体课件界面。制作多媒体课件程序时，需要将右下角的导航按钮切片输出。切片时可以使用切片工具，但是为了保证每个导航按钮大小一致，建议使用【图层】\【新建基于图层的切片】命令，使用该命令时要保证每个按钮都在一个独立的图层上。

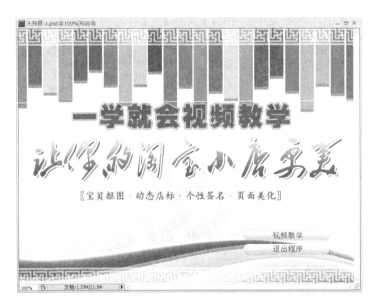

图 3-61   多媒体课件界面

在【图层】面板中分别选择按钮所在的图层，执行【图层】\【新建基于图层的切片】命令，对按钮进行切片。然后单击菜单栏中的【文件】\【存储为 Web 和设备所用格式】命令，则弹出【存储为 Web 和设备所用格式】对话框，如图 3-62 所示。

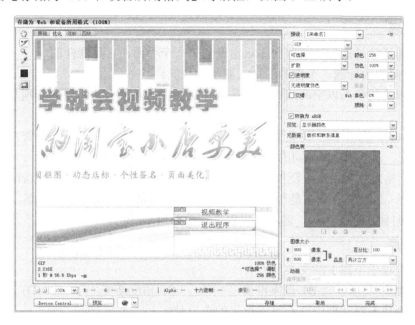

图 3-62　【存储为 Web 和设备所用格式】对话框

在该对话框的工具箱中选择 工具，按住 Shift 键依次单击预览窗口中的两个切片，将其同时选择，然后单击 存储 按钮，则弹出【将优化结果存储为】对话框，如图 3-63 所示。

图 3-63　【将优化结果存储为】对话框

在该对话框中设置文件名称、保存类型等参数，单击 保存(S) 按钮，即可将按钮输出到指定文件夹中。这样，在课件制作程序(如 Authorware)中直接调用即可。

3.9 练 习 题

一、填空题

1. 主界面通常是指启动课件程序后出现的第一个界面，它是课件的_____。主界面上一般应该具有鲜明的标题、个性的图标、明确的导航。

2. 两种以上的色彩以空间或时间关系进行比较，从而得出其明显的差别与相互关系，称为_____。

3. Photoshop 提供了 5 种类型的渐变色，分别是线性渐变、_____渐变、角度渐变、_____渐变、_____渐变。不同的渐变类型定义了颜色的过渡方式。

4. JPEG 格式是应用最广泛的一种_____操作的压缩格式文件，也是软件之间文件交流的主要格式。其最大的特点是压缩性很强。它采用的是"有损"压缩方案，因此，在生成 JPEG 文件时建议选择_____选项，以保证图像的质量。

二、选择题

1. 下列选项中不属于渐变类型的有(　　　)。

A) 线性渐变　　　　　B) 图案渐变　　　　　C) 角度渐变　　　　　D) 纹理渐变

2. 在【新建】对话框中，不可以设定的选项是(　　　)。

A) 宽度和高度　　　　B) 分辨率　　　　　　C) 颜色模式　　　　　D) 文件格式

3. 下列选项中哪一项不是系统的图层样式？(　　　)

A) 内阴影　　　　　　B) 颜色填充　　　　　C) 光泽　　　　　　　D) 外发光

4. 【木刻】滤镜属于下列哪一类？(　　　)

A) 画笔描边　　　　　B) 素描　　　　　　　C) 艺术效果　　　　　D) 其它

三、问答题

1. 简述课件界面配色时要遵循的几个基本原则。

2. 怎样使用系统预设的图层样式？

3. 简述滤镜的基本使用方法。

4. 怎样编辑渐变色？

第4章 PowerPoint 2007 与演示文稿

本章内容

- PowerPoint 2007 概述
- 演示文稿的创建与保存
- 制作与编辑幻灯片
- 设计幻灯片的风格与外观
- 幻灯片的管理
- 动画效果的实现
- 演示文稿的打包与运行
- 练习题

众所周知，PowerPoint 是最基本的多媒体课件制作工具，它是微软办公软件中的主要成员之一，可以制作幻灯片、演示文稿、多媒体课件，该软件与 Word、Excel 等办公软件具有极其相似的外观，所以极易上手，功能实用，操作简单，特别适合制作多媒体课件。目前，PowerPoint 已被广大中小学教师所接受与推广，在课堂教学中具有广泛的应用。PowerPoint 之所以能在多媒体课件制作领域中占有一席之地，主要是由于它可以非常容易地制作出集文字、图像、声音、视频等多种传播信息于一体的多媒体课件，非常适合作为辅助教学工具。本章我们将引导读者去领略 PowerPoint 2007 的卓越功能。

4.1　PowerPoint 2007 概述

PowerPoint 最初是作为一个独立的软件出现的，后来，微软推出 Office 95/97 套装办公软件，把它融进了这个大家庭当中。PowerPoint 自 1987 年问世以来，已经进行了多次升级，功能得到了不断的完善。

目前最新的版本是 PowerPoint 2007，它在界面与功能上都做了非常大的改变，界面华丽，功能有所增强，即使是 PowerPoint 老用户也会有焕然一新的感觉，所以不得不重新认识 PowerPoint 的功能与使用方法。

4.1.1　PowerPoint 2007 的工作界面

PowerPoint 2007 的主要功能是制作演示文稿，它在以前版本的基础上又增加了一些新的扩展功能，如支持 PDF 文件、设计师水准的 SmartArt 图形等。安装了 PowerPoint 2007 之后，就可以使用它制作课件了。

启动 PowerPoint 2007 后的工作界面如图 4-1 所示。

图 4-1　PowerPoint 2007 工作界面

由图 4-1 可以看到，PowerPoint 2007 的工作界面由标题栏、功能区、状态栏、工作区域等部分组成，下面简单介绍各部分的功能与作用。

1．标题栏

标题栏位于窗口的最顶端，其左侧用于显示 按钮和快速访问工具栏，中间部分用于显示文稿名称及软件名称，右侧的按钮分别用于控制窗口的大小、显示和关闭。

PowerPoint 2007 已经取消了菜单的功能，标题栏上的 按钮称为"Office 按钮"，单击它可以打开唯一的菜单，用于新建、打开、保存、打印、发送、发布或关闭文件，如图 4-2 所示。

2．功能区

功能区位于标题栏的下方，由多个标签组成，每个标签中的按钮按照功能划分为不同的"组"，如图 4-3 所示。

图 4-2　"Office 按钮"菜单

图 4-3　功能区

- 【开始】标签：该标签中集成了多个常用命令，如复制、剪切、粘贴、新建幻灯片、更改幻灯片版式、设置文本格式和定位文本，以及查找和替换文本等。
- 【插入】标签：该标签中包含了可以放置到幻灯片中的所有内容，如表格、图片、形状、文本框、声音、超链接、页眉和页脚等，如图 4-4 所示。

图 4-4　【插入】标签

- 【设计】标签：该标签用于为幻灯片设计背景、主题和效果等内容，如图 4-5 所示。

图 4-5　【设计】标签

- 【动画】标签：该标签中包含了所有动画效果，用户可以直接添加列表或图表的基本动画效果，也可以自定义动画效果，如图 4-6 所示。

图 4-6　【动画】标签

- 【幻灯片放映】标签：该标签用于设置幻灯片的放映选项，如设置放映顺序、录制旁白、设置分辨率等，如图 4-7 所示。

图 4-7　【幻灯片放映】标签

- 【审阅】标签：该标签用于拼写检查、信息检索、繁简转换、建立并编辑批注等操作，如图 4-8 所示。

图 4-8　【审阅】标签

- 【视图】标签：该标签用于快速切换视图、设置窗口排列方式及显示比例等操作，如图 4-9 所示。

图 4-9　【视图】标签

除了上述标签外，在幻灯片中进行操作时，功能区中还会适时出现一些标签，如【格式】标签，它是动态的，选择的对象不同，出现的功能按钮也不一样，如图 4-10 所示为选择剪贴画时的【格式】标签。

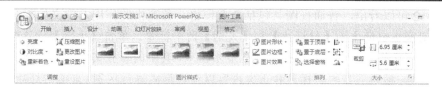

图 4-10　【格式】标签

3．状态栏

状态栏位于工作界面的底部，分为左右两部分，左侧显示的内容与当前的视图模式有关。如果当前视图为普通视图，则状态栏中将显示当前的幻灯片编号，并显示整个演示文稿中有多少张幻灯片，如图 4-11 所示。

图 4-11　状态栏

状态栏的右侧提供了视图的控制功能，除了可以切换视图模式以外，还可以通过拖动滑块改变视图的显示比例。

4．工作区域

工作区域就是我们制作幻灯片的地方，根据视图模式的不同，工作区域也有所不同，这部分内容在后面会有详细的介绍，这里不再赘述。

4.1.2　视图模式

PowerPoint 2007 提供了四种主要视图模式：普通视图、幻灯片浏览视图、备注页视图和幻灯片放映视图。其中普通视图中还包含了【幻灯片】和【大纲】两个标签。

1．普通视图

启动 PowerPoint 2007 后，系统将自动进入普通视图，如图 4-12 所示。普通视图是设计演示文稿的主要场所。如果当前视图为其它视图，可以在【视图】标签的【演示文稿视图】组中单击按钮，或者单击状态栏右侧的普通视图按钮，将其切换到普通视图中。

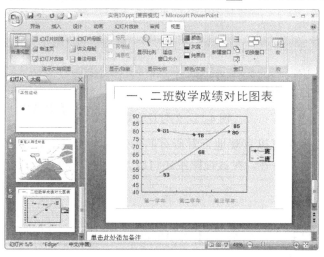

图 4-12　普通视图

由图 4-12 可以看出，普通视图共包括 3 个窗格，各窗格的作用及意义如下：

- 左侧窗格中包含了【幻灯片】和【大纲】两个标签。单击【大纲】标签时，每张幻灯片的文本内容将以提纲形式显示出来，其中的每张幻灯片内容都有编号和图标，标题下方的副标题和正文内容以缩进形式进行区别，当前幻灯片以 ▦ 图标标识；单击【幻灯片】标签，则显示每张幻灯片的缩略图，当前幻灯片的缩略图周围含有一个边框。
- 右侧的幻灯片窗格中显示的是当前幻灯片。在该窗格中可以进行幻灯片制作的各种操作。
- 下方的备注窗格用于制作幻灯片的备注部分。

默认状态下，普通视图中的幻灯片窗格最大，其余两个窗格较小。在实际操作时，为了满足工作的需要，用户可以改变它们的大小：将光标指向两个窗格之间的边框，当光标变为 ↔ 或 ↕ 形状时，按住鼠标左键拖曳至合适的位置处释放鼠标即可。

2．幻灯片浏览视图

使用幻灯片浏览视图可以将演示文稿中的幻灯片以缩小的视图方式排列在屏幕上，以帮助用户整体浏览演示文稿中的幻灯片。

在【视图】标签的【演示文稿视图】组中单击 ▦ 幻灯片浏览 按钮，或者单击状态栏右侧的幻灯片浏览按钮 ▦ ，可以进入幻灯片浏览视图，如图 4-13 所示。

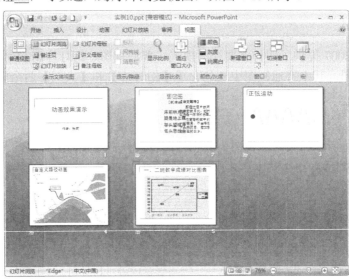

图 4-13　幻灯片浏览视图

在幻灯片浏览视图中可以直观地查看所有的幻灯片，如果幻灯片较多，可以拖动屏幕右侧的滚动条进行浏览。另外，在该视图中还可以方便地查找幻灯片、调整幻灯片的顺序、添加或删除幻灯片等。

3．备注页视图

在【视图】标签的【演示文稿视图】组中单击 ▣ 备注页 按钮，可以从其它视图模式切换到备注页视图中，如图 4-14 所示。

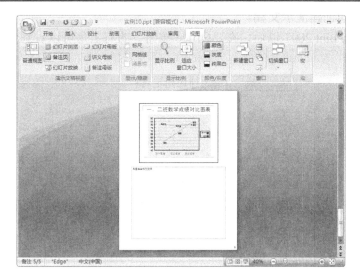

图 4-14　备注页视图

由图 4-14 可以看到，备注页视图分为上下两部分：上半部分用于显示幻灯片，下半部分用于添加幻灯片的备注。一般情况下，为幻灯片添加备注可以在普通视图中完成，因此备注页视图并不经常使用。

4．幻灯片放映视图

在 PowerPoint 2007 中，通过幻灯片放映视图可以放映幻灯片，查看幻灯片的最终效果。

编辑幻灯片时，如果要将演示文稿作为屏幕演示来处理，可以单击状态栏右侧的幻灯片放映按钮 ，进入幻灯片放映视图。在屏幕中单击鼠标左键时，系统将从当前幻灯片开始放映，再次单击鼠标时可以切换到下一张幻灯片。放映结束时单击鼠标可以结束放映，返回到编辑状态。

如果要从整个演示文稿的第一张幻灯片开始一直播放到最后一张幻灯片，可以在【视图】标签的【演示文稿视图】组中单击 幻灯片放映 按钮。

4.2　演示文稿的创建与保存

通过前面的学习，我们已经对 PowerPoint 2007 有了初步的认识。本节我们将学习演示文稿的创建和保存等基本操作。

4.2.1　创建演示文稿

在 PowerPoint 2007 中，可以通过多种方法创建演示文稿，其中在【新建演示文稿】对话框中可以选择模板或主题，基于现有的样式创建新的演示文稿。

1．使用快速访问工具栏

快速访问工具栏位于"Office 按钮"的右上角，这是默认的位置。它是一个可以自定义的工具栏，它包含一组独立于当前功能区的命令，可以快速地完成一些特定的操作，使用它可以快速创建一个新的演示文稿。

〖**例 4-1**〗快速创建演示文稿。

1) 启动 PowerPoint 2007 以后，在"Office 按钮"的右上角可以看到快速访问工具栏，如图 4-15 所示。

图 4-15　快速访问工具栏

2) 默认情况下，它只有 3 个按钮，但是可以添加常用功能。单击右侧的 按钮，在打开的菜单中单击【新建】、【打开】命令，可以将这两个功能按钮添加到快速访问工具栏中，如图 4-16 所示。

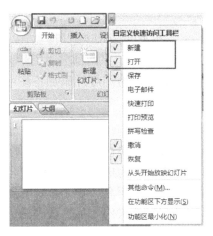

图 4-16　添加功能按钮

3) 在快速访问工具栏中单击 按钮，则打开一个新的 Powerpoint 窗口，并创建了一个空白的演示文稿。

另外，在【新建演示文稿】对话框中也可以创建空白的演示文稿。单击 按钮，打开"Office 按钮"菜单，执行其中的【新建】命令，则弹出【新建演示文稿】对话框，如图 4-17 所示。

图 4-17　【新建演示文稿】对话框(1)

在对话框左侧的列表中选择【空白文档和最近使用的文档】选项，在对话框中间的列表中选择"空白演示文稿"，然后单击 ⬚创建 按钮，就可以创建空白的演示文稿。

2．使用模板

模板是一些已经设计好的演示文稿范本，包含封面、封底、内页、动画、版式、配色方案等，可以使用户节约大量的设计时间，直接套用文字即可。在 PowerPoint 2007 中我们可以直接基于模板创建演示文稿。

〖例 4-2〗基于模板创建演示文稿。

1）启动 PowerPoint 2007，单击 按钮，打开"Office 按钮"菜单，执行其中的【新建】命令，打开【新建演示文稿】对话框。

2）在对话框左侧的列表中选择【已安装的模板】选项，这时对话框中将显示系统提供的多种设计模板，如图 4-18 所示。

图 4-18　【新建演示文稿】对话框(2)

3）在对话框中选择一种需要的模板，如选择"现代型相册"。

4）单击 ⬚创建 按钮，则基于该模板创建了一个演示文稿，如图 4-19 所示。

图 4-19　基于模板创建的演示文稿

3. 使用主题

主题是一组预设的幻灯片格式，它使用颜色、字体和图形设计文稿的外观，使其具有统一的设计元素与专业而时尚的外观。使用主题可以快速而轻松地完成整个文稿的格式设置。基于主题创建演示文稿，可以统一演示文稿中幻灯片的格式，提高工作效率，增强幻灯片的放映感染力。

〖例 4-3〗基于主题创建演示文稿。

1) 打开【新建演示文稿】对话框。

2) 在对话框左侧的列表中选择【已安装的主题】选项，这时对话框中将显示系统提供的多种主题，如图 4-20 所示。

图 4-20　【新建演示文稿】对话框(3)

3) 在对话框中选择一种主题，如"暗香扑面"主题。

4) 单击 创建 按钮，则基于该主题创建了一个演示文稿。

4.2.2　保存演示文稿

创建了演示文稿之后，需要及时保存起来，以便将来打开它继续编辑、修改或放映。保存演示文稿时，PowerPoint 2007 会自动为其添加扩展名 .pptx。

保存演示文稿的操作步骤如下：

1) 单击 按钮，打开"Office 按钮"菜单，执行其中的【保存】命令，或者按下 Ctrl+S 键，如果是第一次保存，将弹出【另存为】对话框，如图 4-21 所示。

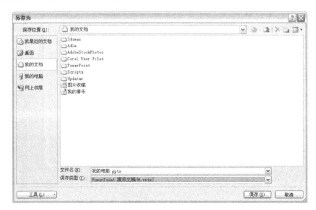

图 4-21　【另存为】对话框

2) 在对话框中选择要存放演示文稿的路径与文件夹，并在【文件名】文本框中输入演示文稿的名称。

3) 在【保存类型】列表框中选择默认的"PowerPoint 演示文稿(*.pptx)"选项。

4) 单击 保存⑤ 按钮即可保存演示文稿。

ⓘ 在关闭演示文稿或退出 PowerPoint 2007 时，系统也将提示用户保存所做的修改。

4.3　制作与编辑幻灯片

在 PowerPoint 2007 中，制作与编辑幻灯片是制作多媒体课件的中心环节。一个演示文稿中可以包含一张或多张幻灯片，每张幻灯片之间既相对独立，又相互联系。多媒体课件的演示文稿就是通过一张张的幻灯片展示出来的。因此，幻灯片的制作质量将直接影响到课件的效果。

在 PowerPoint 2007 的普通视图中可以完成幻灯片的各种制作与编辑操作，如添加文本、形状、艺术字、声音等。

4.3.1　文本的编辑与处理

文本是表达课件主题的重要途径，文本的编辑与处理是 PowerPoint 2007 中的基本操作，它的处理效果直接影响到课件的质量。

1. 添加文本

添加文本之前需要先确定幻灯片的版式，然后再输入文本。在【开始】标签的【幻灯片】组中单击 版式 按钮，在打开的列表中选择合适的文字版式，如图 4-22 所示。默认情况下，演示文稿中的幻灯片使用【标题幻灯片】文字版式。

图 4-22　文字版式

向幻灯片中添加文本时可以采用两种方法：一种方法是在普通视图的【大纲】标签中输入幻灯片的主标题、副标题和正文内容等文本；另一种方法是在普通视图的幻灯片窗格中直接输入所需的文本。下面分别介绍这两种添加文本的方法。

■　在【大纲】标签中添加文本

在普通视图的【大纲】标签中，不但可以将演示文稿中每张幻灯片的文本内容以提纲形式显示出来，还可以用于添加文本，因此这种方法常用于创建演示文稿和组织演示文稿的内容。

〖例 4-4〗在大纲视图中添加文本。

1）创建一个演示文稿，并确认当前视图为普通视图。

2）在左侧窗格中单击 大纲 标签，切换到大纲视图。

3）将光标指向幻灯片图标 的右侧，当光标变为 I 形状时单击鼠标以定位光标。

4）在光标位置处输入文字，则输入的文字为演示文稿的第一个主标题，如"多媒体 CAI 课件制作实用教程"，如图 4-23 所示。

图 4-23　第一个主标题

5）按下 Enter 键，这时可以看到产生了一张新幻灯片，继续输入文字，如"西安电子科技大学"，如图 4-24 所示。

图 4-24　输入的文本

6) 在第二张幻灯片图标上单击鼠标，选择该幻灯片，在【开始】标签的【段落】组中单击 ▦ 按钮，则输入的文字变为第一张幻灯片的二级标题，如图 4-25 所示。

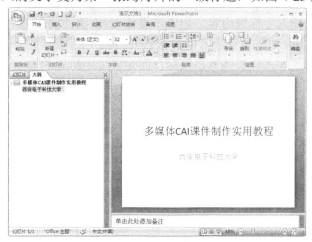

图 4-25　二级标题

7) 用同样的方法，可以输入其它文字，并可以根据需要单击 ▦ 按钮或 ▦ 按钮改变文字的级别(如主标题、副标题、正文等)。

■　在幻灯片窗格中添加文本

制作幻灯片时，通常都是直接在幻灯片窗格中添加文本，这样比较直观，可以直接观察到文本的添加位置、产生的效果等。添加文本时也要依次添加主标题、副标题和正文等内容。

〖例 4-5〗在幻灯片窗格中添加文本。

1) 创建一个演示文稿，并确认当前视图为普通视图。

2) 在幻灯片中单击"单击此处添加标题"占位符，则四周出现八个控制点，如图 4-26 所示。

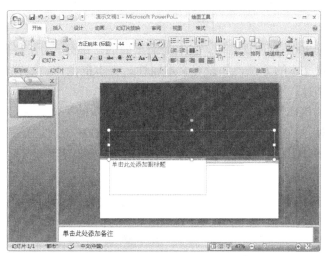

图 4-26　单击占位符

(i) 所谓占位符，是指幻灯片版式中的虚线框。在占位符中单击鼠标，可以将文本、表格、组织结构图、图表及剪贴画等添加到幻灯片的相应位置。

3) 在光标闪烁处输入主标题内容，如"多媒体 CAI 课件制作实用教程"，输入的文本将在占位符中自动居中，如需换行，可以按下 Enter 键。

4) 输入了文本后，在占位符外单击鼠标，即完成了主标题的输入。

5) 根据需要，可以调整占位符的位置或大小。

6) 用同样的方法，可以向幻灯片中添加副标题，如图 4-27 所示。

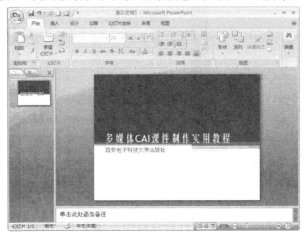

图 4-27 添加主、副标题

添加了幻灯片的标题以后，下一步操作是为幻灯片添加正文内容，这是课件的主要内容。如果幻灯片中含有"单击此处添加文本"占位符，可以直接在占位符内输入正文内容。如果幻灯片中没有该占位符，则需要在幻灯片中插入文本框，然后在文本框中输入内容。

(i) 在 PowerPoint 中，插入到幻灯片中的一切内容都是通过文本框控制的，在系统预设的幻灯片版式中已经含有了文本框，所以在相应的位置单击鼠标就可以添加内容。

2．编辑文本

使用 PowerPoint 2007 制作课件时，文本是最重要的一部分。为了得到更好的演示效果，系统提供了多种编辑文本的方法，如设置文本属性、文本框操作、设置项目符号等。

■ 设置文本属性

文本属性包括字符属性与段落属性。字符属性指文本的字体、字号、颜色、字距等；段落属性指文本的对齐、缩进、行距等。在 PowerPoint 2007 中，这些文本属性可以通过在【开始】标签的【字体】组和【段落】组中单击相应的按钮，即可快速地完成设置，如图 4-28 所示。

图 4-28 【开始】标签的【字体】组和【段落】组

【字体】组主要用于设置字符属性，如字体、字号、颜色、加粗、倾斜、下划线、阴影、字符间距。如果要进行更加详细的设置，可以单击【字体】组右下角的 按钮，在弹出的【字体】对话框中进行设置，如图 4-29 所示。

图 4-29 　 【字体】对话框

【段落】组主要用于设置段落属性，如行间距、文本方向、缩进、对齐方式等。例如，要设置文本的行距，可以在【段落】组中单击行距按钮 ，在打开的列表中选择行距。如果要更确切地设置段落属性，可以单击【段落】组右下角的 按钮，在弹出的【段落】对话框中进行设置，如图 4-30 所示。

图 4-30 　 【段落】对话框

■ 　 文本框的操作

在 PowerPoint 2007 中，如果幻灯片版式中没有占位符，可以使用文本框来设计制作幻灯片。使用文本框的优点在于操作灵活、方便，用户可以自由改变文本框的大小，移动、旋转或翻转文本框，还可以组合文本框。

〖例 4-6〗使用文本框。

1) 在【插入】标签的【文本】组中单击 按钮，如图 4-31 所示。

图 4-31 　 【插入】标签

2) 在幻灯片中按住左键拖曳鼠标，可以绘制一个文本框，并且可以向其中输入文本内容，如图 4-32 所示。

插入到幻灯片中的文本框可以进行调整大小、移动位置或者修饰等操作，从而使其更加符合课件的制作要求。

3) 将光标置于文本框的边框，当光标变为 形状时按住左键拖曳鼠标，可以选择文本框或移动文本框的位置，如图 4-33 所示。

图 4-32　在文本框中输入内容　　　　　　　图 4-33　移动文本框的位置

4) 将光标置于文本框的控制点上，当光标变为双向箭头时按住鼠标左键拖曳，可以改变文本框的大小，如图 4-34 所示。

5) 将光标置于文本框上方的绿色圆形控制点上，当光标变为 形状时按住鼠标左键拖曳，可以旋转文本框，如图 4-35 所示。

图 4-34　改变文本框的大小　　　　　　　　图 4-35　旋转文本框

在文本框中输入文字后，所输入的文字可以应用文本属性。另外，为了使课件更加美观，还可以为文本框添加一些特殊效果，如填充文本框、设置文本框的边框、确定文本框的大小等，这些操作都可以在【格式】标签中进行。

6) 选择文本框，这时系统将自动打开【格式】标签，如图 4-36 所示。

图 4-36　【格式】标签

7) 在【形状样式】组中可以直接选择系统预设的样式。图 4-37 所示是应用了系统预设样式后的效果。

图 4-37　应用系统预设样式后的效果

8) 如果预设的样式不能满足设计要求，可以自定义文本框的填充效果和边框属性。

- 单击 形状填充 按钮，可以使用纯色、渐变色、图片或纹理填充文本框。
- 单击 形状轮廓 按钮，可以设置文本框轮廓的颜色、宽度和线型。
- 单击 形状效果 按钮，可以对文本框应用外观效果，如阴影、发光等效果。

另外，选择文本框后，除了可以在【格式】标签中设置其属性以外，也可以在【开始】标签的【绘图】组中设置文本框的各种属性。其中，单击 按钮下方的小箭头，可以对文本框应用系统预设的外观样式，如图 4-38 所示。

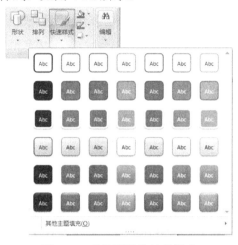

图 4-38　系统预设的外观样式

■　项目符号的设置

一般情况下，当幻灯片中包含两个及两个以上的并列问题或论题时，需要使用项目符号。使用项目符号可以使内容更有条理、更清晰。

〖例 4-7〗在课件中使用项目符号。

1) 创建一个演示文稿，输入课件内容，如图 4-39 所示。

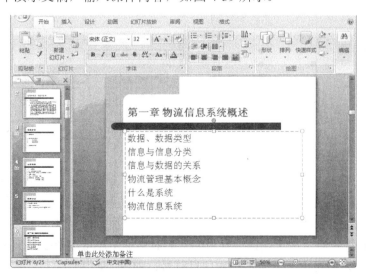

图 4-39　输入的课件内容

2) 在幻灯片中选择要添加项目符号的文本。

3) 在【开始】标签的【段落】组中单击 ≔·右侧的箭头，在打开的列表中可以选择系统预设的项目符号，如图 4-40 所示。

4) 这里选择"◆"作为项目符号，添加项目符号后的效果如图 4-41 所示。

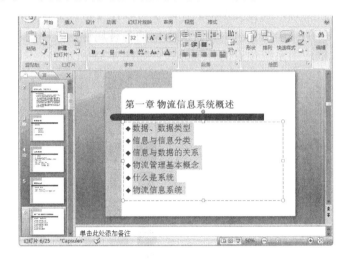

图 4-40　系统预设的项目符号　　　　　图 4-41　添加项目符号后的效果

5) 如果列表中的项目符号不符合设计要求，可以选择【项目符号和编号】选项，这时将弹出【项目符号和编号】对话框，如图 4-42 所示。

6) 单击 图片(P)… 按钮，在弹出的【图片项目符号】对话框中可以选择图片作为项目符号。

7) 单击 自定义(U)… 按钮，在弹出的【符号】对话框中可以选择所需的符号作为项目符号，如图 4-43 所示。

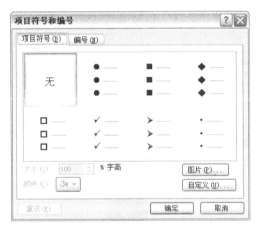

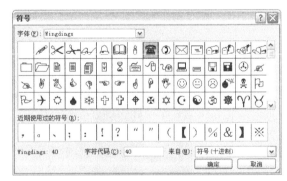

图 4-42　【项目符号和编号】对话框　　　　图 4-43　【符号】对话框

8) 选择项目符号后，在【项目符号和编号】对话框中还可以改变其大小和颜色，最后单击 确定 按钮，即可为所选文本添加项目符号，如图 4-44 所示。

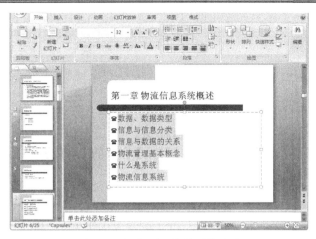

图 4-44　添加项目符号后的文本

如果要删除已使用的项目符号，需要先在幻灯片中选择要删除项目符号的文本，然后在符号列表中单击【无】按钮。

4.3.2　使用艺术字

艺术字以输入的普通文字为基础，通过添加阴影、三维效果、改变文字大小和颜色等对文字进行装饰和设置，从而突出和美化文字。在 PowerPoint 中，艺术字被当作图形对象来处理。

〖例 4-8〗在幻灯片中添加艺术字。

1) 打开演示文稿，选择要添加艺术字的幻灯片。

2) 在【插入】标签的【文本】组中单击 艺术字 按钮，在打开的列表中单击所需的艺术字样式，如图 4-45 所示。

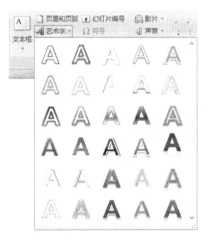

图 4-45　艺术字样式列表

3) 这时，幻灯片中将出现一个文本框，要求输入作为艺术字的内容，如图 4-46 所示。

4) 在文本框中输入文本内容即可，例如输入"大家一起跟我读英语"，如图 4-47 所示。

　　　　　　　　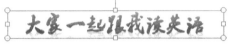

　　　图 4-46　出现的文本框　　　　　　　　　　图 4-47　输入的文字

　　5) 在文本框的外部单击鼠标或者按下 Esc 键，则在幻灯片中添加了艺术字。

　　6) 如果要改变艺术字的字体，可以在【开始】标签的【字体】组中进行设置，如图 4-48 所示为改变字体后的效果。

　　　图 4-48　改变字体后的效果　　　　　　　　图 4-49　【艺术字样式】组

　　向幻灯片中添加了艺术字以后，为了使其更加美观、有个性，还可以对艺术字进行编辑，这些操作都可以通过【格式】标签的【艺术字样式】组来完成，如图 4-49 所示。

- 　在左侧列表中可以重新选择艺术字的样式。
- 　单击 A文本填充 按钮，可以使用纯色、渐变色、图片或纹理填充艺术字。
- 　单击 A文本轮廓 按钮，可以设置艺术字轮廓的颜色、宽度和线型。
- 　单击 A文本效果 按钮，可以对艺术字应用各种外观效果，如发光、阴影、三维旋转等。

　　如果需要设置艺术字的更多属性，可以单击【艺术字样式】组右下角的 按钮，在弹出的【设置文本效果格式】对话框中进行格式设置，如设置艺术字的填充、边框、阴影、三维旋转等，如图 4-50 所示。

　　　　　　　图 4-50　【设置文本效果格式】对话框

4.3.3　使用形状与剪贴画

制作课件时，如果幻灯片中只有文本，会给人一种很单调的感觉，而添加了形状或剪贴画的幻灯片则显得比较丰满。在 PowerPoint 2007 中，系统提供了多种形状工具，使用它们可以在幻灯片上绘制不同的图形形状。另外，还可以直接调用系统剪辑管理器中存储的剪贴画，或者通过 Microsoft 的剪辑管理器从网络上下载所需的剪贴画。

1．添加形状

在 PowerPoint 2007 中可以向幻灯片中添加各种图形形状，如直线、箭头、矩形、椭圆形、星与旗帜、流程图、标注等。与以前的版本相比，该功能有所增强，新增了公式形状、矩形，并且在其它形状分类中也增加了不少新形状。

如果要在幻灯片中插入形状，需要切换到【插入】标签，在【插图】组中单击 按钮，打开形状列表，如图 4-51 所示。

在形状列表中单击所需的形状按钮，然后在幻灯片中拖曳鼠标即可插入形状，如图 4-52 所示。

图 4-51　形状列表

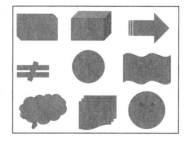

图 4-52　插入的形状

2．编辑形状

在幻灯片中绘制了图形形状之后，需要进行多种编辑操作，使其最终符合课件制作的要求，如调整位置、改变大小和形状、设置颜色、调整叠放次序等。

在编辑形状前需要先选择它：将光标指向要编辑的形状，当光标变为 ⬚ 形状时单击鼠标即可选择形状。选择了形状以后，可以进行如下操作：

- 将光标指向形状，当光标变为 ⬚ 形状时按住鼠标左键拖曳，可以移动形状的位置。
- 将光标指向形状周围的控制点，当光标变为双向箭头时按住鼠标左键拖曳，可以改变形状的大小。
- 将光标指向形状上方的绿色圆形控制点，当光标变为 ⊛ 形状时按住鼠标左键沿顺时针或逆时针方向拖动，可以旋转形状。

另外，在 PowerPoint 2007 中还可以对形状进行剪切、复制和粘贴操作，或者对多个形状进行组合或取消组合的操作，限于篇幅，这里就不再详细介绍了。

当在幻灯片中绘制的形状较多时，后绘制的形状可能会覆盖先绘制的形状。如果形状之间不允许叠放，可以调整形状的位置；如果形状之间需要叠放，则要注意调整形状的叠放次序。

要调整形状的叠放次序，可以在【格式】标签的【排列】组中进行操作，如图 4-53 所示。

图 4-53　【格式】标签

- 单击 置于顶层 按钮，可以将所选形状移至所有形状的顶层。
- 单击 置于底层 按钮，可以将所选形状移至所有形状的底层。
- 单击 置于顶层 按钮右侧的小箭头，在打开的列表中选择【上移一层】选项，可以将所选形状向上移动一层。
- 单击 置于底层 按钮右侧的小箭头，在打开的列表中选择【下移一层】选项，可以将所选形状向下移动一层。

在【排列】组中单击 选择窗格 按钮，将打开【选择和可见性】任务窗格，这里列出了幻灯片中所有的形状，可以完成形状的选择、排序、显示与隐藏操作，如图 4-54 所示。

- 在形状列表中单击某个形状，即可选择该形状，其作用等同于在幻灯片中选择形状。

图 4-54　【选择和可见性】任务窗格

- 在形状列表中单击某个形状后面的 ⬚ 按钮，可以隐藏该形状，再次单击则显示该形状。
- 选择形状以后，单击 ⬆ 按钮或 ⬇ 按钮，可以改变该形状的叠放次序。

■　单击 全部显示 按钮或 全部隐藏 按钮，可以在幻灯片中同时显示或隐藏全部形状。

3．使形状更加美观

在幻灯片中添加了形状以后，可以对其进行各种艺术效果处理，如设置边框和填充效果、添加阴影、设置三维效果等，使其更加美观。

选择要处理的形状，则出现【格式】标签，在【形状样式】组中可以自由美化形状，如图 4-55 所示。

图 4-55　【格式】标签

在【形状样式】组中共有 4 个选项，分别为快速样式、形状填充、形状轮廓、形状效果。使用快速样式可以快速地为形状选择一种预设的效果，如图 4-56 所示。

图 4-56　预设的快速样式

形状填充用于改变形状的填充内容，可以是单一的纯色，也可以是渐变色、纹理或图片，单击 形状填充 按钮，可以打开填充列表，用于设置形状的填充内容，如图 4-57 所示。

图 4-57　填充列表

形状轮廓用于改变形状的边框模式，单击 形状轮廓 按钮，打开轮廓列表，如图 4-58 所示。在这里可以设置形状的边框效果，如颜色、粗细、虚线样式等。

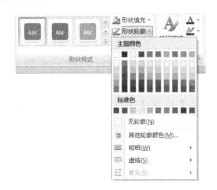

图 4-58　轮廓列表

单击 形状效果 按钮，在打开的效果列表中可以为形状添加各式各样的效果，如发光、阴影、映像、三维旋转等，在每一种效果类别中又有若干子类可供选择，如图 4-59 所示。

图 4-59　效果列表

如果需要设置更多的属性，可以单击【形状样式】组右下角的 按钮，在弹出的【设置形状格式】对话框中进行设置，如可以综合设置形状的填充、线型、阴影、三维格式等，如图 4-60 所示。

图 4-60　【设置形状格式】对话框

4. 插入剪贴画

在 PowerPoint 2007 的剪辑管理器中存放了大量的剪贴画，用户可以向幻灯片中插入剪贴画，使课件更加丰满、完美。

〖例 4-9〗在幻灯片中插入剪贴画。

1）创建一个演示文稿，并确认当前视图为普通视图。

2）在【插入】标签的【插图】组中单击 按钮，则打开【剪贴画】任务窗格，如图 4-61 所示。

3）在【搜索文字】文本框中输入用于描述所需剪贴画的相关文字，如"科技"，单击 搜索 按钮，则任务窗格中将出现搜索结果，如图 4-62 所示。

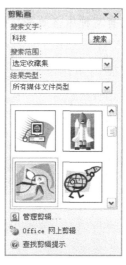

图 4-61　【剪贴画】任务窗格　　　　　　　　　图 4-62　搜索结果

4）如果没有符合需要的剪贴画，可以重新输入搜索文字进行搜索。

5）单击所需的剪贴画，即可将剪贴画插入到幻灯片中，如图 4-63 所示。

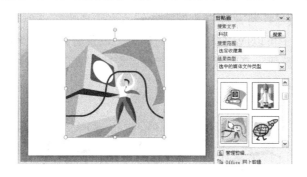

图 4-63　插入的剪贴画

5. 编辑剪贴画

在幻灯片中插入剪贴画后，利用【格式】标签可以对剪贴画进行各种编辑操作，如调整剪贴画的对比度和亮度、设置图片样式、排列图片、调整图片大小等，如图 4-64 所示。

图 4-64 【格式】标签

在【调整】组中可以对剪贴画的亮度、对比度、大小、色调等进行调整。

- 单击 亮度 按钮，在打开的列表中可以调整剪贴画的亮度。
- 单击 对比度 按钮，在打开的列表中可以调整剪贴画的对比度。
- 单击 重新着色 按钮，在打开的列表中单击不同的按钮，可以对图片重新着色，使其具有某种风格效果，如图 4-65 所示。

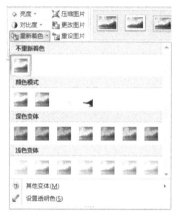

图 4-65 重新着色列表

- 单击 压缩图片 按钮，在弹出的【压缩图片】对话框中设置选项，可以压缩剪贴画。
- 单击 更改图片 按钮，在弹出的【插入图片】对话框中可以重新选择图片，该图片将替换掉选择的剪贴画，但仍将保存剪贴画的格式和大小。
- 单击 重设图片 按钮，将放弃对此图片所做的格式更改。

在【图片样式】组中可以应用系统预设的样式，设置剪贴画或图片的外观效果。

- 单击 图片形状 按钮，在打开的列表中选择形状，可以更改所选剪贴画的形状，如图 4-66 所示。

图 4-66 不同的形状

- 单击 图片边框 按钮，可以指定剪贴画或图片边框的颜色、宽度和线型。
- 单击 图片效果 按钮，可以对剪贴画或图片应用所需的视觉效果，如发光、阴影等。

在【排列】组中可以调整剪贴画或图片的排列顺序。在【大小】组中可以调整图片的大小。其中，单击 按钮，则图片周围出现含有裁剪点的裁剪框，将光标指向裁剪点，按住鼠标左键拖曳至合适位置后释放鼠标，则裁剪框内的剪贴画被保留，而其余部分被剪掉，如图 4-67 所示。

裁剪前　　　　　　　　裁剪中　　　　　　　裁剪后

图 4-67　裁剪剪贴画

> 在 PowerPoint 中，只能沿着相对于图片的水平、垂直或对角等八个方向进行裁剪。被剪去的图片只是被隐藏，并非真正被剪掉了。单击 重设图片 按钮，可以使画片复原。

4.3.4　插入声音和影片

PowerPoint 2007 是一个简捷易用的多媒体集成系统，用户既可以在其中插入文本、图形、图片或图表，也可以插入声音、CD 乐曲、影片等对象。

1. 插入声音对象

在 PowerPoint 演示文稿中，用户可以使用剪辑管理器中的声音，还可以播放声音、录制声音和旁白等，这也是 PowerPoint 广泛用于课件制作的主要原因之一。

〖例 4-10〗使用剪辑管理器中的声音。

1) 创建一个演示文稿。

2) 在【插入】标签的【媒体剪辑】组中单击 声音 右侧的小箭头，在打开的列表中选择【剪辑管理器中的声音】选项，这时将打开【剪贴画】任务窗格，如图 4-68 所示。

图 4-68　【剪贴画】任务窗格

3) 单击任务窗格中的声音图标，则弹出一个提示对话框，系统询问用户在幻灯片放映时如何播放声音，如图 4-69 所示。

图 4-69　提示对话框

4) 单击 [自动(A)] 或 [在单击时(C)] 按钮后，声音将被插入到幻灯片中，声音以小扬声器图标 🔊 显示。

> ℹ 在一张幻灯片中可以插入多个声音。在插入新的声音之前，需要移动原先图标的位置，否则，后插入的声音图标将覆盖以前的声音图标。

如果 PowerPoint 剪辑管理器中提供的声音不能满足课件要求，可以使用外部的声音文件，如 AIFF、MIDI、MP3 等格式的声音文件。

〖例 4-11〗插入外部声音文件。

1) 打开演示文稿，选择要插入声音的幻灯片。

2) 在【插入】标签的【媒体剪辑】组中单击 🔊 声音▾ 按钮右侧的小箭头，在打开的列表中选择【文件中的声音】选项，或者直接单击 🔊 声音 按钮，则弹出【插入声音】对话框，在【查找范围】下拉列表中选择存放声音文件的文件夹，例如选择 Windows 目录下的 Media 文件夹，则对话框中将显示该文件夹下的所有声音文件，如图 4-70 所示。

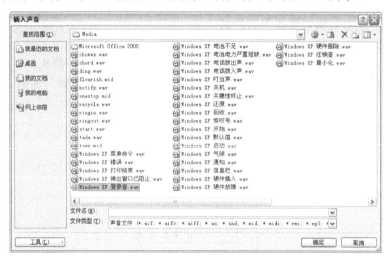

图 4-70　【插入声音】对话框

3) 在文件列表中选择所需的声音文件，例如选择 "Windows XP 登录音.wav" 文件。

4) 单击 [确定] 按钮，或者双击所需的声音文件，即可将其插入幻灯片中。

在 PowerPoint 中，除了可以插入上述声音文件外，还可以插入 CD 音乐。下面我们以实例的形式介绍如何在演示文稿中插入 CD 音乐。

〖例 4-12〗插入 CD 音乐。

1）打开演示文稿，选择要插入 CD 音乐的幻灯片。

2）在【插入】标签的【媒体剪辑】组中单击 声音 按钮右侧的小箭头，在打开的列表中选择【播放 CD 乐曲】选项，则弹出【插入 CD 乐曲】对话框，如图 4-71 所示。

图 4-71　【插入 CD 乐曲】对话框

3）在对话框中可以选择要播放的 CD 乐曲序号并设置播放选项。

- 在【开始曲目】和【结束曲目】选项中可以选择要播放的开始和结束 CD 乐曲。
- 在【时间】选项中可以设置开始和结束 CD 乐曲的时间。
- 选择【循环播放，直到停止】选项，可以在演示幻灯片时不停地播放该乐曲。
- 选择【幻灯片放映时隐藏声音图标】选项，则放映幻灯片时将隐藏声音图标。

4）单击 确定 按钮，将出现一个提示对话框，如图 4-72 所示。

图 4-72　提示对话框

5）单击 自动(A) 或 在单击时(C) 按钮后，返回到幻灯片中，则添加的 CD 乐曲将以 CD 图标 出现在幻灯片中。

2．录制声音

如果现有的声音不能满足工作需要，用户可以自己动手为单张幻灯片录制声音，以产生更好的声音效果。如果需要，还可以为整个演示文稿录制旁白，这对于解释课件中的内容是非常必要的。

〖例 4-13〗在演示文稿中录制声音。

1）打开演示文稿，选择要录制声音的幻灯片。

2）在【插入】标签的【媒体剪辑】组中单击 声音 按钮右侧的小箭头，在打开的列表中选择【录制声音】选项，则弹出【录音】对话框，如图 4-73 所示。

图 4-73　【录音】对话框

3) 在【名称】文本框中输入录制声音的文件名称后，单击▣按钮，即可开始录制声音，这时 ▪ 按钮将为▪形状。

4) 播放要录制的声音或者通过麦克进行录音。

5) 单击▪按钮可以结束录音。

6) 单击▶按钮，可以播放刚才录制的声音，检查录制效果，如果不符合要求可以重新录制。

7) 单击 确定 按钮返回幻灯片，则新录制的声音以扬声器图标 🔊 显示，双击该图标，可以播放录制的声音。

〖例 4-14〗为演示文稿录制旁白。

1) 打开要录制旁白的演示文稿。

2) 在【幻灯片放映】标签的【设置】组中单击 ▷🔊录制旁白 按钮，则弹出【录制旁白】对话框，如图 4-74 所示。

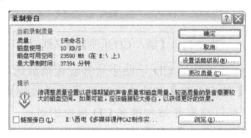

图 4-74　【录制旁白】对话框

3) 单击对话框中的 设置话筒级别(M)... 按钮，在弹出的【话筒检查】对话框中可以检查话筒，确保话筒可以使用并且音量适于录音，如图 4-75 所示。

4) 单击 更改质量(C)... 按钮，在弹出的【声音选定】对话框中可以选择声音格式、声音属性等选项，如图 4-76 所示。

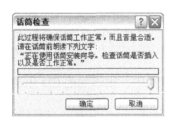　　　　

图 4-75　【话筒检查】对话框　　　　图 4-76　【声音选定】对话框

5) 单击 确定 按钮，则进入幻灯片放映视图开始演示幻灯片。在演示幻灯片的同时，可以对着话筒讲话，为演示文稿录制旁白。

6) 录制完一张幻灯片的旁白之后，可以继续录制其它幻灯片的旁白。

7) 录制完旁白之后，在屏幕上单击鼠标，结束幻灯片放映，这时将出现一个信息提示框，如图 4-77 所示。根据系统提示确定是否保存幻灯片的排练时间。

图 4-77　信息提示框

3．插入影片

在 PowerPoint 演示文稿的幻灯片中，除了可以插入声音对象，还可以插入影片，使幻灯片由静态变为动态。与插入声音对象相似，用户可以插入剪辑管理器中的影片，也可以插入其它文件中的影片。

如果要在演示文稿中插入剪辑管理器中的影片，可以在【插入】标签的【媒体剪辑】组中单击 影片 按钮右侧的小箭头，在打开的列表中选择【剪辑管理器中的影片】选项，这时将打开【剪贴画】任务窗格，如图 4-78 所示。

在【剪贴画】任务窗格中单击所需的影片，即可将该影片插入到幻灯片中。如果剪辑管理器中的影片不能满足需要，用户可以添加其它文件中的影片。PowerPoint 支持的影片文件格式有 AVI、ASF、MPEG、WMV 等。

如果要在演示文稿中插入其它影片，则需要在【插入】工具栏的【媒体剪辑】组中单击 影片 按钮右侧的小箭头，在打开的列表中选择【文件中的影片】选项，在弹出的【插入影片】对话框中选择要插入的影片，如图 4-79 所示。

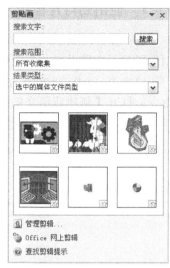

图 4-78　【剪贴画】任务窗格

图 4-79　【插入影片】对话框

> ⓘ　插入到幻灯片中的影片是静止的，可以像编辑其它图形对象一样改变它的大小，或者移动它的位置，只有在放映幻灯片时才能播放影片。

4.4　设计幻灯片的风格与外观

幻灯片的风格与外观取决于幻灯片模板、幻灯片母版和主题方案的应用与设计。在 PowerPoint 2007 中，既可以直接使用标准的幻灯片模板、幻灯片母版和主题方案，也可以根据自己的爱好对这些内容加以修改和重新设置。

4.4.1　使用幻灯片模板

在 PowerPoint 2007 中，模板的使用有一些变化，需要在新建演示文稿时就选择模板，制作了演示文稿以后，不能再更改模板。

单击 PowerPoint 2007 左上角的 按钮，打开"Office 按钮"菜单，执行其中的【新建】命令，打开【新建演示文稿】对话框，如图 4-80 所示。

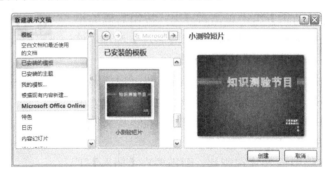

图 4-80　【新建演示文稿】对话框(1)

在该对话框的左侧有"已安装的模板"和"我的模板"两个选项，其中"已安装的模板"是安装 PowerPoint 2007 时自带的模板；而"我的模板"则是用户自定义的模板，当切换到"我的模板"选项时，将弹出另一个对话框，如图 4-81 所示，选择要使用的设计模板，确认后即可使用幻灯片模板编辑演示文稿。

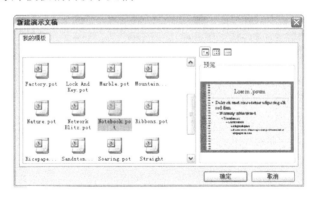

图 4-81　【新建演示文稿】对话框(2)

4.4.2　使用幻灯片母版

幻灯片母版是模板的一部分，它存储的信息包括：文本和对象在幻灯片上的放置位置、文本和对象占位符的大小、文本样式、背景、颜色主题、效果和动画等。

应用幻灯片母版可以使演示文稿中的幻灯片具有一致的外观，对幻灯片母版所作的任何修改，都将影响到所有基于该母版的幻灯片。

在【视图】标签的【演示文稿视图】组中单击 幻灯片母版 按钮，可以进入幻灯片母版视图，并显示幻灯片母版，如图 4-82 所示。

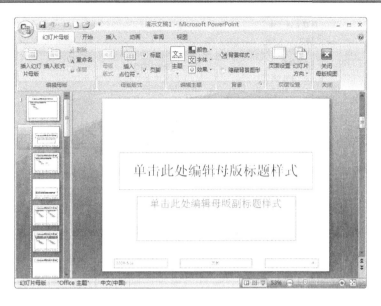

图 4-82　幻灯片母版视图

在普通视图或幻灯片浏览视图中选择除标题幻灯片之外的任意一张幻灯片，按住 Shift 键的同时单击普通视图按钮 ⊡，也可以显示幻灯片母版。

在幻灯片母版中有 5 个占位符，其实就是 5 个对象，它们都可以进行重新编辑和处理，如更改字体或项目符号，插入要显示在多个幻灯片上的图片，更改占位符的位置、大小和格式等。

例如，要改变母版标题样式的字体，可以单击标题样式，然后在【幻灯片母版】标签的【编辑主题】组中单击 ⊠ 字体▪ 按钮，在打开的列表中选择一种字体即可，如图 4-83 所示。

图 4-83　字体列表

如果系统列表中没有需要的字体，可以单击列表最下方的 新建主题字体(C)... 按钮，这时将弹出【新建主题字体】对话框，如图 4-84 所示。

图 4-84 【新建主题字体】对话框

修改了母版以后，所有使用了该母版的幻灯片都将随之发生变化。因此，使用母版对于统一幻灯片的风格非常有意义。

4.4.3 合理运用文档主题

文档主题是一组预先设置好的格式选项，可以直接应用于幻灯片，从而省略繁杂的格式设置。这样既可以收到较好的视觉效果，又可以提高工作效率。文档主题由一组主题颜色、一组主题字体和一组主题效果构成，使用这些主题可以使幻灯片颜色丰富，重点突出。

1．应用文档主题

应用文档主题的操作非常简单，打开演示文稿以后，在【设计】标签的【主题】组中单击要使用的文档主题即可。而单击 按钮，则可以打开主题列表，查看所有可用的文档主题，如图 4-85 所示。

图 4-85 主题列表

2．自定义文档主题

如果用户不喜欢系统提供的主题，可以根据个人意愿自定义主题。要自定义文档主题，可以从更改颜色、字体或线条和填充效果开始。当更改了一个或多个主题组件之后，将影响文档中已经应用了该主题的幻灯片。

〖**例 4-15**〗更改文档主题。

1）打开一个演示文稿。

2）在【设计】标签的【主题】组中单击"夏至"文档主题，则整个文档应用了该主题，如图 4-86 所示。

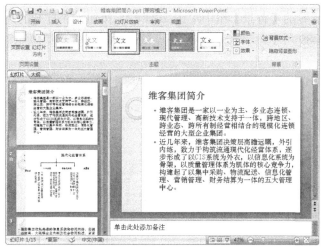

图 4-86　主题的应用

3）在【主题】组中单击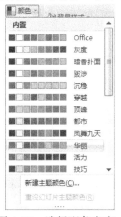按钮，在打开的列表中可以选择一种配色方案，例如选择"华丽"，如图 4-87 所示，则幻灯片中的配色方案就会发生改变。

4）如果要自己配置主题颜色，则选择列表下方的【新建主题颜色】选项，这时将弹出【新建主题颜色】对话框，如图 4-88 所示。

图 4-87　选择配色方案　　　　　　图 4-88　【新建主题颜色】对话框

ⓘ　自定义主题颜色时，尽量选择一种与新定义的主题颜色相近的方案，这样可以只做少量的修改，提高工作效率。

5）在对话框中修改各项颜色，然后单击 保存(S) 按钮，则新定义的主题颜色将应用到演示文稿的所有幻灯片上。

6) 用同样的方法还可以更改主题字体，这里不再赘述。

3．设置背景

在 PowerPoint 2007 中，用户既可以为幻灯片设置单一的背景颜色，也可以使用填充效果作为幻灯片的背景，而且方法非常简单。

〖例 4-16〗设置幻灯片的背景。

1) 打开一个演示文稿，将当前视图切换到普通视图中。

2) 在【设计】标签的【背景】组中单击 背景样式 按钮，在打开的列表中可以选择所需的背景样式，如图 4-89 所示。

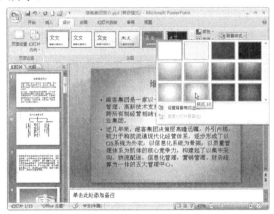

图 4-89 背景样式列表

3) 如果系统提供的背景格式不符合设计要求，可以选择【设置背景格式】选项，在弹出的【设置背景格式】对话框中设置背景，如图 4-90 所示。

图 4-90 【设置背景格式】对话框

该对话框的左侧有【填充】和【图片】两个选项，其中，只有在【填充】选项中选择了【图片或纹理填充】时，【图片】选项才可用，用于设置图片的亮度、对比度等。

4) 根据要求设置了所需要的背景以后，单击 全部应用(L) 按钮，可以将所设置的背景应用到演示文稿中的所有幻灯片和幻灯片母版上；单击 关闭 按钮，可以将所设置背景应用到当前幻灯片上。

4.5　幻灯片的管理

一个课件往往由多幅幻灯片构成。在 PowerPoint 2007 中制作了幻灯片后，不但可以对其进行剪切、复制、粘贴或者删除等操作，还可以导入外部幻灯片。这些操作可以在普通视图的【幻灯片】标签、【大纲】标签和幻灯片浏览视图中进行。

4.5.1　插入与删除幻灯片

在 PowerPoint 2007 中，无论是在普通视图的【幻灯片】标签或【大纲】标签中，还是在幻灯片浏览视图中，都可以采用多种方法插入和删除幻灯片。

插入新幻灯片的方法如下：

- 在【开始】标签中单击 📄 按钮。
- 在普通视图的【幻灯片】标签中单击鼠标右键，从弹出的快捷菜单中选择【新建幻灯片】命令。

删除幻灯片的操作方法如下：

- 在普通视图的【幻灯片】标签或【大纲】标签中按下 Delete 键，可以删除当前显示在幻灯片窗格中的幻灯片。
- 在幻灯片浏览视图中选择要删除的一张或多张幻灯片，按下键盘中的 Delete 键，可以删除所选幻灯片。

4.5.2　移动与复制幻灯片

在普通视图和幻灯片浏览视图中，移动或复制幻灯片的操作方法基本上是一致的，下面我们以在幻灯片浏览视图中移动或复制幻灯片为例来讲解操作方法。

1) 在幻灯片浏览视图中选择要移动或复制的幻灯片。

2) 采用下述方法可以移动幻灯片：

- 按住所选的幻灯片拖曳至目标位置处释放鼠标，即可移动幻灯片的位置。
- 在【开始】标签的【剪贴板】组中单击 ✂ 剪切 按钮，然后在目标位置处单击 📋 按钮，即可移动幻灯片。
- 使用快捷菜单中的【剪切】命令和【粘贴】命令，也可以移动幻灯片。

3) 采用下述方法可以复制幻灯片：

- 按住 Ctrl 键的同时拖曳要复制的幻灯片至目标位置处释放鼠标，可以复制幻灯片。
- 在【开始】标签的【剪贴板】组中单击 📋 复制 按钮，然后在目标位置处单击 📋 按钮，即可复制所选幻灯片。
- 使用快捷菜单中的【复制】命令和【粘贴】命令，也可以复制幻灯片。

在普通视图的【幻灯片】标签中，也可以采用上述方法移动或复制幻灯片，只是不如在幻灯片浏览视图中操作方便。

4.5.3 从外部导入现有的幻灯片

将外部的幻灯片导入到当前演示文稿中，实际是在不同的演示文稿之间复制幻灯片。通过导入外部幻灯片，可以有效利用外部资源，提高工作效率。

导入外部幻灯片的操作步骤如下：

1) 打开两个演示文稿。

2) 在【视图】标签的【窗口】组中单击 全部重排 按钮，使两个演示文稿在窗口中并排显示。

3) 将两个演示文稿都切换到幻灯片浏览视图中。

4) 在一个演示文稿中选择要导入的幻灯片，按住鼠标左键将其拖曳到另一个演示文稿中的合适位置处释放鼠标，即可将其导入到该演示文稿中。

导入外部幻灯片后可以发现，新导入的幻灯片自动使用了当前演示文稿的幻灯片模板。如果要保持原来的模板，可以单击其右下角的 按钮，从打开的列表中选择【保持源格式】选项即可。

实际上，PowerPoint 2007 提供了专门用于重用外部幻灯片的功能，使用它可以重用现有的幻灯片，实现高效工作。

〖**例 4-17**〗**重用已有的幻灯片。**

1) 打开一个演示文稿。

2) 在【开始】标签的【幻灯片】组中单击 按钮下方的小箭头，在打开的列表中选择【重用幻灯片】选项，则打开【重用幻灯片】任务窗格，如图 4-91 所示。

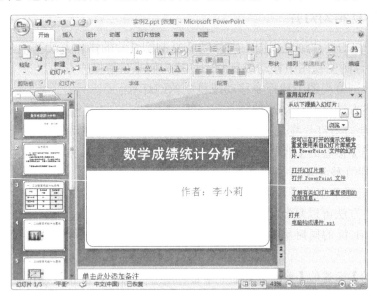

图 4-91 【重用幻灯片】任务窗格

3) 在【重用幻灯片】任务窗格中单击 浏览 按钮，在打开的列表中选择【浏览文件】选项，在弹出的【浏览】对话框中选择一个演示文稿文件，则该文件出现在【重用幻灯片】任务窗格中，如图 4-92 所示。

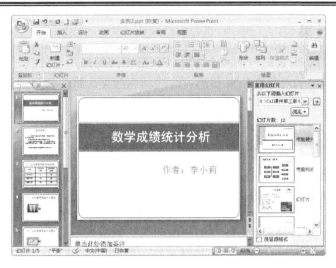

图 4-92　选择的文件

4) 需要重用哪张幻灯片，只要在【重用幻灯片】任务窗格中单击该幻灯片即可，这时该幻灯片将插入到当前幻灯片的下方，如图 4-93 所示。

图 4-93　重用幻灯片

5) 如果在【重用幻灯片】任务窗格中选择【保留源格式】选项，则重用的幻灯片将保持原来的格式，否则使用当前演示文稿的主题格式。

4.6　动画效果的实现

使用 PowerPoint 制作课件时，通常需要为课件添加一些动态效果，如幻灯片之间的切换、内容的出现与消失、人机交互控制等，这样可以大大提高课件的趣味性，吸引学生的注意力。

4.6.1　设置动画效果

PowerPoint 中的动画效果包括两个方面：一是不同幻灯片在放映过程中的动态切换效果；二是同一幻灯片中的对象在出现和消失时的动态效果。将两种动画效果有机结合起来，可以制作出生动有趣的课件。

1．为幻灯片添加切换效果

制作课件时，一般情况下需要为幻灯片添加切换效果，这样，幻灯片在放映时将以多种不同的切换效果出现在屏幕上，动态效果非常显著。

为幻灯片添加切换效果最好在幻灯片浏览视图中进行。在【视图】标签的【演示文稿视图】组中单击 幻灯片浏览 按钮，或者单击状态栏右侧的幻灯片浏览按钮 ，可以进入幻灯片浏览视图。在该视图中，用户可以为任何一张、一组或全部幻灯片添加切换效果。

在幻灯片浏览视图中选择要添加切换效果的一张或多张幻灯片，然后切换到【动画】标签中，如图 4-94 所示。

图 4-94　【动画】标签

在【切换到此幻灯片】组中单击所需要的切换效果，则所选幻灯片将应用该效果。如果对所选切换效果不满意，还可以重新选择。

在【切换到此幻灯片】组的右侧可以设置切换效果的其它选项。

- 【切换声音】：用于选择一种声音，在上一张幻灯片过渡到所选幻灯片时播放该声音。
- 【切换速度】：用于选择上一张幻灯片过渡到所选幻灯片时的动画速度，可以选择"慢速"、"中速"或"快速"。
- 单击 全部应用 按钮，可以将所选切换效果应用于演示文稿中的所有幻灯片上。
- 【换片方式】：用于指定幻灯片放映时的切换方式。选择【单击鼠标时】选项，可以在放映时单击鼠标切换幻灯片；选择【在此之后自动设置动画效果】选项，在其右侧的文本框中输入数值，则放映幻灯片时将每隔所设时间就自动切换幻灯片。

2．为幻灯片中的对象添加动画效果

为幻灯片中的对象添加动画效果后，在播放幻灯片时，其中的对象将以动画的形式出现，非常生动。例如，可以让幻灯片的标题文字逐字出现，并伴随着打字机打字的声音等。在 PowerPoint 2007 中可以添加两种动画，即预设动画方案和自定义动画。

〖例 4-18〗添加预设动画方案。

1）打开一个演示文稿，在幻灯片中选择要添加预设动画方案的对象。

2）在【动画】标签的【动画】组中打开预设动画列表，如图 4-95 所示。

图 4-95　预设动画列表

3) 选择所需的动画效果，例如"飞入"，则视图中将显示所选动画效果，如果不满意，可以重新选择动画效果。

4) 系统预设的动画效果并不多，所以在制作课件时，为了突出个性，用户多采用自定义动画的方式。PowerPoint 2007 允许用户自定义动画，随意组合视觉效果，使幻灯片中的动画效果与众不同。

〖例 4-19〗自定义动画。

1) 在幻灯片中选择要添加预设动画方案的对象。

2) 在【动画】标签的【动画】组中单击 自定义动画 按钮，打开【自定义动画】任务窗格。

3) 单击 添加效果 按钮，从打开的列表中选择一种动画效果，如图 4-96 所示。

4) 在【自定义动画】任务窗格中对所选动画进行选项设置。

5) 如果列表中没有合适的动画效果，可以单击【其他效果】选项，这时将弹出【添加…效果】对话框，如图 4-97 所示为【添加退出效果】对话框。

图 4-96　【自定义动画】任务窗格

图 4-97　【添加退出效果】对话框

6) 在该对话框中可以选择更多的动画效果。

7) 设置完动画选项后，单击 播放 按钮可以在当前视图中播放幻灯片。单击 幻灯片放映 按钮可以切换到幻灯片放映视图中查看幻灯片的动画效果。

4.6.2　创建交互式演示文稿

在计算机技术飞速发展的今天，只"听与看"的时代已经过去了，人们需要一种互动式交流，这对我们制作课件提出了更高的要求。

在 PowerPoint 2007 中，利用系统提供的动作按钮可以轻松创建交互式的演示文稿，而且操作方法非常简单。这种操作的实质是为幻灯片中的动作按钮建立超链接，当放映幻灯片时，单击这些按钮可以跳转到演示文稿的指定幻灯片上，甚至可以链接到 Internet 上。另外，还可以控制声音播放、启动应用程序等。

〖例 4-20〗建立链接按钮。

1）打开一个演示文稿，将当前视图切换到普通视图中。

2）切换到要插入动作按钮的幻灯片。

3）在【插入】标签的【插图】组中单击 🔲 按钮下方的小箭头，在打开的列表中选择【自定义】按钮，如图 4-98 所示。

图 4-98　选择按钮

4）在幻灯片中拖曳鼠标，绘制一个按钮，则弹出【动作设置】对话框。如果打开的幻灯片中已经存在按钮，则可以在【插入】标签的【链接】组中单击 🔲 按钮，也会弹出【动作设置】对话框，如图 4-99 所示。

图 4-99　【动作设置】对话框

5) 在该对话框中选择【超链接到】选项，并在其下拉列表中选择合适的选项，可以设置不同的链接对象。

■ 如果要在当前演示文稿的幻灯片之间跳转，可以选择【幻灯片...】选项，则弹出【超链接到幻灯片】对话框，如图 4-100 所示。在对话框的【幻灯片标题】列表中选择要跳转到的幻灯片后单击 [确定] 按钮。

图 4-100　【超链接到幻灯片】对话框

■ 如果要建立跳出当前演示文稿的超链接，需要选择【URL...】选项，在弹出的【超链接到 URL】对话框中输入要跳转到的目标 URL，如图 4-101 所示，然后单击 [确定] 按钮确认。

图 4-101　【超链接到 URL】对话框

6) 如果需要单击动作按钮时启动应用程序，可以选择【运行程序】选项，在其下面的文本框中输入应用程序的路径，也可以单击 [浏览 (B) ...] 按钮选择要运行的程序。

7) 如果需要为动作按钮添加声音效果，可以选择【播放声音】选项，在其下拉列表中选择一种声音效果。

8) 单击 [确定] 按钮，即可完成动作的设置。

在幻灯片放映视图中放映幻灯片时，可以验证交互式演式文稿的有效性。

4.7　演示文稿的打包与运行

使用 PowerPoint 制作的课件实质上就是一个演示文稿，为了使课件能够正常运行，必须设置演示文稿的放映方式，并且正确打包。

4.7.1　设置放映方式

制作完成的演示文稿在放映前需要先设置放映方式，以确定幻灯片的放映类型、放映选项及换片方式等选项。

〖例 4-21〗设置演示文稿的放映方式。

1) 打开一个演示文稿。

2) 在【幻灯片放映】标签的【设置】组中单击 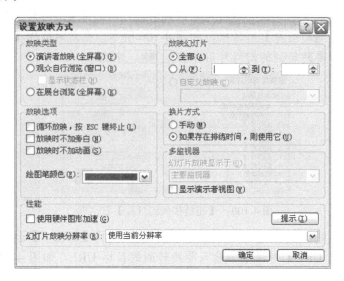 按钮，则弹出【设置放映方式】对话框，如图 4-102 所示。

图 4-102　　【设置放映方式】对话框

3) 在【放映类型】选项组选择幻灯片的放映类型。

- 选择【演讲者放映(全屏幕)】选项时，将以全屏幕方式播放幻灯片，演讲者可以手动控制放映过程，这是最常用的放映方式。
- 选择【观众自行浏览(窗口)】选项时，可以在标准窗口中放映幻灯片，观众可以使用窗口中的菜单命令自己动手控制幻灯片的放映。
- 选择【在展台浏览(全屏幕)】选项时，将以全屏幕方式播放幻灯片，这是一种自动运行的全屏幕幻灯片放映方式。在这种方式下，观众可以切换幻灯片或单击超链接和动作按钮，但不能更改演示文稿。

4) 在【放映选项】选项组中确定放映时是否循环放映、加旁白或动画。

5) 在【放映幻灯片】选项组中指定要放映的幻灯片。

- 选择【全部】选项时，将放映演示文稿中的所有幻灯片。
- 选择【从…到…】选项时，在其后的文本框中输入数值，可以确定要放映的幻灯片从第几张开始，到第几张结束。

6) 在【换片方式】选项组中确定放映幻灯片时的换片方式。

- 选择【手动】选项时，则放映幻灯片时必须手动切换幻灯片，同时系统将忽略预设的排练时间。
- 选择【如果存在排练时间，则使用它】选项，将使用预设的排练时间自动进行幻灯片放映。如果没有预设的排练时间，则必须手动切换幻灯片。

7) 在【幻灯片放映分辨率】选项中设置幻灯片放映显示的分辨率。

8) 单击 ⌈　确定　⌋ 按钮确认设置。

在 PowerPoint 2007 中，除了系统预置的放映方式以外，用户还可以自定义放映方式，如确定哪些幻灯片要放映，哪些不放映，按什么顺序播放等。

〖例 4-22〗自定义放映方式。

1) 打开一个演示文稿。

2) 在【幻灯片放映】标签的【开始放映幻灯片】组中单击 按钮，在打开的列表中选择【自定义放映】选项，则弹出【自定义放映】对话框，如图 4-103 所示。

图 4-103　【自定义放映】对话框

3) 单击 新建(N)... 按钮，弹出【定义自定义放映】对话框，如图 4-104 所示。

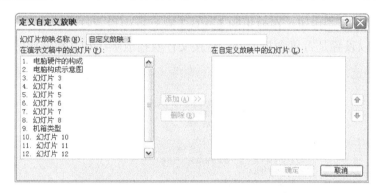

图 4-104　【定义自定义放映】对话框

4) 在该对话框中可以定义放映方式。

- 在【幻灯片放映名称】文本框中输入自定义放映的名称。
- 在左侧的【在演示文稿中的幻灯片】列表框中选择当前演示文稿中要放映的幻灯片，单击 添加(A) >> 按钮，将其添加到右侧的【在自定义放映中的幻灯片】列表框中，并可以单击其右侧的 按钮和 按钮调整幻灯片的顺序。也可以对已出现在右侧列表框中的幻灯片单击 删除(R) 按钮将其删除。

5) 单击 确定 按钮完成自定义放映，返回到【自定义放映】对话框中。

6) 单击 放映(S) 按钮可以在标准窗口中放映选定的幻灯片，单击 关闭(C) 按钮可以退出【自定义放映】对话框。

4.7.2　演示文稿的打包与异地播放

制作完成的演示文稿需要打包，打包的目的就是使演示文稿可以跨平台展示，或者进行异地播放。

〖例 4-23〗打包演示文稿。

1) 打开要打包的演示文稿。

2) 单击![]按钮，打开"Office 按钮"菜单，执行其中的【发布】\【CD 数据包】命令，则弹出【打包成 CD】对话框，如图 4-105 所示。

图 4-105　【打包成 CD】对话框

3) 在【将 CD 命名为】文本框中输入演示文稿的名称。

4) 如果要添加其他演示文稿或其他不能自动包括的文件，需要通过单击 添加文件(A)... 按钮来添加文件。

5) 单击 选项(O)... 按钮，在弹出的【选项】对话框中设置打包选项，如图 4-106 所示。通过该对话框可以设置是否包含播放器、链接文件及播放顺序和文稿密码等。

图 4-106　【选项】对话框

6) 完成选项设置后单击 确定 按钮返回【打包成 CD】对话框。

7) 如果用户安装了刻录机并且希望将打包后的演示文稿直接刻录到光盘上，则单击 复制到 CD(C) 按钮；如果用户希望将演示文稿打包到某一个文件夹下，则单击 复制到文件夹(F)... 按钮，这时弹出【复制到文件夹】对话框，如图 4-107 所示。

图 4-107　【复制到文件夹】对话框

8) 单击 确定 按钮，则完成了演示文稿的打包。这时打开指定的文件夹，可以看到打包后的文件，如图 4-108 所示。

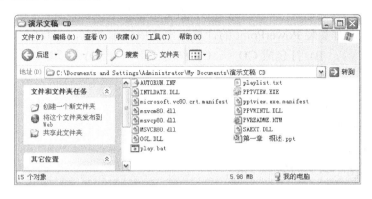

图 4-108　打包后生成的文件

9) 双击其中的"play.bat"文件可以直接播放演示文稿，并且可以脱离 PowerPoint 平台实现异地播放。

4.8　练　习　题

一、填空题

1. PowerPoint 2007 提供了四种主要视图模式，即普通视图、_____视图、备注页视图和_____视图，其中普通视图中还包含了_____和【幻灯片】两个标签。

2. 在普通视图的【大纲】标签中，不但可以将演示文稿中每张幻灯片的文本内容以_____显示出来，还可以用于添加文本，因此常用于创建演示文稿和组织演示文稿的内容。

3. _____是一些已经设计好的演示文稿范本，包含封面、封底、内页、动画、版式、配色方案等，可以让用户节约大量的设计时间，直接套用文字即可。

4. _____是一组预先设置好的格式选项，可以直接应用于幻灯片，从而省略繁杂的格式设置。这样既可以收到较好的视觉效果，又可以提高工作效率。

5. 一个课件往往由多幅幻灯片构成。在 PowerPoint 2007 中制作了幻灯片之后，不但可以对其进行剪切、复制、粘贴或者删除等操作，还可以导入外部幻灯片。这些操作可以在普通视图的【幻灯片】标签、【大纲】标签和_____视图中进行。

6. PowerPoint 中的动画效果包括两个方面：一是不同幻灯片在_____中的动态切换效果；二是同一幻灯片中的对象在_____时的动态效果。将两种动画效果有机结合起来，可以制作出生动有趣的课件。

二、选择题

1. 在 PowerPoint 中，艺术字被当作(　　　　)来处理。

A) 图形对象　　　B) Word 文档　　　C) Excel 表格　　　D) 图表

2. 演示文稿存储后，默认的文件名是(　　　　)。

A) DOC　　　　B) EXE　　　　C) PPTX　　　　D) XLS

3. 幻灯片中占位符的作用是(　　　　)。

A) 表示文本长度   B) 限制插入对象的数量
C) 表示图形大小   D) 为文本、图形预留位置

4．要在一台没有安装 PowerPoint 的计算机上播放演示文稿，应将它(   )。

A) 复制   B) 打包成 CD   C) 移动   D) 打印

三、问答题

1．如何基于模板创建演示文稿？

2．怎样从外部导入现有的幻灯片？

3．简述创建交互式演示文稿的操作方法。

4．如何设置演示文稿的放映方式？

第 5 章　Dreamweaver 与网络课件

本章内容

- 概述
- Dreamweaver CS4 的工作界面
- 建立教学站点
- 编辑教学网页
- 网页的布局方法
- 表单
- 教学站点的发布
- 练习题

随着网络技术的不断发展，网络教学已经进入了人类的学习过程，由此也就产生了网络课件。目前，网络课件已经成为实现远程教学的主要手段。可以想象，如果没有互联网，多媒体 CAI 课件的获取、发布以及应用仍然会滞留在过去的水平上，极大地受到时空限制。而今，网络技术的发展推动了教育的进步，突破时空限制的远程教学已经成为现实。相应地，作为教学的一项重要工具，网络课件就显得特别重要了。

5.1　概　　述

多媒体 CAI 课件的特点是集文本、图形图像、声音、动画及数字电影于一体，可谓声光电并存、声情画并茂。正因为如此，课件的体积往往很大，这与网络传输是相互矛盾的。因为网络传输速度的"瓶颈"严重制约了大体积的"信息文件"的传播与发送。所以，网络课件的制作原则应该区别于其它形式的课件，以短小精悍为最高原则；其次，由于网络课件的使用对象具有不可预知性，因此要求网络课件在语言上必须更规范、更精确，同时必须具有更好的引导性和交互性。

牢固掌握了网络课件的制作原则以后，接下来就是选择网络课件的制作工具了。目前可以用于制作网络课件的工具很多，几乎所有的网页制作软件都可以用于制作网络课件，例如 FrontPage、Dreamweaver 等，本章主要介绍 Dreamweaver CS4 的应用技术。

制作网络课件实质上就是建立教学站点，Dreamweaver CS4 是目前最流行的一款所见即所得的网站开发与网页制作软件，在制作网络课件方面具有独到的优势。它是一款所见即所得的网页编辑工具，具有功能强大、界面简洁、简单实用等特点，是最好的网页制作软件，也是制作网络课件的首选软件。

5.2　Dreamweaver CS4 的工作界面

Dreamweaver CS4 提供了多种工作界面，以适合不同的工作人员。第一次安装该软件并启动后，出现的工作界面如图 5-1 所示，该工作界面称为"设计器"界面。

图 5-1　"设计器"界面

　　对于老用户而言，如果不适应这种工作界面，可以通过界面切换菜单进行切换，选择适合自己的界面模式。本章将以"经典"界面模式介绍 Dreamweaver CS4 在网络课件中的应用，如图 5-2 所示。

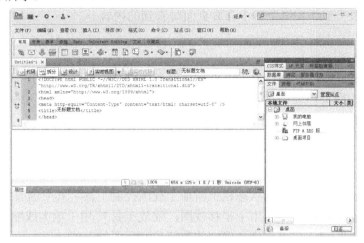

图 5-2　"经典"界面

　　由上图可以看出，Dreamweaver CS4 的工作界面主要由菜单栏、【插入】工具栏、【文档】工具栏、编辑窗口、状态栏、【属性】面板和各种面板构成，下面简单介绍各主要组成部分。

5.2.1　【插入】工具栏

　　Dreamweaver CS4 的【插入】工具栏中包含了 8 个标签，分别为：常用、布局、表单、数据、Spry、InContext Editing、文本、收藏夹，如图 5-3 所示。

图 5-3　【插入】工具栏

　　单击【插入】工具栏中的不同标签可以进行切换，每一个标签中包括了若干的插入对象按钮。单击【插入】工具栏中的对象按钮或者将按钮拖曳到编辑窗口内，即可将相应的对象添加到网页文件中，并可在网页中编辑添加的对象。

5.2.2　【文档】工具栏

　　【文档】工具栏中包含了代码视图、拆分视图、设计视图、实时视图、实时代码、文档标题、文件管理、浏览器预览、可视化选项等按钮，如图 5-4 所示。

图 5-4　【文档】工具栏

　　【文档】工具栏中的前三个按钮用于切换视图模式。单击 代码 按钮可以进入代码视图，这是一个用于编写和编辑 HTML、JavaScript、服务器语言代码(如 ASP 或 ColdFusion 标记语言)以及其他类型代码的手工编码环境。单击 拆分 按钮可以进入代码视图与设计视图，在该视图中，窗口被分成上、下两部分，顶部窗口用于编写 HTML 代码，底部窗口用于可视化编辑网页。单击 设计 按钮可以进入设计视图，这是一个用于可视化页面布局、可视化编辑和快速应用程序开发的设计环境。在该视图中，Dreamweaver 中显示的文档处于可视化编辑状态，页面效果类似于在浏览器中查看页面时看到的内容。

5.2.3　状态栏

在 Dreamweaver CS4 状态栏中可以显示当前光标所在位置的 HTML 标记，通过此标记可以确定所编辑的网页内容。状态栏上还可以显示当前网页的编辑窗口大小、当前网页文件的大小与网页的传输速度，如图 5-5 所示。

图 5-5　状态栏

另外，Dreamweaver CS4 的状态栏上新增了视图控制工具，其中选取工具 用于选择页面中的操作对象；手形工具 用于平移视图；缩放工具 用于放大或缩小视图显示；而设置缩放比率选项框 150% 可以通过确切的数值控制视图的缩放。

5.2.4　【属性】面板

【属性】面板用于显示或修改当前所选对象的属性。在页面中选择不同的对象时，【属性】面板中将显示出不同对象的属性。例如选择了文字，在【属性】面板中显示的是文字的属性；如果选择了图像，则【属性】面板中将显示图像的属性。另外，还可以直接在【属性】面板中修改所选对象的属性，修改后的效果可以在编辑窗口中反映出来。如图 5-6 所示为选择表格时的【属性】面板。

图 5-6　【属性】面板

在【属性】面板的右下角单击三角形的切换按钮，可以将【属性】面板切换为常用属性或全部属性模式，如图 5-7 所示。

图 5-7　切换后的【属性】面板

5.2.5　面板组

面板组是指组合在一起的面板集合，它为我们编辑网页提供了既直观又快速的操作方法，是设计制作网页时不可缺少的工具。

单击【窗口】菜单下的相应命令，可以打开或关闭面板。当我们打开一个面板时，与其成组的面板会同时出现，如图 5-8 所示。

图 5-8　打开的面板组

单击面板组中的标签，可以在不同的面板之间切换。另外，将光标指向面板标签，按住鼠标左键向外拖动，可以把该面板从面板组中分离出来；分离出来的面板组还可以再放回去，只需拖动面板标签到面板组中即可。

5.3　建立教学站点

网络课件的主要载体是教学站点，网络课件的制作过程实际上就是教学站点的制作过程，只不过它与普通站点的内容、目标、面向对象以及要达到的目的不同而已。因此，教学站点的制作仍然要遵循建立站点的基本原则，即首先要建立本地站点，然后再上传到因特网上。

在本地计算机(即自己的计算机)上建立教学站点可以分为三个步骤：首先是规划站点，其次是创建站点的基本结构，最后是制作教学内容的网页。

5.3.1　规划站点

规划站点是建立站点的前期准备工作，主要包括规划站点主题、规划站点结构、设计网页版面、收集站点素材等。例如，要建立一个教学网站，该网站主要介绍语文、历史、地理等学科的教学内容。我们首先要考虑站点的服务对象，确定主题内容，同样是介绍语文、历史、地理等学科的站点，我们是侧重课外辅导，还是侧重考试指南？这就是主题问题，只有确定了主题，才能有的放矢地进行工作。确定了站点主题以后，需要进行站点结构的规划，同一个网站要介绍三个学科的内容，如何组织才能脉络清晰，这是动手制作站点之前必须做好的一项工作。当确定了站点主题、组织结构以后，接下来的工作就是设计网页版面，网页作为一种视觉语言，应十分注重其版式的设计，其中主要包括色彩、构图两大方面的内容，这完全取决于制作者的综合水平，包括审美能力、设计能力、文字能力等多方面的素质。

以上三项工作完成以后，接下来需要收集与整理站点素材，这是一项费时费力的工作，需要精心组织与筹备。例如，为了使教学站点具有生动性、吸引性，达到生动简洁、便于教学的目的，要求每一部分都要有内容文字、相关图像，甚至还要有动画、声音等装饰。因此在前期的准备工作中，搜集素材的工作量最大。

准备好素材后，需要确定站点在本地计算机上的存放位置。通常情况下，首先根据站点结构在本地计算机上建立一个站点文件夹，如在 C 盘根目录下建立一个文件夹作为站点文件夹，命名为"教学站点"，用于存放站点的所有文件。其次，为了更好地管理站点内容，便于以后的站点更新与维护工作，需要在站点文件夹下分别建立用于存放站点文件和素材的子文件夹，如用于存放图像、动画、应用程序、插件等的文件夹，文件夹的命名最好与所存放的内容相关，以便查找。

5.3.2　创建站点的基本结构

创建站点的基本结构，是指确定站点的整体结构和网页之间的结构关系。创建站点的基本结构时首先要建立空白的站点，其次是添加网页文件与站点文件夹。

1. 创建站点

Dreamweaver CS4 提供了两种创建站点的方法：一是在启动 Dreamweaver 时通过欢迎画面创建；二是在 Dreamweaver 工作环境下，单击菜单栏中的【站点】\【新建站点】命令。这两种创建站点的方法都是通过向导完成的，非常直观。

〖例 5-1〗建立 kejian 站点。

1) 启动 Dreamweaver CS4，则弹出欢迎画面，如图 5-9 所示。

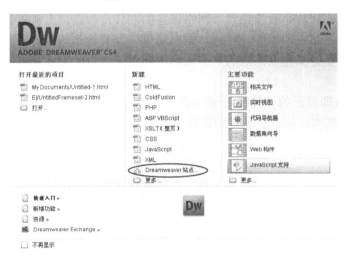

图 5-9　欢迎画面

2) 单击【Dreamweaver 站点】选项，则弹出【……的站点定义为】对话框，在该对话框中有两个标签，其中【基本】标签就是站点定义向导，第一个对话框如图 5-10 所示，这里有两个选项，第一个选项要求输入站点名称，以便在 Dreamweaver 中标识该站点，这里输入"kejian"。第二个选项要求输入站点的 http 地址，如果还没有域名，可以暂时不填。

图 5-10　第一个向导对话框

3）单击 下一步(N) 按钮，进入站点定义向导的第二个对话框，如图 5-11 所示。该对话框询问用户是否要使用服务器技术，选择【否，我不想使用服务器技术】选项，表示该站点是一个静态站点，没有动态页。

图 5-11　第二个向导对话框

4）单击 下一步(N) 按钮，进入站点定义向导的第三个对话框，如图 5-12 所示。该对话框询问用户如何使用文件，这里选择第一个选项，然后在下面的文本框中指定一个文件夹，Dreamweaver 将在其中存储站点文件。

图 5-12　第三个向导对话框

5）单击 下一步(N) 按钮，进入站点定义向导的第四个对话框，如图 5-13 所示。该对话框询问用户如何连接到远程服务器，这里从下拉列表中选择"无"。

图 5-13   第四个向导对话框

6) 单击 下一步(N) > 按钮,进入站点定义向导的第五个对话框,其中显示了用户的设置概要,如图 5-14 所示。

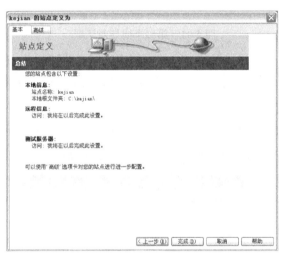

图 5-14   第五个向导对话框

7) 单击 完成(D) 按钮,则通过向导建立了一个本地教学站点。

建立了本地站点以后,新建的站点将显示在【文件】面板中。单击菜单栏中的【窗口】\【文件】命令,或者按下 F8 键,可以打开【文件】面板。该面板中显示了本地站点的名称以及本地站点的文件夹等选项,如图 5-15 所示。

现在我们已经创建了一个教学站点,不过,目前为止这个站点还是空的,没有实际内容,因此必须向站点中添加相关的内容。

图 5-15   【文件】面板

2．添加网页文件与站点文件夹

新建的站点是空白的，其中没有任何内容。根据站点的规划，需要向其中添加网页文件或站点文件夹。网页文件即上网时浏览的 HTML 文件；站点文件夹则用于管理站点内容，因为站点中会有很多文件，为了有效地管理文件，可以将它们分门别类地存放在文件夹中，如图像文件夹可以专门用于存放图像、动画等。

在站点中添加网页文件与文件夹的方法基本一致，操作步骤如下：

1）在【文件】面板中单击鼠标右键，则弹出一个快捷菜单。

2）选择快捷菜单中的【新建文件】命令，则新建了一个网页文件，如图 5-16 所示。

图 5-16　新建的网页文件

3）在光标位置处输入网页的名称，然后按下 Enter 键确认，则完成了网页文件的添加。

4）同样的方法，如果在弹出的快捷菜单中选择【新建文件夹】命令，则可以在站点中添加一个文件夹。

〖例 5-2〗为 kejian 站点添加内容。

1）在【文件】面板中的"kejian"文件夹上单击鼠标右键，则弹出一个快捷菜单。

2）选择快捷菜单中的【新建文件夹】命令，则在"kejian"文件夹下新建了一个文件夹。

3）在光标位置处输入文件夹的名称，如"Images"，按下 Enter 键确认。

4）根据"kejian"站点的要求，用同样的方法再新建三个文件夹，分别命名为"Chinese"、"English"和"Geography"，用于存放关于语文、英语和地理等方面的内容，如图 5-17 所示。

图 5-17　新建的文件夹

　　5）在"kejian"文件夹上单击鼠标右键，从弹出的快捷菜单中选择【新建文件】命令，则添加了一个网页文件。

　　6）在光标位置处输入网页文件的名称，如"index.html"，按下 Enter 键确认，如图 5-18 所示。

　　7）用同样的方法，分别在新建的文件夹上单击鼠标右键，选择快捷菜单中的【新建文件】命令，则可以在该文件夹中建立新的网页文件。如图 5-19 所示为在每个文件夹中建立的网页"Chinese.html"、"English.html"和"Geography.html"。

图 5-18　新建的网页文件　　　　　　　图 5-19　新建的网页

　　至此，站点的基本结构就创建好了，根据需要可以继续在三个学科文件夹下建立网页，丰富站点。

5.4　编辑教学网页

　　编辑教学网页是站点创建过程中的重头戏，涉及到文本、图片、导航条的编辑与应用等操作。下面分别介绍文本的编辑和图像的应用知识。

5.4.1　文本的编辑

　　文本在网页中具有举足轻重的地位。文本内容充实，可以吸引众多的浏览者；文本编辑处理得当，可以使浏览者在获得信息的同时感到赏心悦目，这对于提高站点的浏览次数极为重要。向网页中输入文本以后，可以进行文本的格式、对齐方式等的设置。输入文本的方法如下：

- 在编辑窗口中输入所需的文本。如需换行分段，可以按下 Enter 键；如需换行但不分段，可以按住 Shift 键的同时按下 Enter 键。
- 对于大量的文本，可以使用"复制/粘贴"的方法将其它文件中的文本复制到当前网页中。

　　在网页中输入文本以后，可以根据需要设置文本属性。选择要编辑的文本，此时的【属性】面板如图 5-20 所示，在这里可以设置文本的各种格式。

图 5-20　【属性】面板

- 【格式】：选择其中的选项，可以对所选文本应用系统预设的格式。
- 【ID】：用于为所选内容分配一个 ID 号。
- 【类】：显示当前应用于文本的类样式，如果没有对所选内容应用过任何样式，则显示"无"。
- 单击 **B** 按钮和 *I* 按钮，可以将所选文本加粗和倾斜。
- 单击 ≣ 或 ≣ 按钮，可以为光标所在的段落或所选择的段落添加无序或有序项目列表。
- 单击 ≝ 或 ≝ 按钮，可以使光标所在的段落向右或向左缩进。
- 【链接】：用于为所选的文本建立超链接。可以在其后面的文本框中输入要链接文档的路径名称，也可以单击右侧的 图标，在弹出的对话框中选择链接的文档，或者按住 图标指向要链接的文档建立超链接。
- 【标题】：用于设置超链接的文本提示。
- 【目标】：用于选择链接文档在窗口中的打开方式。选择"_blank"选项，表示将在新的浏览器窗口中打开链接的文档；选择"-parent"选项，表示将在当前文档的父级框架或包含该链接的框架窗口中打开链接文档；选择"-self"选项，表示将在当前文档所在的窗口中打开链接的文档；选择"_top"选项，表示将在整个浏览器窗口中打开链接的文档。

Dreamweaver CS4 将 CSS 属性面板与 HTML 属性面板集成在一起，在【属性】面板中单击 CSS 按钮，可以切换到 CSS 属性面板，如图 5-21 所示。

图 5-21　切换到 CSS 属性面板

- 【目标规则】：用于显示页面中所选文本使用的规则，也可以通过该选项创建新的 CSS 规则、新的内联样式等。
- 单击 编辑规则 按钮，则打开【CSS 规则定义】对话框，用于设置 CSS 的各项属性；如果从【目标规则】列表中选择"新 CSS 规则"选项，并单击 编辑规则 按钮，则可以新建 CSS 规则。
- 单击 CSS 面板(P) 按钮，可以打开【CSS 样式】面板。
- 【字体】：用于选择所需的字体。如果字体列表中没有所需的字体，可以选择列表中的【编辑字体列表】选项，这时将打开【编辑字体列表】对话框，如图 5-22 所示。在对话框的【可用字体】列表框中选择所需的字体后单击 按钮，将其添加到【字体列表】中，单击 确定 按钮，则该字体将出现在【属性】面板的字体列表中。

图 5-22   【编辑字体列表】对话框

ⓘ 用户可以选择多种字体添加到字体列表中，但在编辑文本时尽量选择通用的字体，如宋体。否则，如果登录到网页的用户计算机中没有安装网页所用的字体时，将导致文本内容无法显示或混乱。如需使用特殊字体，建议将其以图片的形式插入到网页中，这样就不会出现上述问题了。

- 【大小】：用于设置文本的字号大小。
- 单击文本颜色块□，在弹出的颜色列表中可以选择文本的颜色。
- 单击 B 按钮和 I 按钮，可以将所选文本加粗和倾斜。
- 分别单击 ≣ ≣ ≣ ≣ 按钮，可以使光标所在的段落或所选择的段落实现左对齐、居中对齐、右对齐和两端对齐。

在 Dreamweaver 的编辑窗口中输入文本之后，系统将自动生成与其对应的 HTML 代码。值得注意的是，输入文本时按下空格键并不能移动文字，这是因为在 HTML 代码中不能输入多个空格。要解决这个问题，可以在【属性】面板的【格式】下拉列表中选择"预先格式化的"命令，然后再按下空格键。

〖例 5-3〗制作一个纯文字网页。

1) 在【文件】面板中双击"Chinese.html"网页文件，打开该网页进行编辑。

2) 在【属性】面板中单击 页面属性... 按钮，在弹出的【页面属性】对话框中切换到【外观(HTML)】分类，如图 5-23 所示。

图 5-23   【页面属性】对话框(1)

3) 单击【背景图像】文本框右侧的 浏览(B)... 按钮，选择一幅图片作为网页背景，然后切换到【标题/编码】分类，在【标题】文本框中输入"唐诗欣赏"作为网页的标题栏文字，如图 5-24 所示。

图 5-24　【页面属性】对话框(2)

4) 单击对话框中的 确定 按钮，完成页面属性的设置，则为网页设置了标题栏文字与背景图像，如图 5-25 所示。

图 5-25　设置网页背景图像

5) 在编辑窗口中输入文字"唐诗欣赏"并将其选中。

6) 在【属性】面板的【格式】列表中选择"标题 2"选项，设置网页的标题。然后切换到 CSS 属性面板，单击居中对齐按钮，设置文字居中对齐，结果如图 5-26 所示。

图 5-26　设置网页标题格式

7) 将光标定位在标题文字后面，在【插入】工具栏的【常用】标签中单击 按钮，在页面中插入一条水平线，如图 5-27 所示。

图 5-27　插入的水平线

8) 将光标定位在水平线的后面，按下 Enter 键，产生一个新段落，在新的段落中输入如图 5-28 所示的文本内容。

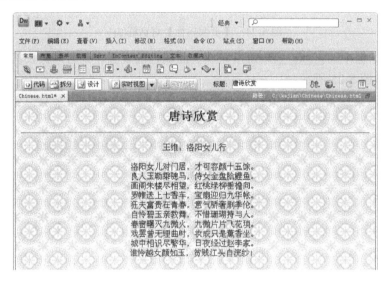

图 5-28　输入的文本内容

9) 在【属性】面板中切换到 CSS 属性面板，设置文字的相关格式，也可以建立 CSS 规则格式化文本。

5.4.2　在网页中使用图像

在网页中除了文本以外，应用最广泛的就是图像了，使用图像不但可以美化网页，还可以作为超链接的源端点，可谓一举两得。在 Dreamweaver 中，既可以使用动态图像，也可以使用静态图像，但无论使用哪种图像，首先要考虑文件的大小，例如，使用静态图像时最好使用 GIF、JPG 或 PNG 格式的图像，因为这些图像的体积相对较小。

1. 插入图像

在网页中插入图像时有两种情况：一种情况是图像已经规划在站点中；另一种情况是图像位于站点之外。如果在建站前期没有将图像规划在站点之内，插入图像时将弹出一个提示框，如图 5-29 所示，提示用户将图像复制到站点中。

图 5-29　提示框

插入图像的操作比较简单，只要单击菜单栏中的【插入】\【图像】命令，或者在【插入】工具栏的【常用】标签中单击▣▾按钮即可。

〖例 5-4〗在网页中插入图像。

1) 在【文件】面板中双击要编辑的网页文件将其打开，将光标定位在要插入图像的位置处。

2) 在【插入】工具栏中选择【常用】标签，单击其中的▣▾按钮，在弹出的【选择图像源文件】对话框中选择要插入的图像文件，这里选择一幅站点之外的图像，如图 5-30 所示。

图 5-30　【选择图像源文件】对话框

3) 单击 确定 按钮，将弹出一个系统提示框，如图 5-31 所示。提示所选的图像文件不在站点中，发布时可能会出现错误。询问用户是否将所选文件复制到站点文件夹中。

图 5-31　提示框

4) 单击 是(Y) 按钮，在弹出的【复制文件为】对话框中将所选图像文件保存在当前站点中。

5) 单击 保存(S) 按钮，则弹出【图像标签辅助功能属性】对话框，用于输入图像的替换文本，如图 5-32 所示。

图 5-32　【图像标签辅助功能属性】对话框

6) 单击 确定 按钮，则将所选图像插入到网页中，如图 5-33 所示。

图 5-33　插入的图像

2．设置图像属性

插入到网页中的图像可以通过【属性】面板设置其属性，如改变图像的大小、建立超链接、设置对齐方式等。要设置图像的属性，首先要选择网页中的图像，这时【属性】面板将显示图像的属性，如图 5-34 所示。

图 5-34　【属性】面板

- 【图像】：用于显示图像文件的大小。在其下方的【ID】文本框中可以为图像文件命名，该名称可以用于脚本的调用。
- 【宽】和【高】：用于显示或修改图像的宽度和高度，单位为像素。

> (i) 将光标指向图像上的控制点，当光标变为双箭头时按住鼠标左键拖曳，也可以改变图像的宽度和高度。但是，强烈建议不要在 Dreamweaver 中大幅度地改变图像的大小。

- 【源文件】：用于显示该图像文件的 URL 地址。
- 【链接】：用于为图像建立超链接。
- 【替换】：用于输入图像的说明性文字。浏览网页时，当光标指向图像上时将出现该文字。
- 【编辑】：这里提供了编辑图像的功能，既可以在源程序中编辑图像，也可以在图像浏览器中优化图像。
- 【垂直边距】：用于设置图像与其周围对象在垂直方向的空白距离。
- 【水平边距】：用于设置图像与其周围对象在水平方向的空白距离。
- 【目标】：用于设置打开目标文档的目标窗口，该选项只有在图像建立了超链接时才可用。
- 【原始】：用于显示图像被载入之前预先载入的低品质图像的 URL 地址，以便缩短用户的等待时间。
- 【边框】：在其后面的文本框中输入数值，可以为图像添加相应宽度的边框。取值为 0 时图像没有边框。另外，其右侧的按钮可以对图像裁剪、重新取样、调整亮度/对比度、锐化等。
- 【对齐】：用于设置图像与其周围对象之间的对齐方式。

3．为图像建立超链接

在 Dreamweaver CS4 中，用户可以为图像建立超链接，浏览网页时单击图像可以打开链接的目标文档。为整个图像建立链接的方法比较简单，只需选择要建立超链接的图像，在【属性】面板的【链接】文本框中输入要链接的目标文档的 URL 地址，或者利用 ▭ 和 ⊕ 图标选择要链接的目标文档即可。

〖例 5-5〗为图像建立链接。

1) 在【文件】面板中双击 "index.html" 网页文件将其打开，然后插入三幅图像，作为导航按钮，如图 5-35 所示。

图 5-35 插入的图像

2) 选择"语文天地"图像,在【属性】面板中单击【链接】右侧的 按钮,在弹出的【选择文件】对话框中选择本站点内的"Chinese.html"文件,如图 5-36 所示。

图 5-36 【选择文件】对话框

3) 单击 确定 按钮,则为"语文天地"图像建立了链接。

4) 选择"英语之家"图像,在【属性】面板中按住【链接】右侧的 按钮,将其拖动到【文件】面板中的"English.html"文件上,则为图像建立了链接,如图 5-37 所示。

图 5-37 为图像建立链接

5) 选择"地理知识"图像,在【属性】面板中的【链接】文本框中输入"Geography/Geography.html",则为该图像建立了链接。

在上面的实例中,我们列出了三种创建链接的方法。工作的时候,哪一种方法方便就使用哪一种方法。另外,实例中建立的链接都是站点内部的链接,如果要建立站点与站点之间的链接,可以直接输入网址,如 http://www.163.com。

除此之外,在 Dreamweaver 中也可以为图像的某一部分建立超链接,浏览网页时单击该部分图像可以打开链接的目标文档。如果要为图像的某一部分建立超链接,需要先在图像上建立热点，然后再为热点建立超链接。具体操作步骤如下：

　1）选择网页中要建立热点超链接的图像。

　2）在【属性】面板中选择建立热点的工具，在图像上建立热点，如图 5-38 所示。

图 5-38　建立的热区

- 选择□工具后在图像上拖曳鼠标，可以建立矩形热点。按住 Shift 键的同时拖曳鼠标，可以建立正方形热点。
- 选择○工具后在图像上拖曳鼠标，可以建立圆形热点。
- 选择▽工具后在图像上移动并单击鼠标，可以建立多边形热点。
- 选择▶工具，可以选择并移动建立的热点。

　3）使用▶工具选择建立的热点，在【属性】面板中为其建立超链接，如图 5-39 所示。

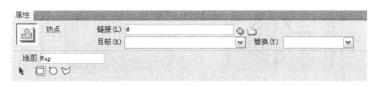

图 5-39　【属性】面板

- 在【链接】文本框中输入要链接的目标文档的 URL 地址。
- 在【目标】下拉列表中选择打开链接文档的目标窗口。
- 在【替换】文本框中输入热点的说明性文字。

4．插入鼠标经过图像

　　所谓鼠标经过图像，是指浏览网页时当光标指向图像上时该图像将被其它图像替代，从而产生动态效果。下面以实例的形式介绍如何在网页中插入鼠标经过图像。

　　〖例 5-6〗制作动态按钮。

　1）在【文件】面板中双击要编辑的网页将其打开。

　2）在网页中要插入鼠标经过图像的位置处定位光标。

3) 在【插入】工具栏中选择【常用】标签，单击 ▣ 右侧的小箭头，在打开的菜单中选择【鼠标经过图像】命令，则弹出【插入鼠标经过图像】对话框，如图 5-40 所示。

图 5-40   【插入鼠标经过图像】对话框

4) 在对话框中选择原始图像和鼠标经过图像，并可为鼠标经过图像建立超链接。

- ▪ 【图像名称】：用于输入图像名称。
- ▪ 【原始图像】：用于选择原始显示的图像。
- ▪ 【鼠标经过图像】：用于选择替代原始图像的图像。
- ▪ 【替换文本】：用于输入鼠标经过图像时的替代文本。
- ▪ 【按下时，前往的 URL】：用于为鼠标经过图像建立超链接。

5) 单击 确定 按钮，即可插入鼠标经过图像，如图 5-41 所示为鼠标经过图像的浏览效果。

图 5-41   鼠标经过图像的浏览效果

5．创建导航条

在网页中，导航条的作用不可忽视，使用它可以在站点的网页之间自由跳转。正如它的名称一样，导航条为浏览者提供了导航作用。制作导航条之前，必须先制作每一个导航按钮的四种状态，准备好了四种状态的图片以后，就可以向网页中插入导航条了。

在网页中创建导航条的基本操作步骤如下：

1) 在网页中要创建导航条的位置处定位光标。

2) 在【插入】工具栏中选择【常用】标签，单击其中的 ▣ 按钮，在打开的菜单中选择【导航条】命令，则弹出【插入导航条】对话框，如图 5-42 所示。

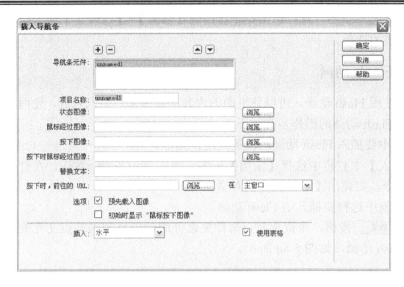

图 5-42　【插入导航条】对话框

3) 在对话框中进行选项设置。

- 【导航条元件】：用于显示所有的导航元件。单击其上方的⊞按钮或⊟按钮，可以增加或减少列表中的导航元件。单击其右上角的◢按钮或◣按钮，可以调整导航元件的排列顺序。

- 【项目名称】：用于输入导航元件的名称，所输入的名称将在上面的【导航条元件】中显示出来。

- 【状态图像】：用于输入一般状态下要显示的图像的路径和文件名。

- 【鼠标经过图像】：用于输入鼠标经过时要显示的图像的路径和文件名。

- 【按下图像】：用于输入按下鼠标时要显示的图像的路径和文件名。

- 【按下时鼠标经过图像】：用于输入单击一般状态图像后将光标移过时所显示的图像的路径和文件名。

- 【替换文本】：用于输入鼠标经过图像时的替代文本。

- 【按下时，前往的 URL】：用于输入单击图像时要链接的目标文档的 URL 地址。在其后面的下拉列表中可以选择显示目标文档的窗口。

- 【选项】：用于设置图像的载入方式。

- 【插入】：用于选择要插入的导航条的方式，可以选择"水平"或"垂直"方式。

4) 单击　确定　按钮，即可创建导航条，如图 5-43 所示。

图 5-43　创建的导航条

如果需要修改导航条，可以单击菜单栏中的【修改】\【导航条】命令，在弹出的对话框中修改导航条的选项。

5.4.3　插入 Flash 动画

在网页中使用 Flash 动画，可以使页面的内容丰富多彩，引人入胜，使网页增强活力与感染力。插入 Flash 动画的操作步骤如下：

1) 在网页中要插入 Flash 动画的位置处定位光标。

2) 在【插入】工具栏中选择【常用】标签，单击其中的 按钮，在打开的菜单中选择【SWF】命令，则弹出【选择文件】对话框。

3) 在对话框中选择要插入的 Flash 动画。

4) 单击 确定 按钮，将位于站点文件夹之外的动画复制到站点文件夹中后，则在网页中插入了 Flash 动画，如图 5-44 所示。

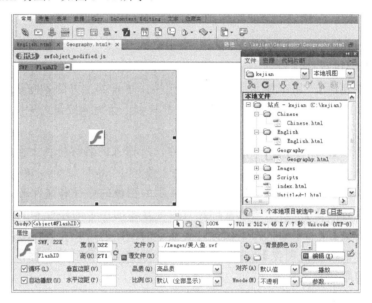

图 5-44　插入 Flash 动画

5) 在【属性】面板中设置 Flash 动画的属性。

- 【宽】和【高】：用于设置 Flash 动画对象的宽度和高度，单位为像素。
- 【文件】：用于设置 Flash 动画对象的文件路径。
- 【源文件】：用于指定源文档(FLA 文件)的路径。
- 【背景颜色】：用于设置 Flash 动画的背景颜色。
- 【循环】：选择该复选框，可以在浏览器中循环播放 Flash 动画。
- 【自动播放】：选择该复选框，则打开浏览器后可以自动播放 Flash 动画。
- 【垂直边距】：用于设置 Flash 动画对象与周围元素上下边界的距离。
- 【水平边距】：用于设置 Flash 动画对象与周围元素左右边界的距离。
- 【品质】：用于设置 Flash 动画对象的播放质量。质量越高，动画的下载速度就越慢；质量越低，动画的下载速度就越快。

- 【比例】: 用于设置 Flash 动画播放时的缩放比例。
- 【对齐】: 设置 Flash 动画对象与周围元素的对齐方式, 其与图像的对齐方式相同。
- 【Wmode(窗口模式)】: 为 SWF 文件设置窗口模式的参数, 以避免与 DHTML 元素冲突, 默认值是不透明。
- 单击 ▦ 编辑(E) 按钮, 可以打开默认的 Flash 动画编辑软件更新 ".fla" 文件。
- 单击 ▶ 播放 按钮, 可以在编辑的页面中播放 Flash 动画。
- 单击 参数... 按钮, 则弹出【参数】对话框, 在该对话框中可以输入传递给影片的附加参数。

5.5　网页的布局方法

网页的布局是编辑网页过程中一项非常重要又很繁琐的工作。对网页进行合理的布局和安排, 可以使页面整齐有序, 反之将使页面的显示杂乱无章。在 Dreamweaver CS4 中, 可以使用表格、框架、DIV 等工具进行页面布局。

5.5.1　使用表格

在 Dreamweaver CS4 中, 表格除了可以使大量的信息资料有组织地排列起来以便管理外, 还可以用于网页布局, 即将网页中的元素放到表格的单元格中进行网页排版, 因此它是控制页面整体布局的重要工具。

1. 插入表格

在网页中插入表格的操作步骤如下:

1) 在网页中要插入表格的位置处定位光标。

2) 在【插入】工具栏中选择【常用】标签, 单击其中的 ▦ 按钮, 则弹出【表格】对话框, 如图 5-45 所示。

图 5-45　【表格】对话框

3) 在对话框中进行选项设置。

- 【行数】和【列】: 用于设置插入表格的行数和列数。
- 【表格宽度】: 用于设置表格的宽度，选择"像素"为单位时，表格的宽度为固定像素的宽度；选择"百分比"为单位时，表格的宽度与浏览器窗口的宽度将保持相同的百分比。
- 【边框粗细】: 用于设置表格的边框宽度。
- 【单元格边距】: 用于设置表格中单元格内的元素距离单元格边框的距离。
- 【单元格间距】: 用于设置表格中单元格之间的间距。
- 【标题】: 用于设置表头的位置，分别为无、左、顶部、两者。
- 辅助功能中的【标题】: 用于设置表格标题，该标题在表格的外侧。
- 【摘要】: 用于描述表格的相关信息。

4) 单击 [确定] 按钮，即可在网页中插入表格，如图 5-46 所示。

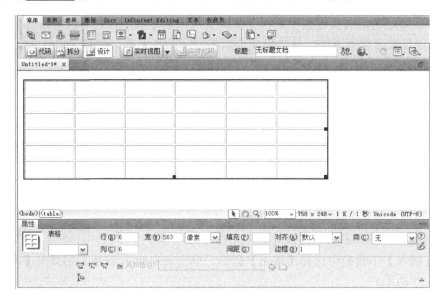

图 5-46　插入的表格

在网页中插入表格后，可以向单元格中直接输入文本或插入其它的对象，如图像、动画等，还可以向表格中插入嵌套表格。当然，用户也可以从外部导入其它软件编辑的表格，如 Excel 电子表格等。

2．表格的编辑操作

插入到网页中的表格、单元格可以进行各种编辑操作，如选择、拆分与合并、复制、删除等。

选择表格、单元格的操作方法如下：

- 将光标指向表格边框，单击鼠标，可以选择整个表格。另外，单击状态栏上的 〈table〉标记，也可以选择整个表格。
- 将光标指向表格的上边框，当光标变为 ↓ 形状时单击鼠标，可以选择一列单元格。按住鼠标左键左右拖曳，可以选择连续的多列单元格。

- 将光标指向表格的左边框，当光标变为 → 形状时单击鼠标，可以选择一行单元格。按住鼠标左键上下拖曳，可以选择连续的多行单元格。另外，单击状态栏上的〈tr〉标记，可以选择光标所在的一行单元格。

- 将光标定位在一个单元格中，按住 Shift 键的同时单击另外一个单元格，可以选择二者之间的连续单元格。按住 Ctrl 键的同时单击其它单元格，可以选择多个不连续的单元格。另外，单击〈td〉标签，可以选择光标所在的单元格。

合并单元格的操作步骤如下：

1) 选择表格中要合并的多个相邻的单元格。

2) 单击【属性】面板中的 □ 按钮，即可将所选单元格合并为一个单元格，原单元格中的内容将组合为一组存放在合并后的单元格中。如图 5-47 所示为合并前后的效果对比。

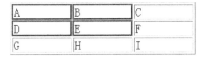 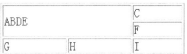

合并前　　　　　　　　　　　　　　合并后

图 5-47　合并前后的单元格对比

拆分单元格的操作与合并单元格操作正好相反，它是将一个单元格拆分为几个连续的单元格，其基本的操作步骤如下：

1) 将光标定位在要拆分的单元格中。

2) 单击【属性】面板中的 进 按钮，则弹出【拆分单元格】对话框，如图 5-48 所示。

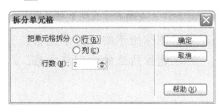

图 5-48　【拆分单元格】对话框

3) 在对话框中选择要将单元格拆分成的行或列，并设置相应的行数或列数。

4) 单击 确定 按钮，即可拆分单元格，原单元格中的内容将保留在拆分后的左上角单元格中。如图 5-49 所示为拆分前后的效果对比。

A	B	C		A	B	C
D	E	F		D	E		F
G	H	I		G	H		I

拆分前　　　　　　　　　　　　　　拆分后

图 5-49　拆分前后的单元格对比

插入或删除行或列的操作步骤如下：

1) 选择表格的行、列或单元格后，单击鼠标右键，则弹出如图 5-50 所示的快捷菜单。

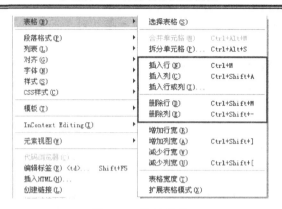

图 5-50　快捷菜单

2) 选择【表格】子菜单中的相应命令，可以插入或删除行或列。

- 选择【插入行】命令，可以在所选单元格的上方插入一行单元格。
- 选择【插入列】命令，可以在所选单元格的左侧插入一列单元格。
- 选择【插入行或列】命令，则弹出【插入行或列】对话框，如图 5-51 所示。在对话框中进行选项设置，即可插入多行或多列单元格。

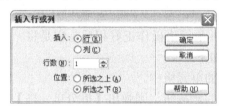

图 5-51　【插入行或列】对话框

- 选择【删除行】命令，可以删除所选的一行单元格。
- 选择【删除列】命令，可以删除所选的一列单元格。

3．设置表格的属性

如果插入到网页中的表格不能满足网页设计的需要，可以通过设置表格的属性进行调整。选择要设置属性的表格区域(可以是整个表格、一行或一列或一个单元格)后，在【属性】面板中设置其相应的属性。下面我们以选择整个表格为例，讲解表格的属性设置。选择了表格后的【属性】面板如图 5-52 所示。

图 5-52　【属性】面板

- 【表格】：用于设置表格的名称。
- 【行】和【列】：用于设置表格的行数和列数。
- 【宽】：用于设置表格的宽度，单位为"百分比"或"像素"。
- 【填充】：用于设置单元格中的内容与边框之间的距离。

- 　【间距】：用于设置单元格之间的距离。
- 　【对齐】：用于设置表格在网页中的对齐方式，可以选择"默认"、"左对齐"、"居中对齐"或"右对齐"等方式。
- 　【边框】：用于设置表格外边框的宽度。
- 　【类】：用于设置表格的 CSS 样式。
- 　单击 按钮，可以取消单元格的宽度设置，使其宽度随单元格的内容自动缩放。
- 　单击 按钮，可以取消单元格的高度设置，使其高度随单元格的内容自动调整。
- 　单击 按钮，可以将表格宽度转换为像素。
- 　单击 按钮，可以将表格宽度转换为百分比。

5.5.2　使用框架

框架主要用于将网页分割为多个 HTML 页面进行显示。例如，一个网页由三个框架组成，左侧的框架可以显示一个滚动菜单；顶部的框架可以显示站点的徽标和横幅广告等；而右侧的框架则用于显示网页的主要内容。每一个框架都是一个独立的 HTML 页面，它们通过框架集组合在一起。

所谓框架集(也称为框架组)就是一个定义了页面结构和属性的 HTML 页面，包括框架数目、框架的大小、在框架中加载页面的来源及其他可定义的属性。框架集在浏览器中不显示，它只是用于存储框架的一个容器。如图 5-53 所示就是用框架定义的 Photoshop CS 的帮助页面。

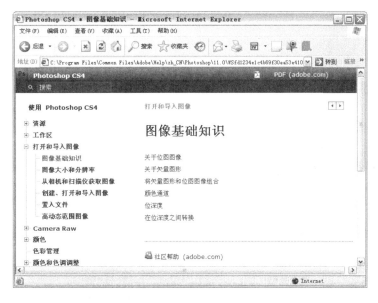

图 5-53　Photoshop CS 的帮助页面

1．建立框架

建立框架的基本操作步骤如下：

1) 在【插入】工具栏中选择【布局】标签，单击其中的 按钮，则弹出一个菜单，如图 5-54 所示。

图 5-54　【框架】菜单

2) 在弹出的菜单中单击所需的框架格式，即可将该框架应用到页面中，框架之间以边框间隔。

3) 在框架中单击鼠标，可以插入文本、图像、表格等内容，如图 5-55 所示为使用框架建立的网页。

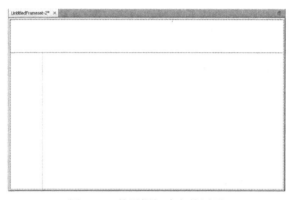

图 5-55　使用框架建立的网页

如果使用系统预设的框架不能满足网页设计的要求，用户还可以自定义框架，即重新设计框架的结构，基本的操作步骤如下：

1) 单击菜单栏中的【插入】\【HTML】\【框架】命令，则弹出【框架】命令子菜单，如图 5-56 所示。

图 5-56　【框架】命令子菜单

2) 在子菜单中选择所需的命令，即可在框架边框中插入相应的框架。

另外，按住 Alt 键的同时将光标指向框架边框，当光标变为双箭头时按住鼠标左键拖曳，也可以建立框架。

 根据需要，在框架中定位光标，重复执行插入框架操作，可以在框架中嵌套框架。但是网页中的框架数量不易过多，否则容易引起网页导航错误。

2．编辑框架

在网页中插入框架之后，还可以进行编辑操作，如选择框架、修改框架、删除框架、拆分框架等。

编辑框架的基本操作如下：

- 单击网页中的框架边框，可以选择框架集。
- 在网页中按住 Alt 键单击框架，可以选择该框架，被选择的框架在页面中以虚线边框表示。
- 在【框架】面板中单击框架缩略图，可以选择相应的框架。

 单击菜单栏中的【窗口】\【框架】命令，可以打开【框架】面板，面板中显示了各框架的缩略图，其中带有黑色边框的框架为当前所选框架，如图 5-57 所示。

图 5-57　【框架】面板

- 将光标指向框架内边框，当光标变为双向箭头时，按住鼠标左键拖曳，可以移动框架边框的位置，从而改变框架的形状。如果按住鼠标左键向框架外拖曳，则可以删除该框架。
- 将光标定位在框架中，单击菜单栏中的【修改】\【框架集】命令，从弹出的子菜单中选择所需的命令，可以拆分该框架，如图 5-58 所示。

图 5-58　【框架集】子菜单

3. 设置框架集和框架的属性

选择了网页中的框架集或框架后，可以在【属性】面板中设置它们的属性，如图 5-59 所示为框架集的【属性】面板。

图 5-59   【属性】面板(1)

- 【边框】：用于设置所选框架集边框是否在浏览器窗口中显示。选择"是"选项时将以三维立体效果显示框架集边框；选择"否"选项时将不显示框架集边框；选择"默认"选项时，将由浏览器决定是否显示框架集边框。大多数浏览器的默认设置为"是"，即显示框架集边框。
- 【边框宽度】：用于设置所选框架集的边框宽度，单位为像素。
- 【边框颜色】：用于设置所选框架集的边框颜色。
- 【行列选定范围】：该区域位于【属性】面板右侧，其中深灰色部分为当前所选框架。在该区域中单击鼠标，可以选择相应的框架。
- 【值】：在文本框中输入数值，可以指定所选框架的尺寸。
- 【单位】：用于设置所选框架的尺寸单位，可以选择"像素"、"百分比"或"相对"。

如图 5-60 所示为选择了框架后的【属性】面板。

图 5-60   【属性】面板(2)

- 【框架名称】：用于定义所选框架的名称，该名称用于创建超链接。
- 【源文件】：用于输入或显示将在该框架中显示的网页的 URL 地址，也可以利用 和 图标选择网页。
- 【滚动】：用于设置是否在框架中显示滚动条。选择"是"选项时将在框架中显示滚动条；选择"否"选项时，则不显示滚动条；选择"自动"选项时将根据需要决定是否显示滚动条，当网页内容超出框架范围时将显示滚动条，不超出范围时将不显示滚动条；选择"默认"选项时，将使用浏览器的默认设置，多数浏览器的默认设置为"自动"。
- 选择【不能调整大小】复选框时，浏览者在浏览页面时不能通过拖曳框架边框改变框架大小。
- 【边框】：用于设置是否显示框架的边框。选择"是"选项时，将显示框架的边框；选择"否"选项时，将隐藏框架的边框；选择"默认"选项时，将显示默认的框架边框。

- ▪ 【边框颜色】：用于设置框架边框的颜色。该颜色将覆盖框架集的边框颜色。
- ▪ 【边界宽度】：用于设置框架中的内容距框架左右边界之间的空白宽度。
- ▪ 【边界高度】：用于设置框架中的内容距框架上下边界之间的空白宽度。

4．保存框架

在预览网页之前，需要先保存框架和框架集文件。如果一个网页中有四个框架，则保存框架时将产生五个 HTML 文件，其中每个框架都会产生一个 HTML 文件，框架集将单独产生另一个 HTML 文件。

保存框架的操作步骤如下：

1) 单击菜单栏中的【文件】\【保存全部】命令，将弹出【另存为】对话框，如图 5-61 所示。

图 5-61　　【另存为】对话框

2) 在对话框中选择保存 HTML 文件的位置和文件的保存类型。

3) 为 HTML 文件命名。该对话框中默认的名称为"Untitled Frameset-5.html"，提示用户现在保存的是框架集文件。

4) 单击 保存(S) 按钮，将弹出另一个【另存为】对话框。该对话框中默认的名称为"Untitled-5"，提示用户现在保存的是所选框架文件。

5) 继续单击 保存(S) 按钮，在弹出的【另存为】对话框中分别为框架文件命名，可以保存其它的框架文件。

另外，如果单击菜单栏中的【文件】\【保存框架页】命令，将只保存当前框架文件，当要浏览网页或关闭窗口时，系统将要求用户保存其它框架和框架集文件。

5．使用超链接

在 Dreamweaver CS4 中可以使用超链接控制框架内容的显示，而这一操作的关键在于正确指定显示网页的目标窗口或框架。例如，如果将导航条放在左侧框架中，要使与其链接的网页内容显示在主框架中，就必须为导航条中的链接指定目标框架为主框架，这样，当用户单击左侧框架中的导航条时，与其链接的网页内容将在主框架中显示。

使用超链接的操作步骤如下：

1) 选择框架中要建立超链接的文本或其它对象。

2) 在【属性】面板的【链接】文本框中输入要链接的网页的 URL 地址，也可以利用 📁 和 🔅 图标选择网页文件。

3) 在【属性】面板的【目标】选项中选择用于显示链接网页的目标窗口或框架。

- 选择 "_blank" 选项，表示在新的浏览器窗口中打开链接的网页。
- 选择 "_parent" 选项，表示在当前框架的父级框架中打开链接网页。
- 选择 "_self" 选项，表示在当前框架中打开链接的网页。
- 选择 "_top" 选项，表示在当前网页的最顶层框架集中打开链接的网页。
- 选择 "mainFrame" 选项，表示在主框架中打开链接的网页。
- 选择 "leftFrame" 选项，表示在左框架中打开链接的网页。
- 选择 "topFrame" 选项，表示在上面的框架中打开链接的网页。

ⓘ 　根据当前框架的不同，目标框架将随之改变。

5.5.3　使用 CSS+DIV

CSS 是层叠样式表的简称，它是一组格式设置规则，用于控制网页内容的外观。使用 CSS 可以非常灵活地控制页面的外观，可以控制许多文本属性，如字体、大小、粗体、下划线、文本阴影等，还可以确保在多个浏览器中以更加一致的方式处理页面外观。除此之外，CSS 还可以控制网页中块级别元素的格式与定位，这将涉及到 DIV 标签。DIV 标签是用来定义网页内容中的逻辑区域的标签，使用 DIV 标签可以将内容居中、创建列效果、创建不同的颜色区域等，另外还可以绝对定位，这时的 DIV 标签视为 AP 元素。AP Div 元素与以前版本中的图层有一定的相似性，可以用于绝对定位网页元素。

1．插入 AP Div

AP 元素通常是绝对定位的 Div 标签，它是分配有绝对位置的 HTML 网页元素，在 Dreamweaver CS4 中可以轻松地创建 AP Div。在网页中插入 AP Div 的操作比较简单，只需在【插入】工具栏的【布局】标签中单击 🔲 按钮，然后按住鼠标左键(此时光标变为 "+" 形状)在编辑窗口中拖曳即可。

另外，如果按住 🔲 按钮将其拖曳到编辑窗口中，或者单击菜单栏中的【插入】\【布局对象】\【AP Div】命令，则可以在编辑窗口中插入固定大小的 AP 元素。

在创建的 AP Div 中定位光标，即可向其中添加网页元素，如图片、动画、文本、表格等内容。

默认情况下，Dreamweaver 中不显示 AP Div 锚点。如果读者希望创建 AP Div 后能够看到其锚点，可以单击菜单栏中的【编辑】\【首选参数】命令，在弹出的【首选参数】对话框的【分类】列表中单击 "不可见元素" 选项，选择其中的【AP 元素的锚点】复选框即可，如图 5-62 所示。

图 5-62　【首选参数】对话框

2．操作 AP Div

在编辑窗口中创建了多个 AP Div 后，只有新创建的 AP Div 处于激活状态：其左上角有一个控制柄回，同时边框呈蓝色高亮显示，如图 5-63 所示，而未被激活的 AP Div 边框为灰色。

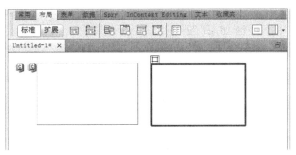

图 5-63　激活状态的 AP Div

如果要对其它的 AP Div 进行操作，必须先激活它或使其处于选择状态：单击 AP Div 内的任何位置，可以激活它；单击 AP Div 的边框或锚点 ，可以选择 AP Div 元素，被选择的 AP Div 边框上含有八个控制点，如图 5-64 所示。

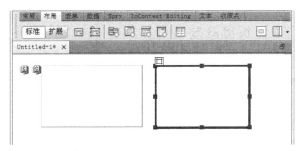

图 5-64　被选择的 AP Div

激活或选择 AP Div 后，可以对其进行如下操作：

- ■ 激活 AP Div 后，可以对其中的内容进行编辑操作。
- ■ 选择 AP Div 后，按住控制柄⊞拖曳鼠标，可以移动 AP Div 的位置。另外，利用键盘上的方向键也可以移动它：每按一次方向键，可以使其向相应的方向移动一个像素；如果按住 Shift 键的同时按方向键，每次可以移动一个网格单位。
- ■ 选择 AP Div 后，按住边框上的控制点拖曳鼠标，可以调整其大小。按住 Ctrl 键的同时每按一次方向键，可以向相应的方向调整一个像素；如果按住 Ctrl+Shift 键的同时按方向键，则每次可以调整一个网格单位。

在 Dreamweaver CS4 中，如果要对 AP Div 实现精确定位，需要先在编辑窗口中显示网格，然后移动 AP Div 中的对象，使其对齐网格。单击菜单栏中的【查看】\【网格设置】命令，可以显示或编辑网格，如图 5-65 所示。

图 5-65   【网格设置】子菜单

- ■ 选择【显示网格】命令，可以在编辑窗口中显示网格。
- ■ 选择【靠齐到网格】命令，可以使要移动的 AP Div 自动吸附到网格线上。
- ■ 选择【网格设置】命令，可以打开【网格设置】对话框，如图 5-66 所示。在该对话框中可以设置网格线的颜色、网格线的间隔大小以及网格线的显示方式等选项。

图 5-66   【网格设置】对话框

3. 设置 AP Div 的属性

在编辑窗口中选择了 AP Div 以后，可以在【属性】面板中设置其相关属性，如图 5-67 所示。

图 5-67   【属性】面板

- ■ 【CSS-P 元素】：用于为选定的 AP 元素指定一个 ID，便于程序调用。
- ■ 【左】：用于定义 AP 元素左边框距窗口左边的距离。如果嵌套，则指距父 AP 元素左边框的距离。

- 【上】: 用于定义 AP 元素上边框距编辑窗口顶边的距离。如果嵌套, 则指距
  父 AP 元素上边框的距离。
- 【宽】和【高】: 用于设置 AP 元素的宽度和高度。
- 【Z 轴】: 用于设置 AP 元素在 Z 轴上的叠放顺序。
- 【可见性】: 用于设置 AP 元素的显示或隐藏状态。选择 "inherit(继承)" 选项,
  当前 AP 元素使用父 AP 元素的可见性属性; 选择 "visible(可见)" 选项, 则无
  论父 AP 元素是否可见, 当前 AP 元素都可见; 选择 "hidden(隐藏)" 选项, 则
  无论父 AP 元素是否可见, 该 AP 元素都隐藏; 选择 "default(默认)" 选项, 则
  使用浏览器的默认设置。
- 【背景图像】: 用于为 AP 元素选择一个背景图像。
- 【背景颜色】: 用于为 AP 元素选择一种背景颜色。
- 【溢出】: 用于设置 AP 元素的内容溢出时的处理方式。选择 "visible(可见溢
  出)" 选项时, 当 AP 元素中的内容超出了范围, 将自动向右下方扩展, 使溢出
  的部分也可以在页面中显示; 选择 "hidden(隐藏溢出)" 选项时, 则不改变 AP
  元素的大小, 并隐藏溢出部分; 选择 "scroll(滚动溢出)" 选项时, 将保持 AP
  元素的大小不变, 但出现水平和垂直滚动条; 选择 "auto(自动溢出)" 选项时,
  可以根据 AP 元素的内容是否溢出自动显示滚动条。当内容溢出时, 将显示滚
  动条, 反之则不显示。
- 【剪辑】: 用于设置 AP 元素的可见区域。

4.【AP 元素】面板

　　利用系统提供的【AP 元素】面板, 可以对 AP 元素
进行管理, 例如显示或隐藏、改变叠放顺序、删除等。

　　单击菜单栏中的【窗口】\【AP 元素】命令, 可以
打开【AP 元素】面板, 如图 5-68 所示。【AP 元素】面
板中显示了网页中的所有 AP 元素, 面板中的 AP 元素
按照 Z 值大小降序排列, 其中, Z 值大的排在面板的上
方, 嵌套的 AP 元素显示在父级的下方。

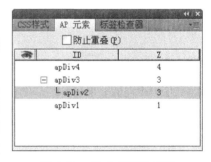

图 5-68　【AP 元素】面板

在【AP 元素】面板中可以对 AP 元素进行如下操作:

- 单击【AP 元素】面板中的眼睛图标, 可以显示或隐藏 AP 元素。
- 双击 AP 元素的名称, 可以更改其名称(注意不要使用中文, 否则可能会导致
  错误)。
- 在【AP 元素】面板中选择 AP 元素, 按下键盘上的 Delete 键, 可以删除 AP
  元素及其中的内容。
- 单击 AP 元素的 Z 轴值, 输入新的 Z 值, 可以改变其叠放顺序。
- 在【AP 元素】面板中按住 AP 元素的名称拖曳鼠标, 可以改变其位置。
- 如果按住 Ctrl 键的同时将一个 AP 元素拖曳到另一个 AP 元素位置处, 则可以
  将被拖曳的 AP 元素变为子级。

5.6 表 单

在网络上，表单的应用范围非常广泛，无论是电子商务、网上调查、网上报名、网上留言和收发电子邮件等，都是通过表单来操作的。使用表单，网络可以接收用户输入的信息，从而更好地实现用户与网络的交互。

在 Dreamweaver CS4 中，用户可以通过单击【插入】工具栏的【表单】标签中的各个按钮将表单域和表单对象添加到页面中，也可以单击菜单栏中的【插入】\【表单】命令，将表单域和表单对象添加到页面中。如图 5-69 所示为【插入】工具栏的【表单】标签。

图 5-69 【表单】标签

对于表单中的每一个表单对象的作用、属性以及使用方法，我们不再详细介绍，在这里主要通过实例学习如何创建表单。

〖例 5-7〗制作一个表单。

1) 将光标定位在网页中要创建表单的位置处。

2) 在【插入】工具栏中选择【表单】标签，单击其中的□按钮，则页面中将出现一个红色的虚线框，表示在页面中创建了一个表单域，如图 5-70 所示。

图 5-70 创建的表单域

ⓘ 要在网页中插入表单，必须先插入表单域，表单域用于定义表单的开始和结束，表单中的所有表单对象必须插入到表单域中才能成为表单的一部分。

3) 在【属性】面板中设置表单域的属性，如图 5-71 所示。

图 5-71 【属性】面板

- 【表单 ID】: 用于设置表单的名称。
- 【动作】: 用于输入或显示将要处理表单信息的脚本或应用程序所在的 URL 路径。
- 【方法】: 用于选择处理表单数据的方式。可以选择"默认"、"GET(表单用于接收信息)"和"POST(表单用于发送信息)"选项。

- 【编码类型】：用于指定对提交给服务器进行处理的数据使用的编码类型。默认设置"application/x-www-form-urlencoded"通常与"POST"方法配合使用。

4) 确认光标位置在表单域内，在【表单】标签中单击 □ 按钮，则弹出【输入标签辅助功能属性】对话框，如图 5-72 所示。

图 5-72　【输入标签辅助功能属性】对话框

- 【ID】：用于为表单对象指定一个 ID 号。
- 【标签】：用于输入表单对象的标签文本。
- 【样式】：用于选择表单对象的标签文本在 HTML 中的书写规则。
- 【位置】：用于设置标签文本的位置。
- 【访问键】：用于设置在浏览器中选择表单对象的快捷键。
- 【Tab 键索引】：用于为表单对象设置 Tab 顺序。

5) 根据需要设置好选项，如在【标签】中输入"姓名"，然后单击 确定 按钮，则在表单域中插入了文本域，如图 5-73 所示。

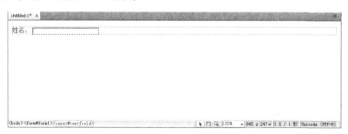

图 5-73　插入的文本域

6) 在【属性】面板中设置文本域的属性，如图 5-74 所示。

图 5-74　【属性】面板

- ▪ 【文本域】：用于输入文本域的名称。
- ▪ 【字符宽度】：用于设置文本域的宽度，即文本域中最多能够显示的字符数。
- ▪ 【最多字符数】：用于设置文本域中最多能够输入的字符数。
- ▪ 【类型】：用于设置文本域的类型，选择"单行"选项时，文本域为单行文本框；选择"多行"选项时，文本域为多行文本框；选择"密码"选项时，文本域为一个单行的密码框。
- ▪ 【初始值】：用于输入文本域中默认显示的初始信息。如果文本域为密码框，则输入的信息在表单中将以"*"显示。
- ▪ 【禁用】：选择该选项，则为禁用状态，只显示固定值。
- ▪ 【只读】：选择该选项，则文本域为只读，不能填写。

7) 用相同的方法，可以在表单域中插入其它的表单对象，其插入方法与插入文本域的方法基本相似，其属性设置也大同小异，这里不再详细介绍了。如图 5-75 所示是一个浏览器中常见的典型表单。

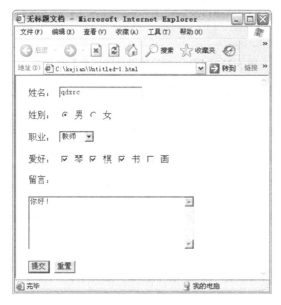

图 5-75　浏览器中的表单

需要强调的是，当用户通过表单将数据传到服务器之后，服务器端一般使用 Java、Perl、JavaScript、VBScript 等语言编写的程序进行处理。

5.7　教学站点的发布

当完成了教学站点中的各个网页之后，需要将站点发布到 Internet 上，实现远程教学的目的。这一环节要做好两项工作：一是测试站点；二是发布站点。

5.7.1　站点的测试

在将站点上传到服务器之前，必须先对站点进行全面测试，主要包括测试浏览器的兼容性、测试超链接的有效性、在浏览器中测试网页的正确性等，这样才能保证发布站点以后，尽可能少地出现错误。

1. 测试浏览器的兼容性

一般情况下，在本地机上创建的站点和网页不一定能在所有的浏览器中正常显示，因此，发布站点之前需要测试浏览器的兼容性，以便发现问题及时进行修改。测试浏览器兼容性的操作步骤如下：

1) 在【文件】面板中选择要检查的网页。

2) 在【文档】工具栏中单击 检查页面 按钮，在打开的下拉菜单中选择【设置】命令，则弹出【目标浏览器】对话框，如图 5-76 所示。

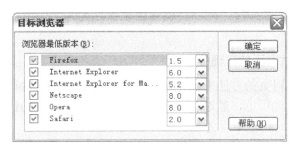

图 5-76　【目标浏览器】对话框

3) 在对话框中选择要测试的浏览器，然后单击 确定 按钮。

4) 单击菜单栏中的【文件】\【检查页】\【浏览器兼容性】命令，则打开【浏览器兼容性】面板，如图 5-77 所示。

图 5-77　【浏览器兼容性】面板

5) 在【浏览器兼容性】面板中罗列了浏览器不支持的功能，并且显示了标记所在的行。根据面板中显示的检测结果，可以更改页面中相应的内容。修改之后再进行测试，直到没有错误为止。

2. 测试超链接的有效性

在站点中，网页之间的相互跳转是通过超链接来实现的，因此，发布站点之前一定要确保站点中每一个超链接的有效性，避免产生断开的超链接。测试超链接有效性的基本步骤如下：

1) 在【文件】面板中选择要检查的站点文件夹。

2) 单击菜单栏中的【站点】\【检查站点范围的链接】命令，则打开【链接检查器】面板，该面板中将显示整个站点中断掉的链接、外部链接与孤立的文件，如图 5-78 所示。

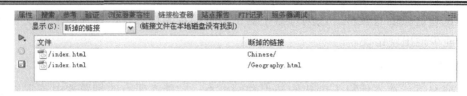

图 5-78 【链接检查器】面板

3) 在面板的【显示】下拉列表中选择要检查的链接方式。

- 断掉的链接：用于检查是否存在断开的超链接。
- 外部链接：用于检查文档的外部链接是否有效。
- 孤立文件：用于检查站点中是否存在没有创建超链接的文件。

4) 单击面板左侧的 ▣ 按钮，可以将检查结果保存起来，便于以后修改超链接时作为参考。

3．在浏览器中测试网页的正确性

通过在浏览器预览网页的方法来测试网页是一个非常有效的途径，这种方法可以贯穿于整个网页设计和创建过程中，通过它可以及时发现网页中存在的错误，避免重复出现相同的错误，也有利于及时纠正不妥之处。

在 Dreamweaver 中，可以在任何时间通过目标浏览器预览网页，而不必首先保存文档，这时浏览器中的所有功能都将发挥作用，包括 JavaScript、相对链接、绝对链接、ActiveX 控件等。使用这种方法测试网页的最大好处是可以及时地改正网页中存在的错误。

5.7.2 站点的发布

完成了站点的测试，确保站点能够正常运行以后，就可以发布站点，使其成为一个真正的站点了，以实现网络教学。目前，大多数 ISP 都支持 FTP 上传功能，我们可以使用 Dreamweaver CS4 的站点发布功能发布站点。

1．定义远程站点

在发布站点之前，首先应该定义远程站点，并设置上传参数，具体步骤如下：

1) 在【文件】面板中打开要上传的本地站点，如图 5-79 所示。

2) 单击菜单栏中的【站点】\【管理站点】命令，则弹出【管理站点】对话框，如图 5-80 所示。

图 5-79 【文件】面板

图 5-80 【管理站点】对话框

3) 单击 编辑⒠… 按钮，则打开【…的站点定义为】对话框，在该对话框中选择【远程信息】选项，结果如图 5-81 所示。

图 5-81　【…的站点定义为】对话框(1)

4) 在【访问】下拉列表中选择 "FTP" 选项，结果如图 5-82 所示。

图 5-82　【…的站点定义为】对话框(2)

- 【FTP 主机】：用于输入 FTP 主机名称，必须是完整的 Internet 名称，例如：go.163.com。注意：主机名称前不要添加协议名。
- 【主机目录】：用于输入发布站点的路径，即站点在 Internet 服务器中的存放目录。
- 【登录】：用于输入用户在 Internet 服务器上的注册名称。
- 【密码】：用于输入用户的密码。
- 选择【使用 Passive FTP】复选框，可以建立被动式 FTP。一般情况下，如果防火墙配置要求使用被动式 FTP，则可选择该项。
- 选择【使用 IPv6 传输模式】复选框，则启用 IPv6 的 FTP 服务器。IPv6 即 Internet 协议第 6 版。

- 选择【使用防火墙】复选框，则从防火墙后面连接到远程服务器，单击 防火墙设置(W)... 按钮，可以设置防火墙主机或端口。
- 选择【使用安全 FTP】复选框，可以进行安全 FTP 身份验证。
- 选择【维护同步信息】复选框，则自动同步维护本地文件与远程文件。默认情况下选择该选项。
- 选择【保存时自动将文件上传到服务器】复选框，Dreamweaver 将在保存文件的同时把文件上传到远程站点。
- 选择【启用存回和取出】复选框，则可以激活存回/取出系统。

5）单击 确定 按钮，返回【管理站点】对话框。

6）单击 完成(D) 按钮完成设置。

2．连接服务器

定义完远程站点以后，首先要将计算机连接到远程服务器上，然后才可以上传站点。其操作步骤如下：

1）在【文件】面板中选择要上传的站点。

2）单击【文件】面板中的 按钮，连接远程服务器。

3）连接成功以后，则【文件】面板中的 按钮左下角的黑点变为绿点，表明已经连接成功。

3．上传站点

本地计算机与远程服务器成功连接以后，就可以发布站点了。在发布站点时，既可以发布整个站点，也可以发布局部站点。

在【文件】面板中选择要发布的文件，单击面板中的 按钮即可上传站点。

5.8　练　习　题

一、填空题

1．在 Dreamweaver CS4 中，【文档】工具栏中的前三个按钮用于切换视图模式，分别是_____视图、拆分视图和_____视图。

2．创建站点的基本结构是指确定站点的整体结构和_____的结构关系。创建站点的基本结构时首先要建立空白的站点，其次是添加网页文件与_____。

3．在 Dreamweaver CS4 中，可以使用表格、_____、DIV 等工具进行页面布局。

4．当完成了教学站点中的各个网页的设计之后，需要将站点发布到_____上，实现远程教学的目的。这一环节要做好两项工作：一是_____站点；二是_____站点。

二、问答题

1．简述建立站点的前期准备工作。

2．怎样在站点中添加网页文件与站点文件夹？

3．如何为整个图像和部分图像建立超链接？

4．在将站点上传到服务器之前，如何对站点进行全面测试？

第 6 章　Flash 与动画型课件

在多媒体课件制作领域中，Flash 越来越受到广大教师与教育工作者的推崇。这是由于 Flash 的多媒体功能越来越强大，而且脚本编程能力也日趋完善。目前，Flash 的最高版本是 Flash CS4，它已经完全整合到 Adobe 大家族中，其动画制作方式得到了改进，融入了 After Effects 工作模式。它在实现多媒体课件的交互功能、网络功能、动画功能等方面有着不可比拟的优势。Flash 发展到今天，它的功能已经远远超出了最初的网络动画设计功能，使用它可以轻松地完成动画、课件、光盘、游戏、MTV 等多种项目的制作。

6.1　Flash CS4 基础

Flash CS4 是 Adobe 公司收购 Macromedia 公司之后，对 Flash 的一次比较彻底的升级，除了保留 Flash 原来的优点以外，还融入了大量 Adobe 的设计思想，如动画模式的改进完全借鉴了 After Effects 工作模式，另外增加了骨骼动画、3D 变形工具等，这次软件的升级进一步提升了 Flash 的应用开发能力。

6.1.1　Flash CS4 的工作特性

与以前的版本相比，Flash CS4 增加了很多新功能，本节将针对 Flash CS4 工作特性做一些简单介绍，让用户初步了解该软件，便于以后的深入学习。

1. 两种图形绘制模式

其实，从 Flash CS3 开始就提供了两种图形绘制模式：图形绘制模式与对象绘制模式。

图形绘制模式即以前版本中的绘图方式，图形具有自动粘合的特点。绘制一个图形以后，如果后绘制的图形与第一个图形有重叠部分，则它们自动融为一体。

如果两个图形的颜色一样，则融合后的图形成为一体，不能再分离。如果两个图形的颜色不一样，则融合后的图形再分开时，将会删除第一个图形与第二个图形的重叠部分，如图 6-1 所示。

图 6-1　图形绘制模式

对象绘制模式可以保证绘制的图形保持为单独的对象，叠加时不会自动融合在一起，它为绘制动画对象带来了方便，解决了 Flash 图形自动粘合的问题。当使用对象绘制模式创建图形时，Flash 会在图形的周围添加矩形边框来标识，如图 6-2 所示。

图 6-2　对象绘制模式

2．两种脚本模式

Flash CS4 提供了 ActionScript 2.0 与 ActionScript 3.0 两种完全不同的脚本编程语言，以满足不同的用户，其中 ActionScript 2.0 沿用了以前版本的编程模式，适合设计人员使用；而 ActionScript 3.0 则是一套完整的编程语言，适合开发人员使用。

关于 ActionScript 2.0 与 ActionScript 3.0 的使用，可以在建立新文件的时候通过欢迎画面进行选择，如图 6-3 所示。

图 6-3　欢迎画面

3．基于对象的动画

Flash CS4 提出了"基于对象的动画"这一概念，它借鉴了 After Effects 的工作特点，大大简化了 Flash 动画的设计过程，还提供了更大程度的属性控制。

在 Flash CS4 中，"基于对象的动画"称为补间动画，而以前版本中的补间动画则称为传统补间。这种改进也影响了制作动画的流程，例如，要使一个动画对象沿着一定的轨迹运动，不需要使用引导线就可以轻松完成。如图 6-4 所示，在老鹰图形上单击鼠标右键，在弹出的快捷菜单中选择【创建补间动画】命令，然后改变老鹰的位置即可。

图 6-4　基于对象创建补间动画

4．功能强大的【动画编辑器】面板

这是 Flash CS4 新增的功能组件，它的出现使动画的编辑更加方便。通过【动画编辑器】面板可以添加属性关键帧，并且可以单独控制每一个属性关键帧的参数，如旋转、大小、

缩放、位置、滤镜等，如图 6-5 所示。

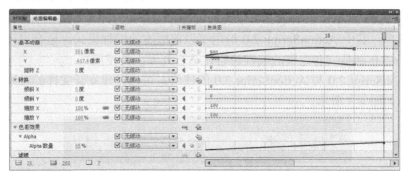

图 6-5　【动画编辑器】面板

5．【动画预设】功能

Flash CS4 提供了一些预设的动画，这大大提高了工作效率，对于一些常见的动画效果，可以直接使用预设的动画来完成。单击菜单栏中的【窗口】\【动画预设】命令，可以打开【动画预设】面板，如图 6-6 所示。

在舞台上选中动画对象(元件实例或文本)以后，在【动画预设】面板中选择一种预设的动画效果，然后单击 应用 按钮即可应用预设动画。每个对象只能应用一个预设动画。

6．使用 Deco 工具

Deco 工具是新增的一个装饰画绘画工具，其作用类似于粒子喷射器，它可以将影片剪辑元件或图形元件作为绘图单元，以某种特定的计算方式创建复杂的几何图案，如蔓藤式、对称式、网格式等。如图 6-7 所示为使用 Deco 工具创建的图案。

图 6-6　【动画预设】面板

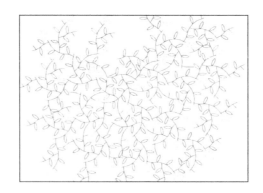

图 6-7　使用 Deco 工具创建的图案

7．骨骼工具与 3D 变形工具

这两组工具都是 Flash CS4 的新增功能。使用骨骼工具可以实现动画的反向运动。反向运动(IK)是一种使用骨骼工具对一个对象或彼此相关的一组对象进行动画处理的方法。例如，通过反向运动可以轻松地创建人物动画，如胳膊、腿和面部表情的变化，如图 6-8 所示。

3D 变形工具可以帮助用户在三维空间中处理动画对象，使动画对象具有三维动画的效果。3D 变形工具(包括 3D 旋转工具和 3D 平移工具)允许用户在 X、Y 和 Z 轴上进行动画处理，如图 6-9 所示。

图 6-8　添加了反向运动的形状　　　　图 6-9　动画对象的 3D 旋转

6.1.2　Flash CS4 的工作界面

在学习 Flash CS4 之前，我们先来认识它的工作界面，同时了解每一部分的基本功能，这是我们正确、高效地运用 Flash CS4 制作课件的前提与基础。启动 Flash CS4 软件并且打开一个文件之后的界面如图 6-10 所示。

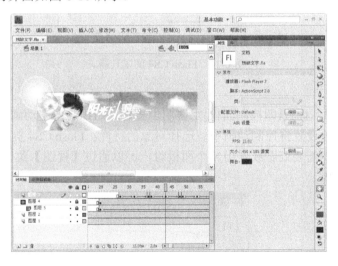

图 6-10　Flash CS4 的工作界面

由上图可以看出，Flash CS4 的工作界面主要由菜单栏、工具箱、面板、时间轴、工作区等部分组成。下面介绍其主要构成部分的作用与使用方法。

1. 菜单栏

Flash CS4 的菜单栏中含有 11 组菜单项，依次是【文件】、【编辑】、【视图】、【插入】、【修改】、【文本】、【命令】、【控制】、【调试】、【窗口】和【帮助】菜单。在这些菜单中包括了操作 Flash 电影文件的大部分命令，其中有一些操作是必须通过菜单命令来完成的。

2．工具箱

默认状态下，Flash CS4 的工具箱位于工具界面的右侧，并且只有一列，这样可以节约工作空间，为设计者提供较大方便。如图 6-11 所示是 Flash CS4 的工具箱。

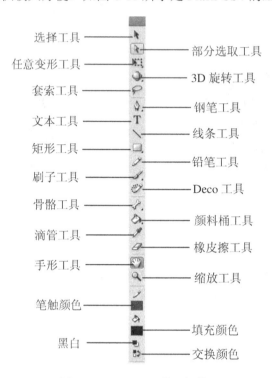

选择工具 —— 部分选取工具
任意变形工具 —— 3D 旋转工具
套索工具 —— 钢笔工具
文本工具 —— 线条工具
矩形工具 —— 铅笔工具
刷子工具 —— Deco 工具
骨骼工具 —— 颜料桶工具
滴管工具 —— 橡皮擦工具
手形工具 —— 缩放工具
笔触颜色 —— 填充颜色
黑白 —— 交换颜色

图 6-11　Flash CS4 的工具箱

3．面板

在 Flash CS4 中，面板(即控制面板)主要用于查看、组织与改变动画中各个元素的属性设置，面板中的选项设置将控制动画中被选择对象的特性。Flash CS4 提供了 20 多个面板，并且进行了归类，当需要查看或使用某个面板时，可以通过【视图】菜单打开，如图 6-12 所示为【属性】面板。

图 6-12　【属性】面板

4. 时间轴与动画编辑器

【时间轴】面板由图层与帧两部分组成，它是制作 Flash 动画文件的重要窗口之一，起着组织和控制 Flash 动画对象的作用，也就是说，这个窗口是用来设计动画、组织管理动画对象、控制动画播放形式的。

用户通过添加图层和帧来完成 Flash 电影的制作，使用图层可以设定动画对象在空间排列上的顺序，使用帧可以方便地设定动画对象在时间排列上的顺序。如图 6-13 所示为【时间轴】面板。

图 6-13　【时间轴】面板

【动画编辑器】面板则是新增加的组件，当基于对象创建动画时，这里是重要的编辑窗口，它可以查看所有补间属性及其属性关键帧，并且可以以曲线的形式控制补间属性，允许用多种不同的方式来控制补间动画。

5. 工作区

在 Flash CS4 中，工作区由两部分构成：舞台和后台。这一点很像传统的舞台，舞台是演员表演节目的场所，后台是演员休息与化妆的场所。在 Flash CS4 中，舞台是动画的播放区，后台是动画对象的等候区，当满足一定条件时，动画对象就会从后台进入舞台，参与"表演"，如图 6-14 所示。

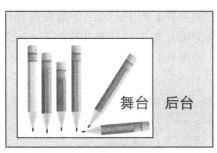

图 6-14　舞台与后台

6.2　Flash CS4 的基本操作

前面介绍了 Flash CS4 的工作界面，本节介绍一些基本操作，如新建动画文件、设置文件属性、保存动画文件、使用辅助工具等。

6.2.1　新建与打开文件

每次启动 Flash CS4 程序时，系统都将出现欢迎画面，如图 6-15 所示。欢迎画面分三列：打开最近的项目、新建、从模板创建。通过它们可以新建 Flash 文件、打开文件或者基于模板新建文件。单击【新建】列中的相应选项，可以建立 Flash 动画文件。

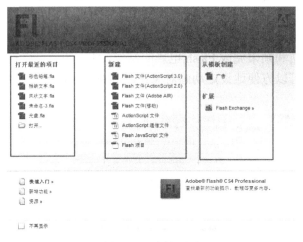

图 6-15　欢迎画面

如果已经打开或建立了一个新文件，这时还要再创建新文件，可以单击菜单栏中的【文件】\【新建】命令。

同时建立了多个动画文件以后，工作窗口中将出现相应的标签，显示动画文件的名称，默认情况下为"未命名-1"、"未命名-2"、"未命名-3"、……，如图 6-16 所示。

图 6-16　文件名称

在欢迎画面的【打开最近的项目】列中，列出了最近操作过的 Flash 文件，如果要打开这些文件，直接单击文件名称即可。如果要打开其它的 Flash 文件，则单击【打开】选项，这时将弹出【打开】对话框，如图 6-17 所示，从中选择要打开的 Flash 文件，单击 打开(0) 按钮即可。

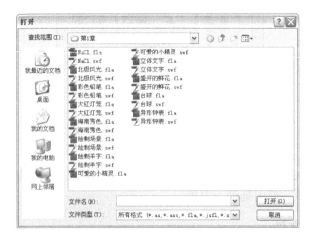

图 6-17　【打开】对话框

6.2.2　设置文件的属性

创建了 Flash 动画文件以后，首先要设置动画文件的基本属性，其中包括尺寸、帧频、背景颜色等。下面以实例的方式学习设置文件属性的方法。

〖例 6-1〗创建一个新文件并设置属性。

1）启动 Flash CS4，在欢迎画面中单击【Flash 文件(ActionScript 3.0)】选项，建立一个新文件。

2）在【属性】面板中单击【舞台】右侧的颜色块，从弹出的颜色选项板中选择所需的颜色，可以设置舞台的背景颜色，如图 6-18 所示。

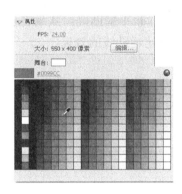

图 6-18　设置舞台的背景颜色

3）在【属性】面板的【FPS】文本框中设置合适的帧频，即每秒钟播放的帧数，默认值为 12。

4）在【属性】面板中单击【大小】右侧的 编辑... 按钮，则弹出【文档属性】对话框，如图 6-19 所示。

图 6-19　【文档属性】对话框

5）在【尺寸】文本框中设置舞台的宽度和高度。默认值是 550×400 像素，可以根据需要进行设置。

 在【文档属性】对话框中也可以设置背景颜色、帧频等，其结果与直接在【属性】面板中设置相同。打开【文档属性】对话框的快捷键是 Ctrl+J 键。

6）单击 确定 按钮，则完成了文件基本属性的设置。

6.2.3 合理使用辅助工具

在 Flash CS4 中创作动画对象或者制作复杂的动画时,往往需要使用辅助工具进行定位、对齐、排列对象等,因此,必须掌握辅助工具的基本使用方法。

1．标尺与辅助线

使用标尺与辅助线可以精确地定位对象的位置。使用标尺之前,需要先在工作区中显示标尺。单击菜单栏中的【视图】\【标尺】命令,或者同时按下键盘中的 Ctrl+Alt+Shift+R 键,可以打开标尺。

辅助线的创建离不开标尺,只有显示标尺后才能创建辅助线。在显示标尺的状态下,将光标从水平标尺向下拖曳可以创建水平辅助线;从垂直标尺向右拖曳可以创建垂直辅助线。如图 6-20 所示是打开标尺并创建辅助线的效果。

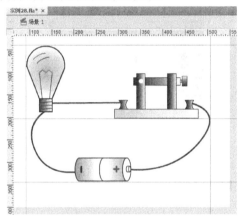

图 6-20　标尺和辅助线

2．网格的设置

使用网格可以精确控制动画对象在舞台上的位置。单击菜单栏中的【视图】\【网格】\【显示网格】命令,可以显示网格。默认情况下,网格线呈灰色,每一个网格的大小为 18×18 像素,如图 6-21 所示。

图 6-21　显示网格

6.2.4 保存动画文件

在编辑动画的过程中需要及时保存动画作品，以免断电或误操作造成损失。

单击菜单栏中的【文件】\【保存】命令，即可保存动画文件。如果是第一次保存文件，将弹出【另存为】对话框，如图 6-22 所示。在该对话框中可以选择文件的存放位置、名称及保存类型等选项。默认情况下，Flash 动画文件以"Flash CS4 文档(*.fla)"类型保存。

图 6-22　【另存为】对话框

6.3　绘图工具的使用

使用 Flash 制作课件时，必须先了解工具的基本使用方法，一是便于创建课件构成元素，二是有利于动画对象的建立。无论是使用 Flash 制作动画型课件，还是创建一些静帧的课件元素，绘图工具都是最基本的创作工具。

6.3.1 绘制图形

在 Flash CS4 中绘制图形时可以分为两种情况：一是规则图形的绘制，如线、圆、矩形、多边形等；二是不规则图形的绘制，通常情况下需要使用铅笔工具 和钢笔工具 完成。

1. 绘制规则图形

绘制规则图形的工具主要包括线条工具 、椭圆工具 、矩形工具 、多角星形工具 。绘制规则图形的基本操作步骤如下：

1) 在工具箱中选择要使用的工具。

2) 在【属性】面板中设置相应的参数，包括笔触颜色、填充颜色、轮廓线的粗细、线型等。不同的工具，其【属性】面板中的选项也不同，如图 6-23 所示为选择多角星形工具时的【属性】面板。

3) 在【属性】面板中设置了相关选项后，在舞台中拖曳鼠标就可以画出相应的图形了。如图 6-24 所示为绘制的不同图形。

图 6-23　【属性】面板

图 6-24　绘制的不同图形

> 绘制直线时，按住 Shift 键的同时拖曳鼠标，可以绘制出特定角度的直线，如水平方向、垂直方向、45°角和 135°角方向的直线；绘制椭圆或矩形时，按住 Shift 键的同时拖曳鼠标，则得到圆形或正方形。

〖例 6-2〗画一个铁架台。

1) 建立一个新文件。

2) 选择工具箱中的▢工具，在【属性】面板中设置笔触颜色为黑色，填充颜色为无色，其它参数设置如图 6-25 所示。

图 6-25　【属性】面板

3) 在舞台中拖曳鼠标，绘制一大一小两个矩形，位置如图 6-26 所示。

4) 选择工具箱中的▸工具，将上方矩形的左下角与右下角分别向外调整，使其与下方矩形的边缘对齐，结果如图 6-27 所示。

5) 继续使用▢工具绘制两个大小一致的矩形，位置如图 6-28 所示。

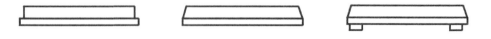

图 6-26　绘制的矩形　　　　图 6-27　调整上方矩形的形态　　　　图 6-28　绘制的矩形

6）再绘制一个细长的矩形，作为铁架台的支柱，如图 6-29 所示。

7）选择工具箱中的█工具，在【属性】面板中设置笔触颜色为黑色，填充颜色为无色，其它参数设置如图 6-30 所示。

8）在舞台中拖曳鼠标，绘制出一个试管形状的图形，如图 6-31 所示。

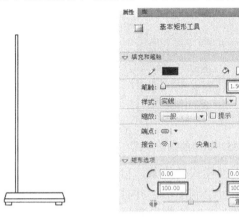 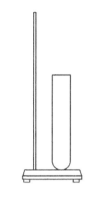

图 6-29　绘制的矩形　　　　图 6-30　【属性】面板　　　　图 6-31　绘制的图形

9）选择试管图形，按下 Ctrl+C 键进行复制，然后再按下 Ctrl+Shift+V 键，将复制的图形粘贴到原位置。

10）选择工具箱中的█工具，将复制的试管图形压低一些，如图 6-32 所示。

11）确保修改后的图形处于选中状态，在【属性】面板中修改其填充颜色为淡蓝色(#99FFFF)，结果如图 6-33 所示。

12）参照前面的方法，继续使用█工具绘制铁架台的夹子，均由矩形组合而成，最终效果如图 6-34 所示。

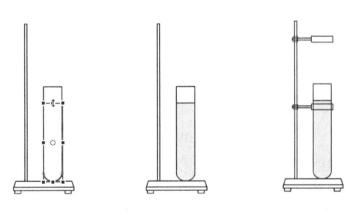

图 6-32　变形复制的图形　　　图 6-33　填充图形　　　图 6-34　图形效果

2．绘制不规则图形

不规则图形可以通过规则图形的叠加得到，也可以直接使用铅笔工具█和钢笔工具█进行绘制。使用铅笔工具█可以画出任意的曲线和直线，就像用手在画板上自由绘画一样。使用铅笔工具的具体步骤如下：

1) 在工具箱中选择铅笔工具 。

2) 在【属性】面板中设置线条的颜色、粗细、线条样式等属性。

3) 在工具箱下方的选项区中设置铅笔的绘图模式，如图 6-35 所示。其中【伸直】表示对不规则的线条进行自动拉直处理；【平滑】表示将所画的线条进行光滑处理；【墨水】表示所画的线条基本保持原样。

图 6-35　铅笔的绘图模式

4) 在舞台中拖曳鼠标，可以绘制不同模式的线条，自由度非常高。

使用钢笔工具可以绘制曲线，也可绘制图形，并且具有灵活的可调节性。其实它就是矢量图中的贝塞尔曲线，通过调节锚点可以控制贝塞尔曲线的形状。使用钢笔工具的操作步骤如下：

1) 在工具箱中选择钢笔工具。

2) 在【属性】面板中设置笔触颜色、填充颜色、线条样式等属性。

3) 在舞台中单击鼠标并按住鼠标左键拖曳鼠标，这时将出现一个锚点和曲线的正切手柄，它直接影响曲线的形状。

4) 松开鼠标左键，将光标移至舞台中的另一点，按下鼠标左键，则产生第二个锚点，两个锚点之间将出现一条曲线，该曲线以开始时的正切手柄为切线，如图 6-36 所示。

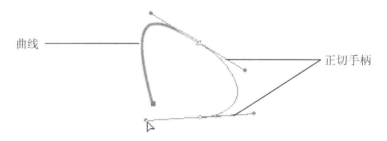

图 6-36　正切手柄与曲线

5) 重复上述步骤绘制曲线。

6) 如果要绘制不闭合的线条，双击鼠标左键即可结束曲线绘制；如果要绘制闭合的线条，则需将光标指向起始点上，当光标变为 形状时单击左键，即可形成闭合线条。如果设置工具属性时设置了填充色，则绘制闭合线条时，将自动填充封闭区域。

使用钢笔工具绘制线条后，可以看到线条是由很多锚点衔接而成的。曲线中的锚点分为角点和平滑点两种类型。锚点的数量、位置和类型直接影响着图形的形状。

使用钢笔工具绘制图形时，可以先绘制大体轮廓，然后使用曲线编辑工具进行编辑，其中使用部分选取工具可以调整锚点的位置，而使用转换锚点工具可以改变锚点的类型，从而控制曲线的形状。

〖**例 6-3**〗**绘制一条小金鱼。**

1) 建立一个新文件。

2) 选择工具箱中的 ![]工具，在【属性】面板中设置笔触颜色为黑色，填充颜色为无色，其它参数设置如图 6-37 所示。

图 6-37　【属性】面板

3) 在舞台中拖曳鼠标，绘制一条闭合的曲线，如果形状不合适，可以通过部分选取工具 ![] 和转换锚点工具 ![] 调整锚点，得到适合的形状，如图 6-38 所示。

4) 继续绘制一条闭合的曲线，如图 6-39 所示。

图 6-38　绘制的曲线(1)　　　　　　　　　图 6-39　绘制的曲线(2)

5) 选择工具箱中的 ![]工具，在【属性】面板中设置填充颜色为淡蓝色(#32CCFF)，分别单击绘制的图形，填充淡蓝色，然后选择右下角的小图形，按下 Ctrl+↓ 键，将其置于下一层，结果如图 6-40 所示。

6) 继续使用钢笔工具 ![] 绘制两个封闭的图形，填充为淡蓝色，并置于下一层，结果如图 6-41 所示。

图 6-40　图形效果(1)　　　　　　　　　图 6-41　图形效果(2)

7) 选择工具箱中的 工具，在工具箱下方设置铅笔为【平滑】模式，在舞台中拖曳鼠标，绘制一个封闭的图形，并使用 工具将其填充为黄色(#FFFF00)，如图 6-42 所示。

8) 用同样的方法，再绘制多个黄色(#FFFF00)图形，作为金鱼的纹理，结果如图 6-43 所示。

图 6-42　绘制的图形(1)

图 6-43　绘制的图形(2)

9) 选择工具箱中的 工具，绘制多个圆形组合出金鱼的眼睛，这样就完成了金鱼的绘制，效果如图 6-44 所示。

图 6-44　金鱼效果

6.3.2　颜色的修改与填充

当创建了基本图形以后，我们经常需要修改图形的颜色或轮廓，从而改变图形的外观，以满足制作课件的需求。

如果要改变图形的轮廓线，可以先选择图形的轮廓线，然后在【属性】面板中设置笔触颜色、线条粗细、样式等属性。如果原来的图形中没有轮廓线，则需要使用墨水瓶工具 。墨水瓶工具只能为轮廓线填充单一色，即纯色，不能填充渐变色和位图，这是由线条本身的特性决定的。

如果要改变图形的填充色，可以先选择图形的填充区域，然后在【属性】面板中设置填充颜色即可。但这种方法只适用于单一色，对于复杂的渐变色，操作方法相对繁琐一些。下面就针对渐变色的使用进行简单介绍。

1．编辑渐变色

Flash CS4 提供了两种类型的渐变色：一是线性渐变；二是放射状渐变。线性渐变产生直线型的颜色过渡效果；放射状渐变产生从中心向四周的颜色过渡效果。下面以线性渐变为例介绍渐变色的编辑方法。

1) 单击菜单栏中的【窗口】\【颜色】命令，打开【颜色】面板。

2) 在【类型】中选择"线性"选项，则面板的下方将出现渐变色编辑条，如图 6-45 所示。默认情况下，渐变色编辑条上有两个"小桶"标志，称为"色标"。单击色标可以为其指定一种颜色。

图 6-45 【颜色】面板

3) 将光标指向渐变色编辑条的下方，单击鼠标可以添加一个色标，并可为该色标指定一种颜色。

4) 如果要删除某个色标，可以将光标指向该色标，按住鼠标左键将其拖离渐变色编辑条即可。

2．颜料桶工具

对图形填充渐变色需要使用颜料桶工具，具体操作步骤如下：

1) 在工具箱中选择颜料桶工具。

2) 在【颜色】面板中设置需要使用的渐变色。

3) 在工具箱的选项区中选择一种填充模式，如图 6-46 所示。

图 6-46 填充模式

- 选择【不封闭空隙】模式时，填充区必须闭合，不允许有任何间隙存在，否则不能填充。

- 选择【封闭小空隙】模式时，填充区边缘允许有小间隙存在，填充可以继续进行。

- 选择【封闭中等空隙】模式时，填充区边缘允许有中等间隙存在。

- 选择【封闭大空隙】模式时，填充区边缘允许有较大的间隙。

4) 在舞台中的图形上或封闭区域内单击鼠标，或者拖曳鼠标，即可将设置的渐变色填充到图形上。

3. 渐变变形工具

使用渐变变形工具 ▦ 可以编辑图形的渐变填充效果。使用渐变变形工具调整渐变色的操作步骤如下：

1) 选择工具箱中的渐变变形工具 ▦。

2) 单击填充了渐变色的图形，并调整渐变色。

- 当填充色为线性渐变时，将出现线型控制手柄，如图 6-47 所示。拖动两条直线之间的小圆圈，可以移动填充色的位置；拖动直线上的小方框，可以缩放填充颜色的幅度；拖动直线上的小圆圈，可以改变填充色的方向。

图 6-47　调整线性渐变色

- 当填充色为放射状渐变时，将出现圆状控制手柄，如图 6-48 所示。拖动中心的圆圈，可以移动填充色的位置；拖动圆周上最下方的小圆圈，可以调整填充色的方向；拖动圆周上中间的小圆圈，可以缩放圆状手柄，调节填充色的幅度；拖动圆周上的小方框，可以横向改变填充幅度。

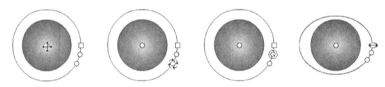

图 6-48　调整放射状渐变色

〖例 6-4〗绘制一个台球。

1) 建立一个新文件。

2) 选择工具箱中的 ▢ 工具，绘制一个与舞台大小相等的矩形。

3) 确认矩形处于选择状态，在【颜色】面板中设置填充颜色的【类型】为"线性"，设置左侧色标为浅绿色(#0FCE0F)，右侧色标为深绿色(#0B5C01)，如图 6-49 所示。

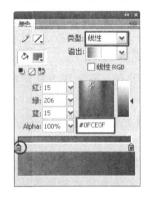

图 6-49　【颜色】面板(1)

4) 选择工具箱中的 ▦ 工具，在矩形内由左上角向右下角拖曳鼠标，为矩形填充线性渐变，效果如图 6-50 所示。

5) 在"图层 1"的上方创建一个新图层"图层 2"，然后选择工具箱中的 工具，按住 Shift 键在舞台中绘制一个黑色的圆形，如图 6-51 所示。

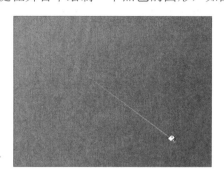

图 6-50　填充渐变后的效果

图 6-51　绘制的圆形

6) 在舞台中再绘制一个白色的椭圆形，其大小及位置如图 6-52 所示。

7) 在舞台中双击白色椭圆形，进入绘制对象环境。然后在【颜色】面板中设置填充颜色的【类型】为"线性"，设置左右两个色标均为白色，左侧色标的 Alpha 值为 80%，右侧色标的 Alpha 值为 0%，如图 6-53 所示。

图 6-52　绘制的白色椭圆形

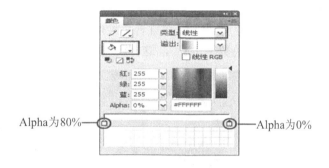

图 6-53　【颜色】面板(2)

8) 选择工具箱中的 工具，在白色椭圆形上由上向下垂直拖曳鼠标，对其填充由白色不透明到完全透明的线性渐变色，制作出高光效果，如图 6-54 所示。

9) 单击 按钮，返回到舞台中，效果如图 6-55 所示。

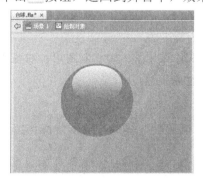

图 6-54　制作的高光效果

图 6-55　图形效果

10) 在舞台中选择黑色圆形，按下 Ctrl+C 键，然后按下 Ctrl+Shift+V 键，在舞台中的原位置处复制一个圆形。

11) 选择复制的圆形，在【颜色】面板中设置填充颜色的【类型】为"线性"，设置左右两个色标均为白色，Alpha 值分别为 43% 和 0%，将其设置为由不透明到透明的渐变，如图 6-56 所示。

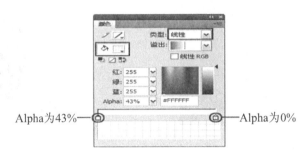

图 6-56　【颜色】面板(3)

12) 选择工具箱中的▣工具，则选择的圆形周围将出现控制手柄。

13) 将光标移动到渐变颜色方向控制点上拖曳鼠标，改变渐变颜色的方向；然后将光标移动到渐变颜色范围控制点上拖曳鼠标，缩小渐变范围；再将光标移动到渐变颜色中心点处拖曳鼠标，将其调整到右下角，制作出台球的反光，如图 6-57 所示。

14) 继续使用◯工具在舞台中绘制一个白色圆形，然后使用▣工具在白色圆形的中心位置处输入黑色数字"8"，这样就完成了台球的绘制，效果如图 6-58 所示。

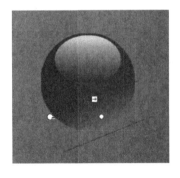

图 6-57　制作台球的反光

图 6-58　输入的文字

6.3.3　编辑图形对象

在 Flash CS4 中，用户可以对图形对象进行多种编辑操作，如复制图形、对齐图形、群组对象等，通过编辑图形对象，可以使其更加符合动画制作的需要。

1．变形图形

使用任意变形工具▦可以轻松地实现图形对象的旋转、缩放和变形等操作。使用任意变形工具的操作步骤如下：

1) 在工具箱中选择任意变形工具▦，此时工具箱的选项区中将显示该工具的选项，如图 6-59 所示。

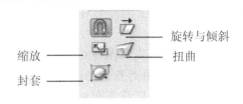

缩放

封套

旋转与倾斜

扭曲

图 6-59　任意变形工具选项

2) 根据操作需要选择不同的选项，并对图形进行变形操作。

- 不选择任何选项，将光标指向图形对象的中心点上拖曳鼠标，可以调整对象的中心。

- 选择 ⤵ 按钮，可以旋转与倾斜图形对象。将光标指向四角的控制点上拖曳鼠标，可以旋转图形对象；将光标指向四边的控制点上拖曳鼠标，可以倾斜图形对象。

- 选择 ⤢ 按钮，可以缩放图形对象。将光标指向四角的控制点上拖曳鼠标，可以同时缩放对象的高与宽；将光标指向四边的控制点上拖曳鼠标，可以只在该方向上缩放图形对象。

- 选择 ⤡ 按钮，可以扭曲图形对象。将光标指向四角的控制点上拖曳鼠标，可以产生斜切效果；将光标指向四边的控制点上拖曳鼠标，可以产生拉伸效果。

- 选择 ⊚ 按钮，将光标指向任何一个控制点上拖曳鼠标，可以自由调整图形对象。

2．复制图形

如果需要重复使用某个图形对象，可以对其进行复制操作，这样可以减少操作步骤，提高工作效率。复制图形的方法很多，除了可以使用菜单栏中的【复制】、【粘贴】命令以外，还有一种比较快捷的方法：选择工具箱中的选择工具 ▶，在舞台中选择要复制的图形对象，然后按住 Ctrl 键或 Alt 键拖动图形对象，即可快速地复制对象。

另外，Flash CS4 中还增加了【直接复制】命令，其快捷键是 Ctrl+D 键，该命令也可以快速复制对象。

3．对齐图形

在舞台中创建了多个图形以后，如果需要将它们按一定的标准对齐，可以使用 Flash CS4 提供的对齐命令进行操作。单击菜单栏中的【窗口】\【对齐】命令，打开【对齐】面板，如图 6-60 所示。

图 6-60　【对齐】面板

在舞台中同时选择了两个或两个以上的图形对象后，在【对齐】面板中单击相应的按钮，可以实现不同的对齐与分布方式：

- ■ 【对齐】：该选项中的按钮用于实现图形对象的对齐操作。从左到右依次为：左对齐、水平中齐、右对齐、顶对齐、垂直中齐和底对齐。
- ■ 【分布】：该选项中的按钮用于实现图形对象的分布操作。从左到右依次为：顶部分布、垂直居中分布、底部分布、左侧分布、水平居中分布和右侧分布。
- ■ 【匹配大小】：该选项中的按钮用于匹配对象的大小。从左到右依次为：匹配宽度、匹配高度、匹配宽和高。
- ■ 【间隔】：该选项中的按钮用于实现图形对象的间距调节。从左到右依次为：垂直平均间隔、水平平均间隔。
- ■ 【相对于舞台】：单击该按钮，使之呈凹陷状态，则图形对象的对齐与分布操作将以舞台为基准。

4．群组图形

群组图形是指把多个图形组合起来，作为一个对象来处理，便于执行同一种操作，如缩放、移动、变形等，同时可以防止图形对象因重叠而产生切割或融合现象。

舞台中的每一个图形对象都可以建立群组。在舞台中选择要群组的图形对象，然后单击菜单栏中的【修改】\【组合】命令，或者按下 Ctrl+G 键，则所选的图形就建立了群组，群组对象处于选择状态时，其周围将出现蓝色方框，如图 6-61 所示。

建立了群组以后，可以对群组对象进行统一的操作，如缩放、移动、变形等操作。如果需要编辑群组中的某一个对象，可以使用选择工具 双击该群组对象，进入群组的编辑状态。此时，不属于该群组的对象呈淡色显示，不能编辑，而该群组中的对象可以独立编辑，如图 6-62 所示。

图 6-61 选择状态的群组对象   图 6-62 编辑群组时的形态

编辑完群组中的对象后，单击菜单栏中的【编辑】\【全部编辑】命令，可以返回到场景编辑状态。

6.3.4 综合实例——NaCl 晶体模型

制作课件时必须具有相关的课件素材，而素材的获取是多方面的，既可以从图库中获得，也可以从网上获得，还可以通过数码相机拍摄。对于一些不常见的课件素材，如果不能通过常规方法获取，也可以直接使用 Flash 进行绘制。

本例是一节化学课上需要展示的 NaCl 晶体结构图，我们将通过 Flash 的绘图功能完成结构图的绘制，最终效果如图 6-63 所示。

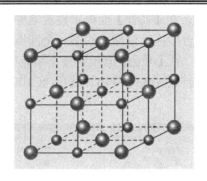

图 6-63　NaCl 晶体结构

本例的具体制作步骤如下：

1）创建一个 Flash 新文档。在【属性】面板中设置【舞台】颜色为淡蓝色(#CDCDFF)。

2）选择工具箱中的▭工具，在【属性】面板中设置笔触颜色为黑色，其它参数设置如图 6-64 所示。

3）在舞台中拖曳鼠标，绘制一个矩形。

4）选择工具箱中的＼工具，在【属性】面板中设置笔触颜色为黑色，【笔触】为 1.5，然后在舞台中拖曳鼠标，绘制两条相互垂直的直线，位置如图 6-65 所示。

图 6-64　【属性】面板

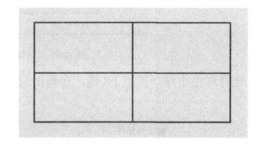

图 6-65　绘制的直线

5）选择工具箱中的▶工具，在舞台中拖曳鼠标，框选所有的图形，按下 Ctrl+G 键将它们组合为一体。

6）选择工具箱中的▦工具，对组合后的对象进行变形处理，形态如图 6-66 所示。

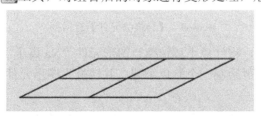

图 6-66　变形后的图形

7) 选择工具箱中的 ⬜ 工具，在【属性】面板中设置笔触颜色为无色，填充颜色为任意颜色。按住 Shift 键的同时在舞台中拖动鼠标，绘制一个圆形。

8) 选择工具箱中的 🪣 工具，在【颜色】面板中按下填充颜色按钮，设置【类型】为"放射状"，各色标从左到右分别为白色(#FFFFFF)、红色(#C10000)、红色(#C10000)、浅红色(#FF4A4A)，如图 6-67 所示。

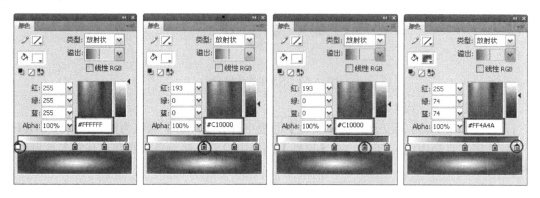

图 6-67　【颜色】面板

9) 在圆形的中心偏左上角的位置处单击鼠标，填充渐变色，则圆形变为立体的小球，如图 6-68 所示。

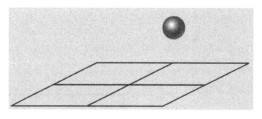

图 6-68　立体小球效果

10) 选择红色小球，按下 F8 键，在弹出的【转换为元件】对话框中设置参数如图 6-69 所示。

图 6-69　【转换为元件】对话框

11) 单击 [确定] 按钮，将红色小球转换为图形元件"Na 离子"。

12) 用同样的方法，再绘制一个蓝色小球，并转换为图形元件"Cl 离子"，如图 6-70 所示。

13) 选择工具箱中的 ⬆ 工具，按住 Ctrl 键的同时分别拖曳红色小球或蓝色小球，将它们复制多个并排列整齐，结果如图 6-71 所示。

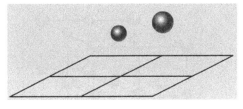

图 6-70　蓝色小球效果

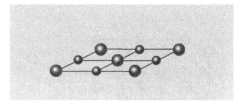

图 6-71　图形效果

14) 选择工具箱中的▣工具，在舞台中拖曳鼠标，框选所有图形对象，然后按住 Ctrl 键的同时将其垂直向上复制两组，如图 6-72 所示。

15) 选择工具箱中的▨工具，在【属性】面板中设置笔触颜色为黑色，【笔触】为 1.5，然后在舞台上垂直拖曳鼠标，绘制 9 条垂直的直线，位置如图 6-73 所示。

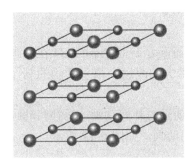

图 6-72　复制后的效果

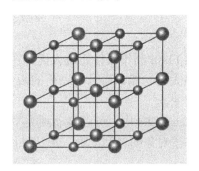

图 6-73　绘制的直线

16) 依次选择中间层的红色小球，然后单击【属性】面板中的 交换... 按钮，在弹出的【交换元件】对话框中选择 "Cl 离子"，如图 6-74 所示。

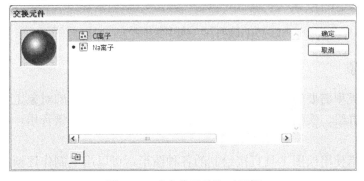

图 6-74　【交换元件】对话框

17) 单击 确定 按钮，则红色小球被更换为蓝色小球。

18) 用同样的方法，将中间层中的蓝色小球更换为红色小球，结果如图 6-75 所示。

19) 按下 Ctrl+A 键选择所有的对象，然后单击菜单栏中的【修改】\【取消组合】命令，取消所有的组合对象。

20) 选择工具箱中的▨工具，按住 Shift 键的同时依次单击图形中被遮住的线条并将它们选中，然后在【属性】面板中将线条类型设置为 "虚线"，则最终的 NaCl 晶体模型效果如图 6-76 所示。

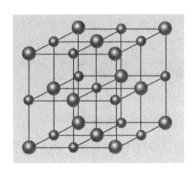
图 6-75　更换后的效果

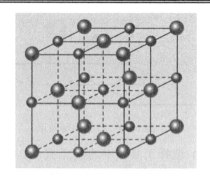
图 6-76　NaCl 晶体模型效果

6.4　动画的实现

使用 Flash 制作课件的最大优势在于它可以实现动画演示，而 Flash CS4 在动画制作方面具有强大的功能，而且与以前的版本相比，也有了重大的改进，很多动画的制作方法都发生了改变。

在 Flash CS4 中，可以将动画类型分为两种：逐帧动画与补间动画，而补间动画又分为三种：基于对象的补间动画、形状补间动画、传统补间动画，如图 6-77 所示。

图 6-77　动画的类型

6.4.1　动画对象

不同的动画类型需要的对画对象也是不同的。构成动画的基础对象主要有四种，分别为图形、文字、群组、实例。另外，如果要为动画添加音效或背景音乐，声音也可以看作是一种动画对象。

图形对象是指使用绘图工具直接绘制的各种图形，可以用于制作逐帧动画、形状补间动画。

文字对象是指使用文本工具创建的文字，但是要注意，文字被分离以后即成为了图形对象。可以用于制作逐帧动画、基于对象的补间动画、传统补间动画。

群组对象是指将一个或多个图形、文字、实例等组合在一起，形成一个新的对象，这个对象称为群组对象，可以用于制作逐帧动画、传统补间动画等。

实例对象是 Flash 动画中的重要成员，它是元件的复制品，在【库】面板中的对象都称为元件，而一旦把它从【库】面板中拖曳到舞台上，则称为实例。这种动画对象主要用于制作基于对象的补间动画、传统补间动画。

6.4.2　逐帧动画

逐帧动画适合于制作复杂的动画，这样可以通过每一帧的内容来表现动画对象发生的微妙变化，这种变化不一定是规则的或均匀的。我们可以借助逐帧动画制作一些过程演示性质的课件，如汉字的笔画与写法、英语单词的拼写等。

制作逐帧动画的基本操作步骤如下：

1）在【时间轴】面板中选择一个帧作为起始帧。如果该帧不是关键帧，可以按下 F6 键插入关键帧。

2）在关键帧序列的第一个帧上创建动画对象。

3）选择起始帧后的第 2 帧，按下 F6 键插入关键帧，在舞台中改变该帧的动画对象。

4）重复上面的步骤，继续编辑其它帧中的内容，完成逐帧动画。

5）单击菜单栏中的【控制】\【测试影片】命令，可以观看逐帧动画的效果。

〖例 6-5〗逐字显示诗句。

下面我们使用逐帧动画制作一个课件。这是一个小学生学古诗"悯农"的教学课件，课件采用了打字效果，并伴有背景音乐和朗诵。这里主要学习逐帧动画的制作，因此，我们对该课件进行了简化，只介绍如何实现古诗词句逐字显示的效果，如图 6-78 所示。

图 6-78　打字效果

1）新建一个 Flash 文件。

2）单击菜单栏中的【修改】\【文档】命令，在弹出的【文档属性】对话框中设置参数，如图 6-79 所示。

图 6-79　【文档属性】对话框

3）单击 确定 按钮，完成文档属性的设置。

4）单击菜单栏中的【文件】\【导入】\【导入到舞台】命令，导入预先处理好的背景图片，将其调整到舞台的中间位置，如图 6-80 所示。

图 6-80　导入的图片

5）选择"图层 1"的第 25 帧，按下 F5 键插入普通帧。

6）在"图层 1"的上方创建一个新图层"图层 2"。选择工具箱中的 T 工具，在舞台上单击鼠标，输入古诗"悯农"的内容，如图 6-81 所示。

图 6-81　输入的古诗

7）单击工具箱中的 工具，结束文字的输入。

8）单击菜单栏中的【修改】\【分离】命令，将文字分解为单个的对象。

9）在【时间轴】面板中单击"图层 2"的第 1 帧，不断地按下 F6 键插入关键帧，一直将动画帧延至第 25 帧处，如图 6-82 所示。

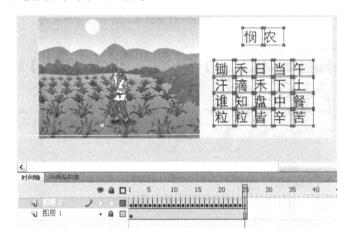

图 6-82　插入关键帧

10）在【时间轴】面板中单击"图层 2"的第 1 帧，删除该帧中所有的文字；单击第 2 帧，只保留"悯"字，删除其它文字；单击第 3 帧，只保留"悯农"字，删除其它文字；单击第 4 帧，同样只保留"悯农"字，删除其它文字；单击第 5 帧，只保留标题和第一行中的"锄"字，删除其它文字；依次类推。

11) 单击菜单栏中的【控制】\【测试影片】命令，就可以观察到古诗内容以打字的效果逐字出现。

6.4.3　形状补间动画

学习形状补间动画时一定要注意，形状补间动画是一种动画类型，它不仅仅可以制作图形外形的变化，也可以制作移动、缩放、色彩变化、变速运动、遮罩等动画效果。形状补间动画的主要作用对象是图形对象，也就是说，只有图形对象才能用来制作形状补间动画。

创建形状补间动画的基本过程如下：

1) 在起始关键帧中绘制动画对象，如果是文字、实例、群组或位图，先将其分离为图形对象。

2) 在结束关键帧中改变动画对象的形态。

3) 在【时间轴】面板中的起始关键帧上单击鼠标右键，或者在图形上单击鼠标右键，在弹出的快捷菜单中选择【创建补间形状】命令，如图 6-83 所示。

图 6-83　在关键帧和图形上单击右键时的快捷菜单

在课件制作中，虽然形状补间动画使用得不是太多，但它仍然是一种重要的动画形式。课件中的一些特殊动画效果需要借助形状补间动画才可以完成。

〖例 6-6〗制作海水涌动效果。

1) 新建一个 Flash 文件。

2) 单击菜单栏中的【文件】\【导入】\【导入到舞台】命令，导入一幅图片作为背景，将其调整到舞台的中间位置，如图 6-84 所示。

图 6-84　导入的图片

3) 在【时间轴】面板中选择"图层 1"的第 60 帧，按下 F5 键插入普通帧，设置动画的播放时间为 60 帧。

4) 在"图层 1"的上方创建一个新图层"图层 2"，如图 6-85 所示。

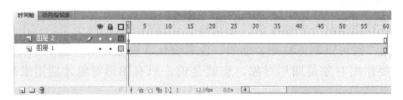

图 6-85 【时间轴】面板

5) 选择工具箱中的 工具，在舞台中拖曳鼠标，绘制一个封闭的图形，作为海浪，如图 6-86 所示。

图 6-86 绘制的图形

6) 选择工具箱中的 工具，在【颜色】面板中设置填充颜色的【类型】为"线性"，设置左侧色标为蓝色(#3399FF)、Alpha 值为 85%，右侧色标为白色，Alpha 值为 0%，如图 6-87 所示。

图 6-87 【颜色】面板

7) 在海浪图形中由上向下拖曳鼠标，填充渐变色，然后删除轮廓线，结果如图 6-88 所示。

图 6-88　填充效果

8) 在【时间轴】面板中按住 Ctrl 键的同时选择 "图层 2" 的第 30 帧和第 60 帧，按下 F6 键插入关键帧，如图 6-89 所示。

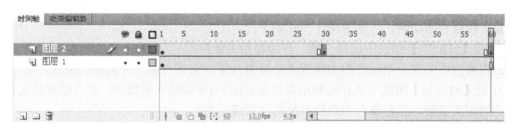

图 6-89　【时间轴】面板

9) 选择 "图层 2" 的第 30 帧，使用选择工具在舞台中调整海浪图形的形态，如图 6-90 所示。

图 6-90　调整第 30 帧处的图形形态

10) 在 "图层 2" 的第 1 帧上单击鼠标右键，在弹出的快捷菜单中选择【创建补间形状】命令，用同样的方法，在第 30 帧上也执行【创建补间形状】命令，这样就创建了形状补间动画，如图 6-91 所示。

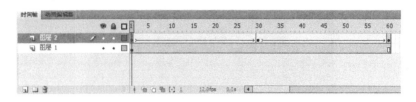

图 6-91　【时间轴】面板

11) 按下 Ctrl+Enter 键，可以观察到形状补间动画的效果。

6.4.4　传统补间动画

在 Flash CS4 中，由于新增了基于对象的动画，所以将以前版本中的"运动补间动画"改称为"传统补间动画"，以示区分。使用传统补间动画，可以实现对象的移动、缩放、旋转、淡入淡出、变速运动等动画效果。传统补间动画的主要作用对象是实例、文字、群组等，不能作用于图形对象。

通常情况下，创建传统补间动画时需要先创建起始关键帧与结束关键帧，然后在两帧之间建立传统补间动画。其基本操作步骤如下：

1) 在【时间轴】面板中选择一帧，作为起始关键帧。

2 在舞台中引入一个元件的实例或者是群组对象、文字对象，并调整其位置。

3) 在【时间轴】面板中选择动画结束的帧，按下 F6 键插入关键帧，从而创建传统补间动画的结束关键帧，并在舞台中调整对象的位置或形态。

4) 在【时间轴】面板中的起始关键帧上单击鼠标右键，在弹出的快捷菜单中选择【创建传统补间】命令，如图 6-92 所示，即可创建传统补间动画。

通过上述内容可以看出，创建传统补间动画的过程主要分为两个阶段：一是创建起始关键帧和结束关键帧，调整两个关键帧中对象的状态；二是创建传统补间动画，设置动画属性。

〖例 6-7〗制作弹簧振子课件。

1) 建立一个新文件。

图 6-92　快捷菜单

2) 按下 Ctrl+J 键，在弹出的【文档属性】对话框中设置参数，如图 6-93 所示，其背景颜色为淡黄色(#FFFFCC)。

图 6-93　【文档属性】对话框

3) 单击 确定 按钮，完成文档属性的设置。

4) 在舞台中绘制一个支架，然后选择构成支架的图形，按下 Ctrl+G 键将其组合为群组对象，如图 6-94 所示。

图 6-94　组合后的对象

5) 在"图层 1"的上方创建一个新图层"图层 2"，在舞台中绘制一个弹簧，然后按下 F8 键，将其转换为图形元件"弹簧"。

6) 在"图层 2"的上方创建一个新图层"图层 3"，在舞台中绘制一个小球，然后按下 Ctrl+G 键将小球转换为群组对象，如图 6-95 所示。

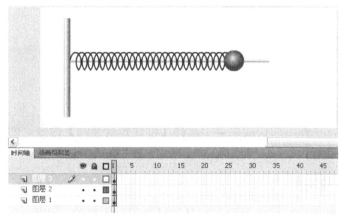

图 6-95　创建的动画对象

7) 由于弹簧运动时左端是固定的，所以要将其中心点移到左侧。选择工具箱中的 工具，单击弹簧，将其中心移到左侧，如图 6-96 所示。

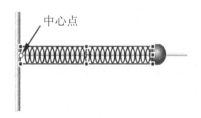

图 6-96　调整弹簧的中心点

8) 选择"图层 1"的第 60 帧，按下 F5 键插入普通帧，设置动画的播放时间。

9) 同时选择"图层 2"和"图层 3"的第 10 帧、第 40 帧和第 60 帧，按下 F6 键插入关键帧。

10) 选择"图层 2"的第 1 帧，使用 工具将弹簧向左压缩；选择"图层 3"的第 1 帧，将小球向左移动，结果如图 6-97 所示。

图 6-97　移动后的效果(1)

11) 选择"图层 2"的第 40 帧，使用 工具将弹簧向左压缩；选择"图层 3"的第 40 帧，将小球向左移动，结果如图 6-98 所示。

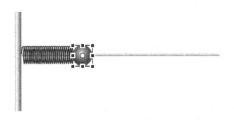

图 6-98　移动后的效果(2)

12) 在【时间轴】面板中分别选择"图层 2"和"图层 3"的第 1 帧、第 10 帧、第 40 帧，单击鼠标右键，在弹出的快捷菜单中选择【创建传统补间】命令，创建传统补间动画。

13) 按下 Ctrl+Enter 键可以观察到弹簧振子的运动效果。

6.4.5　遮罩动画的制作

遮罩动画是一种比较特殊的动画，它是通过遮罩层实现的，使用它可以创建很多特殊的动画效果，例如淡入淡出、水波、扫光、望远镜效果等。在 Flash 中，制作遮罩动画必须通过至少两个图层才能完成，处于上面的图层被称为遮罩层，而下面的图层被称为被遮罩层，一个遮罩层下可以包括多个被遮罩层。

在 Flash 中没有一个专门的按钮来创建遮罩层，遮罩层其实是由普通图层转化的。创建遮罩层的常用方法有以下几种：

- 在【时间轴】面板中选择需要设为遮罩层的图层，然后单击鼠标右键，从弹出的快捷菜单中选择【遮罩层】命令，即可将该图层设为遮罩层，其下方与之相邻的图层则自动变为被遮罩层。
- 在【时间轴】面板中选择需要设为遮罩层的图层，单击菜单栏中的【修改】\【时间轴】\【图层属性】命令，在弹出的【图层属性】对话框中选择【类型】中的"遮罩层"，可以将选择的图层设置为遮罩层。

在【时间轴】面板中，一个遮罩层下可以包括多个被遮罩层，除了使用上述的方法设置被遮罩层外，还可以按住鼠标左键，将需要设为被遮罩层的图层拖曳到遮罩层的下方，快速地将该层转换为被遮罩层。

制作遮罩动画时，可以在遮罩层中设置动画，也可以在被遮罩层中设置动画。两种方式会产生不同的动画效果。

〖例 6-8〗制作安培定则演示课件。

1) 建立一个新文件。

2) 单击菜单栏中的【插入】\【新建元件】命令，在弹出的【创建新元件】对话框中设置参数如图 6-99 所示。

图 6-99　【创建新元件】对话框

3) 单击 [　确定　] 按钮，进入元件编辑窗口。绘制一个线圈图形，其中线圈为蓝色，如图 6-100 所示。

4) 用同样的方法，再创建一个图形元件"线圈 02"，在其编辑窗口中绘制一个大小完全一样的线圈，使线圈为红色，如图 6-101 所示。

图 6-100　绘制的线圈图形(1)　　　　　图 6-101　绘制的线圈图形(2)

5) 单击工作窗口上方的 [　场景 1] 按钮，返回到舞台中。

6) 按下 Ctrl+L 键，打开【库】面板。

7) 从【库】面板中将"线圈 01"元件拖曳至舞台中心，这时"线圈 01"实例将位于"图层 1"的第 1 帧中。分别在舞台上输入"N 极"、"S 极"、"请判断电流方向"等文字，如图 6-102 所示。

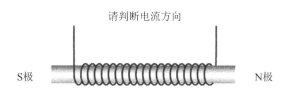

图 6-102　输入的文字

8) 在"图层 1"的上方创建一个新图层"图层 2"。

9) 从【库】面板中将"线圈 02"元件拖曳至舞台上,这时"线圈 02"实例将位于"图层 2"的第 1 帧中,调整"线圈 02"的位置与"图层 1"中的"线圈 01"完全重合,结果如图 6-103 所示。

图 6-103　调整线圈位置

10) 按住 Ctrl 键的同时选择"图层 1"和"图层 2"的第 105 帧,按下 F5 键插入普通帧。

11) 在"图层 2"的上方创建一个新图层"图层 3"。

12) 选择工具箱中的✐工具,在工具箱的选项区中选择大小合适的圆形笔头。

13) 选择"图层 3"的第 1 帧,在舞台上单击鼠标绘制三个圆点,使其遮住线圈,其位置与形状如图 6-104 所示。

14) 选择"图层 3"的第 2 帧,按下 F6 键插入关键帧,接着再绘制三个圆点,依此类推,直到把所有的线圈遮住为止,结果如图 6-105 所示。

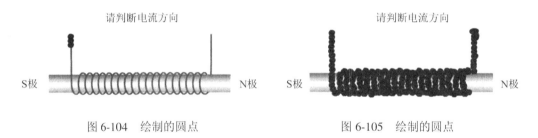

图 6-104　绘制的圆点　　　　　　　　　　图 6-105　绘制的圆点

15) 此时的【时间轴】面板如图 6-106 所示。

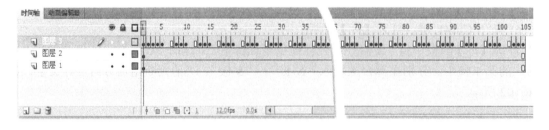

图 6-106　【时间轴】面板

16) 在"图层 3"上单击鼠标右键,从弹出的快捷菜单中选择【遮罩层】命令,如图 6-107 所示,将其设置为遮罩层。

图 6-107　快捷菜单

17) 按下 Ctrl+Enter 键就可以观察到动画效果了。

6.4.6　运动引导线动画的制作

与前面介绍的遮罩动画一样，运动引导线动画也需要两个图层，上面的图层用于绘制运动的引导线，称为运动引导层，下面的图层用于设置运动对象的动画效果，称为被引导层，如图 6-108 所示。在最终的动画效果中运动引导层中的引导线不会显示，只有在制作动画时才可以看到。

图 6-108　运动引导层与被引导层

在【时间轴】面板中的图层上单击鼠标右键，在弹出的快捷菜单中选择【添加传统运动引导层】命令，则在该图层的上方创建了运动引导层，并且该图层变为被引导层。

制作运动引导线动画的关键是将运动对象吸附到运动引导线的首尾两端，这是初学者容易失误的地方，经常由于未能将运动对象吸附到运动引导线上，而不能够制作想要的动画效果。为了减少失误，可以激活主工具栏中的【贴紧至对象】按钮 🔒 。

〖例 6-9〗制作月亮绕着地球转的动画课件。

下面制作一个"月亮绕着地球转"的示意性课件，帮助小学生理解自然课中的天文知识，并以此学习运动引导线动画的制作步骤。

1) 建立一个新文件。

2) 在【属性】面板中将【舞台】颜色设置为深蓝色(#000066)。

3) 在舞台中绘制一个圆形作为地球，也可以导入现成的素材图片，本例导入的素材图片如图 6-109 所示。

4) 在【时间轴】面板中选择"图层 1"的第 30 帧，按下 F5 键插入普通帧，设置动画的播放时间。

5) 在"图层 1"的上方创建一个新图层"图层 2"，然后在舞台中绘制一个小圆形作为月亮，如图 6-110 所示。

图 6-109   导入的图片

图 6-110   绘制的小圆形

6) 选择绘制的小圆形，按下 F8 键，将其转换为图形元件。

7) 在【时间轴】面板中选择"图层 2"的第 30 帧，按下 F6 键插入关键帧。

8) 在"图层 2"的第 1 帧上单击鼠标右键，从弹出的快捷菜单中选择【创建传统补间】命令，创建传统补间动画。

9) 在"图层 2"的名称位置处单击鼠标右键，从弹出的快捷菜单中选择【添加传统运动引导层】命令，建立一个运动引导层，如图 6-111 所示。

图 6-111   建立运动引导层

10) 选择"引导层"的第 1 帧，然后使用 ⬭ 工具在舞台中绘制一个椭圆，将其旋转一定的角度并擦除一个小缺口，如图 6-112 所示。

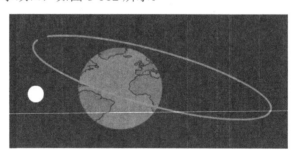

图 6-112   绘制的椭圆

11) 选择"图层 2"的第 1 帧，将月亮移动到椭圆缺口的一端，然后选择"图层 2"的第 30 帧，将月亮移动到椭圆缺口的另一端。

12) 按下 Ctrl+Enter 键就可以观察到动画效果了。这时可以发现月亮围绕着地球在不停地旋转。

6.4.7 基于对象的补间动画

基于对象的补间动画是 Flash CS4 吸收了 After Effects 软件的动画特点而推出的一种动

画形式，这种动画形式可以直接操作动画对象，而不是关键帧，更多的动画属性需要在【动画编辑器】面板中进行设置，如图 6-113 所示。

图 6-113　【动画编辑器】面板

通过【动画编辑器】面板可以看出，能够设置的动画属性分为五大类：基本动画、转换、色彩效果、滤镜和缓动。所以通过这种动画形式可以实现的动画效果更加丰富多彩。

创建基于对象的补间动画的步骤非常简单，可以按如下过程操作：

1）在舞台中引入一个动画对象，一般为实例或文字。

2）在动画对象上单击鼠标右键，从弹出的快捷菜单中选择【创建补间动画】命令，如图 6-114 所示。

图 6-114　快捷菜单

3）创建补间动画以后，在【时间轴】面板中将出现淡蓝色动画帧，其长度为影片的帧频数，也可以根据需要改变其长度，如图 6-115 所示。

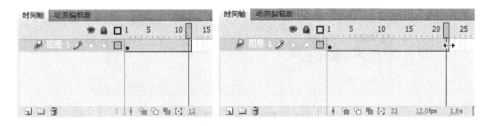

图 6-115　默认动画帧长度及修改长度

4）在舞台中改变动画对象的形态，或在【动画编辑器】面板中设置动画对象的属性，则形成基于对象的补间动画，此时【时间轴】面板中出现动画的属性关键帧，如图 6-116 所示。

图 6-116　【时间轴】面板

〖例 6-10〗制作飞舞的蝴蝶。

1) 建立一个新文件。

2) 单击菜单栏中的【文件】\【导入】\【导入到舞台】命令，导入一幅图片作为背景，如图 6-117 所示。

图 6-117　导入的图片

3) 在【时间轴】面板中选择"图层 1"的第 30 帧，按下 F5 键插入普通帧，设置动画的播放时间。

4) 在"图层 1"的上方创建一个新图层"图层 2"。

5) 单击菜单栏中的【插入】\【新建元件】命令，在弹出的【创建新元件】对话框中设置参数，如图 6-118 所示。

图 6-118　【创建新元件】对话框

6) 单击 确定 按钮，进入元件编辑窗口，导入一个蝴蝶图形，如图 6-119 所示。

7) 在【时间轴】面板中选择第 3 帧，按下 F6 键插入关键帧，然后使用 工具将窗口中的蝴蝶翅膀分别压扁，效果如图 6-120 所示。

图 6-119　导入的图片　　　　　　　　　　　　图 6-120　压扁蝴蝶翅膀

8) 在【时间轴】面板中选择第 4 帧，按下 F5 键插入普通帧，则完成了动画元件的制作。

9) 单击工作窗口上方的 ⬛场景1 按钮，返回到舞台中。

10) 选择"图层 2"的第 1 帧，然后按下 Ctrl+L 键打开【库】面板，将"元件 1"拖曳到舞台中，然后使用 ⬛工具将实例等比缩小，如图 6-121 所示。

图 6-121　缩小实例

11) 在蝴蝶上单击鼠标右键，从弹出的快捷菜单中选择【创建补间动画】命令，则为其添加了基于对象的动画。

12) 在【时间轴】面板中分别将播放头调整到第 10、15、21、30 帧处，然后在舞台中移动蝴蝶的位置并适当旋转，则可以看到蝴蝶的运行轨迹，如图 6-122 所示。

图 6-122　蝴蝶的运行轨迹

13) 选择工具箱中的 ⟨ ⟩ 工具，在舞台中将运动路径调整为平滑状态，如图 6-123 所示。

图 6-123   平滑运动路径

14) 按下 Ctrl+Enter 键，就可以观察到动画效果了。这时可以看到蝴蝶绕着花儿翩翩飞舞。

6.5 按钮与声音

按钮与声音是 Flash 动画中的两项重要内容，也是制作课件中的常用技术。我们通常使用按钮来控制动画的播放，使用声音来丰富 Flash 动画的氛围。

在 Flash CS4 中制作按钮具有独特的方法，而且易学易用，同时，我们可以为按钮添加触发声音，还可以为动画添加音乐、解说词等。

6.5.1 创建按钮的方法

Flash CS4 中提供了一种特殊类型的元件——按钮元件。因此，制作按钮时，需要先创建按钮元件，然后再将其从【库】面板中拖曳到舞台上。

制作按钮的基本步骤如下：

1) 单击菜单栏中的【插入】\【新建元件】命令，在弹出的【创建新元件】对话框中设置参数，如图 6-124 所示。

图 6-124   【创建新元件】对话框

2) 单击 [确定] 按钮，则进入了按钮元件编辑窗口，同时可以看到【时间轴】面板中提供了"弹起"、"指针…"、"按下"和"点击"四个帧，前三个帧用来制作按钮的三种状态，如图 6-125 所示。

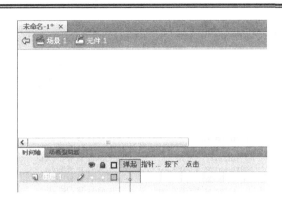

图 6-125　按钮元件编辑窗口

- 弹起：在该帧中绘制鼠标指针不在按钮上时的按钮状态。
- 指针…：在该帧中绘制当鼠标指针移到按钮上时的按钮状态。
- 按下：在该帧中绘制当单击按钮时的按钮状态。
- 点击：在该帧中绘制一个区域，用来感应鼠标指针的位置，播放动画时该区域
不显示出来，一般情况下不需要制作该帧。

3) 在舞台中绘制一个图形，假设是一个绿色的圆。这个圆就是按钮的正常状态。

4) 单击【时间轴】面板中的"指针…"帧，按下 F6 键，插入关键帧，将圆改为红色。
这里也可以按下 F7 键，将其设置为空白关键帧，然后在舞台中绘制其它的图形，如正方形。
这一帧中的图形就是鼠标经过时的按钮状态。

5) 用同样的方法，制作"按下"帧中的图形。如图 6-126 所示，我们分别在各帧中制
作了不同颜色的圆形。

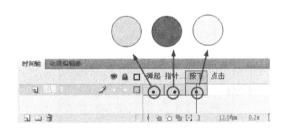

图 6-126　各帧中的不同对象

6) 在工作窗口上方单击 场景 1 按钮，返回到舞台中。

7) 按下 Ctrl+L 键，打开【库】面板，这时可以看到制作的按钮元件出现在【库】面板
中，将其从【库】面板中拖动到舞台上，即完成了按钮的制作。

6.5.2　导入声音

要在 Flash 课件中添加声音，必须先导入声音文件，将声音文件添加到【库】面板中，
然后才能使用。导入外部声音文件的操作步骤如下：

1) 单击菜单栏中的【文件】\【导入】\【导入到库】命令，则弹出【导入到库】对话框，
如图 6-127 所示。

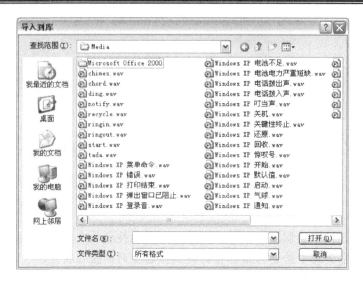

图 6-127　【导入到库】对话框

2) 在【文件类型】下拉列表中选择"所有格式"选项。

3) 在【查找范围】下拉列表中选择声音文件所在的路径与位置。

4) 选择需要添加的声音，单击 打开(0) 按钮，则声音文件被导入到【库】面板中，如图 6-128 所示。需要使用声音的时候直接将它从【库】面板中拖曳到相应的帧中即可。

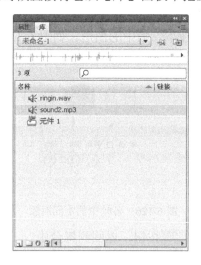

图 6-128　【库】面板

导入了声音文件以后，就可以使用声音文件了。向影片中添加声音的操作步骤如下：

1) 在【时间轴】面板中创建一个新图层。

2) 选择需要添加声音的帧，按下 F6 或 F7 键，插入关键帧或空白关键帧。

3) 将声音文件从【库】面板中拖曳到舞台上，即可添加声音。由于声音是看不见的，所以舞台上没有任何变化，但在【时间轴】面板中可以看到影片中已经添加了声音效果，如图 6-129 所示。

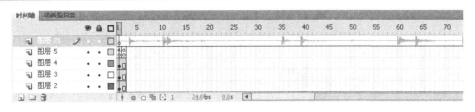

图 6-129　【时间轴】面板

为影片添加声音时，需要注意以下几个问题：

第一：声音必须添加在关键帧或空白关键帧中。

第二：添加声音时，要把声音放在单独的图层中，将声音与动画内容分开，这样便于对动画进行管理。

第三：为影片添加多个声音文件时，建议把每一个声音都放在单独的图层中，这样便于以后管理与编辑声音。

第四：尽量重复使用同一个声音文件，避免造成影片体积过大。

6.5.3　综合实例——声效按钮

为按钮增加一些音效，可以使按钮更加有趣，本例将综合前面学习的知识，制作一个带声音的按钮。在正常状态下，按钮是一条卡通狗，鼠标指向按钮时，卡通狗向前探身，按下左键时，卡通狗汪汪大叫，效果如图 6-130 所示。

图 6-130　按钮的状态

1) 建立一个新文件。

2) 单击菜单栏中的【插入】\【新建元件】命令，在弹出的【创建新元件】对话框中设置参数，如图 6-131 所示。

图 6-131　【创建新元件】对话框

3) 单击 确定 按钮，进入元件编辑工作环境。

4) 单击菜单栏中的【文件】\【导入】\【导入到舞台】命令，导入一个图形文件。这里导入一幅"dog.gif"图片，这是一个 GIF 动画文件，因此将其导入舞台后便产生了多个关键帧，如图 6-132 所示。

图 6-132　导入的图片

5) 按下 Ctrl+L 键打开【库】面板，在"状态 3"元件上单击鼠标右键，从弹出的快捷菜单中选择【直接复制】命令，这时将弹出【直接复制元件】对话框，在该对话框中设置参数如图 6-133 所示。

6) 单击 [确定] 按钮，则复制了一个元件。

7) 用同样的方法，再将"状态 3"元件复制一份，命名为"状态 2"。

8) 在【库】面板中双击"状态 1"元件进入该元件的编辑窗口，然后在【时间轴】面板中将第 2～9 帧删除。

9) 在【库】面板中双击"状态 2"元件，进入该元件的编辑窗口，然后在【时间轴】面板中删除第 1 帧，再删除第 3～9 帧。

10) 单击菜单栏中的【插入】\【新建元件】命令，在弹出的【创建新元件】对话框中设置参数如图 6-134 所示。

图 6-133　【直接复制元件】对话框

图 6-134　【创建新元件】对话框

11) 单击 [确定] 按钮，进入元件编辑工作环境。

12) 在【库】面板中将"状态 1"元件拖曳至窗口中。

13) 选择"指针…"帧，按下 F7 键插入空白关键帧，将【库】面板中的"状态 2"元件拖曳至窗口中。

14) 选择"按下"帧，按下 F7 键插入空白关键帧，将【库】面板中的"状态 3"元件拖曳至窗口中。

15) 确保"弹起"、"指针…"与"按下"帧中的实例在窗口中的相同位置上。

16) 在"图层 1"的上方创建一个新图层"图层 2"，在"按下"帧处插入空白关键帧。

17) 按照前面讲述的方法，向【库】面板中导入一个声音文件，这里导入的是一个名称为"DOG18.WAV"的文件，然后将导入的声音元件拖曳到窗口中，如图 6-135 所示。

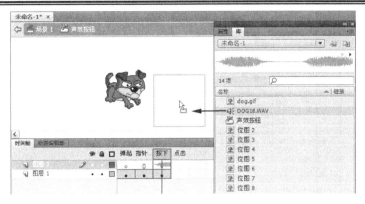

图 6-135　添加声音

18) 返回到舞台，从【库】面板中将"声效按钮"元件拖曳到舞台上。

至此，完成了一个带有音效的个性按钮。按下 Ctrl+Enter 键可以测试按钮效果。单击按钮的时候，就会听到"汪汪"的狗叫声。

6.6　课件的优化与输出

在输出与发布 Flash 动画课件之前，最好先对动画进行优化与测试，使动画的体积达到最小。

6.6.1　动画的优化

对 Flash 动画课件进行优化的方法很多，具体可以采用的优化方法如下：

- 对于重复出现的动画对象，应该尽量将其转换为元件。
- 尽量使用补间动画，因为补间动画的关键帧比逐帧动画少，这样可以避免使用大量的关键帧。
- 同样的动画效果，尽量使用传统补间动画来实现。
- 尽量减少文本的字体和样式的使用次数。
- 避免使用位图制作动画，因为位图文件容量较大，应将位图作为背景或静止元素。
- 尽量使用元件的效果创作动画。由于同一元件可以有不同的效果，而元件只有一个，这样可以充分保证动画的体积足够小。
- 尽可能多地将动画对象组合起来。

6.6.2　输出 Flash 电影文件

使用 Flash 完成了课件的制作以后，要将其输出为 SWF 文件，这样可以脱离 Flash 环境进行播放，而且文件比较小。

输出 Flash 电影文件的操作步骤如下：

1) 单击菜单栏中的【文件】\【导出】\【导出影片】命令，则弹出【导出影片】对话框，如图 6-136 所示。

图 6-136 【导出影片】对话框

2) 在对话框的【保存类型】下拉列表中选择文件的保存类型为(*.swf)，然后为文件命名。

3) 单击 保存(S) 按钮，即可完成动画文件的输出。

6.7 练 习 题

一、填空题

1. 从 Flash CS3 开始就提供了两种图形绘制模式：_____绘制模式与_____绘制模式。

2. 使用钢笔工具绘制线条后，可以看到线条是由很多锚点衔接而成的。曲线中的锚点分为_____和_____两种类型。锚点的数量、位置和类型直接影响着图形的形状。

3. 在 Flash CS4 中，可以将动画类型分为两种：_____动画与补间动画。而补间动画又分为三种：基于对象的补间动画、_____补间动画、_____补间动画。

4. 在 Flash 中，制作遮罩动画至少必须通过两个图层才能完成，处于上面的图层被称为_____，而下面的图层被称为_____。

5. 基于对象的补间动画是 Flash CS4 吸收了 After Effects 软件的动画特点而推出的一种动画形式，这种动画形式可以直接操作_____，而不是关键帧，更多的动画属性需要在【动画编辑器】面板中进行设置。

6. 要在 Flash 课件中添加声音，必须先导入声音文件，将声音文件添加到_____面板中，然后才能使用。

二、问答题

1. 如何编辑渐变色？

2. 简述制作按钮元件的方法。

3. 简述对 Flash 动画课件进行优化的方法。

4. 怎样制作运动引导线动画？

第7章 Authorware 7.0 设计基础

本章内容

- Authorware 的主要特点
- Authorware 7.0 的工作界面
- Authorware 的基本操作
- 显示图标的使用
- 使用外部媒体文件
- 等待图标、擦除图标和群组图标
- 练习题

在课件制作领域中，Authorware 是一款相当优秀的多媒体集成工具，它以功能强大、使用方便、专业性强而著称，它采用流程线式的开发结构，不需要编写复杂的程序代码就可以开发出专业课件。在 Authorware 7.0 中，新增了大量的函数与变量，可以导入 PowerPoint 幻灯片，还新增了 Speech Xtra 等功能，进一步奠定了 Authorware 在多媒体课件开发领域中的地位。在我国，Authorware 主要用于多媒体辅助教学课件的开发。从本章开始，我们将介绍 Authorware 7.0 的基本操作以及制作多媒体课件的相关技术。

7.1　Authorware 的主要特点

Authorware 是基于流程线的多媒体创作工具，操作简单、交互性强，是一套功能强大的多媒体创作工具。Authorware 的主要特点如下：

第一，具备强大的集成能力。

Authorware 的优势在于支持多种格式的多媒体元素，可以将文本、图形图像、动画、视频、声音等多媒体素材集成到一起，并以特有的方式进行合理的组织安排，最终以适当的形式将各种素材交互地表现出来，形成一个交互性强、富有表现力的作品。

第二，具备强大的交互能力。

Authorware 具有强大的人机交互性，提供了按钮、热区域、热对象、目标区、下拉菜单、条件、文本输入、按键、重试限制、时间限制、事件等 11 种交互方式，基本上可以满足用户的不同需要，同时，为了加强程序的交互性，Authorware 还提供了许多与交互方式有关的系统变量和函数。

第三，具备直观易用的开发界面。

Authorware 的工作环境中提供了一个非常直观的"设计窗口"，窗口中有一条贯穿上下的直线，称为"流程线"，流程线上的图标称为"设计图标"。用户通过在流程线上按照一定的规则将设计图标组合起来，然后对设计图标的属性加以适当的设置，即可以实现多媒体的整合功能，这是 Authorware 的一个主要特点，是其它软件不具备的。

第四，具备高效的开发模块。

Authorware 允许将以前的开发成果以模块或库的形式保存下来反复使用，这样便于分工合作，避免大量的重复劳动。同时，Authorware 还提供了一种智能化的设计模板——知识对象，开发者可以根据需要选用不同的知识对象，完成特定的多媒体功能，大大提高工作效率。

第五，具有强大的数据处理与编程能力。

Authorware 虽然是可视化编程环境，但是它提供了丰富的变量与函数，而且还允许用户自定义变量与函数，以完成复杂的数据运算。另外它支持开放式数据库的连接、ActiveX 技术、JavaScript 技术等，可扩展性极强，因此，正确运用 Authorware 的脚本语言，可以开发出专业多媒体应用程序。

7.2　Authorware 7.0 的工作界面

Authorware 7.0 是一个标准的 Windows 应用程序，启动和退出完全符合 Windows 操作环境的要求。启动 Authorware 时，首先出现该软件的 Logo 画面，在该画面上单击鼠标或等待 3 秒钟左右，即可进入 Authorware 操作界面，界面的中央是【新建】对话框，如图 7-1 所示。

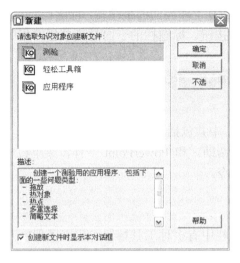

图 7-1　【新建】对话框

　　【新建】对话框提示用户是否需要使用"知识对象"创建文件。所谓知识对象，是一些已经封装好了的 Authorware 程序，关于知识对象的内容将在后面章节中介绍。这里单击 取消 按钮，则进入了 Authorware 7.0 工作界面，如图 7-2 所示。

 如果不想每次启动软件或创建新文件时都出现【新建】对话框，可以取消选择对话框中的【创建新文件时显示本对话框】复选框。

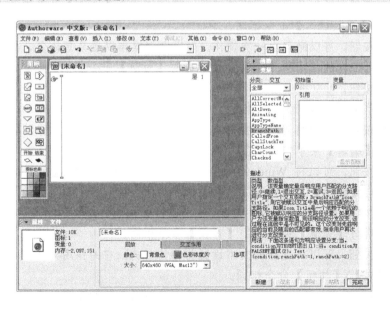

图 7-2　Authorware 7.0 工作界面

由图中可以看出，Authorware 7.0 的工作界面由六大部分构成，分别是标题栏、菜单栏、工具栏、图标栏、设计窗口、属性面板和窗口右侧的面板等。

7.2.1　标题栏与菜单栏

标题栏位于 Authorware 7.0 工作界面的最顶端，标题栏的左侧是软件标志与名称，右侧是用于控制窗口大小的三个按钮。标题栏的下面是菜单栏，集中了所有的操作命令，如图 7-3 所示。

文件(F)　编辑(E)　查看(V)　插入(I)　修改(M)　文本(T)　调试(C)　其他(X)　命令(O)　窗口(W)　帮助(H)

图 7-3　菜单栏

Authorware 7.0 的菜单栏中共包括 11 项菜单：文件、编辑、查看、插入、修改、文本、调试、其他、命令、窗口和帮助。和 PowerPoint 一样，菜单栏中的每个菜单都有一个下拉式菜单，可以执行不同的命令。

7.2.2　工具栏

Authorware 7.0 的工具栏中有多种工具按钮，代表了程序开发过程中最常用的一些命令，各按钮的作用与功能如下：

- 单击 ▯ 按钮，可以创建一个新的程序文件。它的作用与【文件】菜单中的【新建】\【文件】命令相同。
- 单击 ▤ 按钮，可以打开一个已经存在的程序文件。它的作用与【文件】菜单中的【打开】命令相同。
- 单击 ▦ 按钮，可以将当前打开的全部文件(包括程序文件和库文件)保存起来。它的作用与【文件】菜单中的【全部保存】命令相同。
- 单击 ▤ 按钮，可以导入外部媒体文件。它的作用与【文件】菜单中的【导入和导出】\【导入媒体】命令相同。
- 单击 ↺ 按钮，可以撤消上一次操作。如果撤消操作以后又想恢复，再次单击该按钮即可。它的作用与【编辑】菜单中的【撤销】命令相同。
- 单击 ✂ 按钮，可以将当前选择的内容送至 Windows 剪贴板中。它的作用与【编辑】菜单中的【剪切】命令相同。
- 单击 ▤ 按钮，可以将当前选择的内容复制一份送至 Windows 剪贴板中。它的作用与【编辑】菜单中的【复制】命令相同。
- 单击 ▤ 按钮，可以将 Windows 剪贴板中的内容粘贴到当前插入点的位置。它的作用与【编辑】菜单中的【粘贴】命令相同。
- 单击 ✇ 按钮，可以查找指定的对象，还可以将查找到的对象用指定的内容替换。它的作用与【编辑】菜单中的【查找】命令相同。
- 单击 **B** 按钮，可以将选择的文本设置为粗体样式。它的作用与【文本】菜单中的【格式】\【加粗】命令相同。
- 单击 *I* 按钮，可以将选择的文本设置为斜体样式。它的作用与【文本】菜单中的【格式】\【倾斜】命令相同。
- 单击 U 按钮，可以为选择的文本添加下划线。它的作用与【文本】菜单中的【格式】\【下划线】命令相同。

- 单击 ⅰ 按钮，可以运行当前打开的程序，如果流程线上使用了开始标志，则从开始标志位置处开始运行程序。它的作用与【调试】菜单中的【播放】命令相同。
- 单击 ⅰ 按钮，可以打开控制面板，用于控制程序的运行。也可以通过【窗口】菜单打开该面板。
- 单击 ⅰ 按钮，可以打开/关闭【函数】面板，也可以通过【窗口】菜单打开该面板。
- 单击 ⅰ 按钮，可以打开/关闭【变量】面板，也可以通过【窗口】菜单打开该面板。
- 单击 ⅰ 按钮，可以打开/关闭【知识对象】面板，也可以通过【窗口】菜单打开该面板。

7.2.3 图标栏

图标栏是 Authorware 特有的工具栏，如图 7-4 所示。它提供了进行多媒体创作的基本单元——图标，其中每个图标都有丰富而独特的作用，通过简单的拖曳与属性设置就可以完成多媒体程序的设计。

图标栏中共有 14 种设计图标，其名称和作用简述如下：

图：显示图标，主要用于承载图形、图像、文字，还有变量。

图：移动图标，用它可以制作简单的动画，按不同的速度或路径来移动文本、图形或图像对象。它往往与显示图标配合使用。

图：擦除图标，擦除演示窗口中的显示对象，达到切换显示画面的目的，并且能够实现各种擦除效果，如马赛克效果、淡出效果、百叶窗效果等。

图：等待图标，在媒体演示过程中实现暂停功能，当用户单击鼠标、按键或经过预定的时间后将继续执行程序。

图：导航图标，跳转到框架图标的某个附属图标(称为框架页)，用来改变程序的执行流向，其作用类似于 GoTo 语句。

图 7-4 图标栏

图：框架图标，默认情况下，包含显示、交互、导航图标，用于创建程序的页面结构或共用模块。

图：判断图标，用于建立程序的分支、循环结构，并实现多种分支或循环功能。

图：交互图标，可以实现强大的人机交互功能，这是 Authorware 最具有代表性的图标。

图：计算图标，主要用来输入和执行程序语句，完成某种功能，如用来计算表达式的值。该图标既可独立使用，也可与任何设计图标结合使用，以扩展图标的功能。

图：群组图标，将其它设计图标组合在一起，形成程序模块，使程序流程简洁、清晰，便于阅读或组织程序。

图：数字电影图标，加载和播放数字电影或动画文件，并控制其播放方式。

图：声音图标，用于加载和播放声音文件，并控制其播放方式。

图：DVD 图标，用于控制 DVD 电影的播放。

：知识对象图标，用于控制知识对象。

开始\结束标志，调试程序时设置程序断点，白色的开始标志旗用来控制运行的
开始位置，黑色的结束标志旗用来控制程序运行的停止位置。

：图标色彩板，用于给图标着色，以便区分不同用途的图标，便于阅读程序。

7.2.4　设计窗口

设计窗口是进行程序设计的主要操作窗口，启动 Authorware 后，将自动产生一个设计
窗口，默认名称为"未命名"，单击菜单栏中的【文件】\【保存】命令，可以将程序以指定
的名称(例如"语文课件")保存起来，这时设计窗口的名称将显示为保存程序的名称，如图
7-5 所示。

图 7-5　设计窗口

设计窗口的左侧是一条贯穿上下的直线，称作流程线，对图标的操作必须在流程线上
进行。窗口右上角有"层 1"字样表明当前窗口为第一层级。如果流程线上有群组图标，双
击它可以打开下一级设计窗口，窗口上会有"层 2"字样，表明该窗口是第二层级，依次类
推，可以产生多层级设计窗口，如图 7-6 所示。

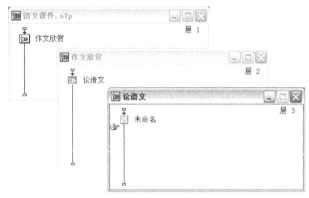

图 7-6　多层级设计窗口

设计窗口的大小和位置是可以改变的：将光标指向窗口上方的标题栏按住鼠标拖曳，
可以改变设计窗口的位置。如果要改变设计窗口的大小，则需要将光标指向窗口的边框，
当光标变为双向箭头形状时即可拖曳鼠标改变其大小。

7.2.5　属性面板和浮动面板

Authorware 7.0 提供了 4 个面板，其中属性面板非常重要，是编辑参数的主要组件，其

它 3 个面板则提供扩展功能。

1．属性面板

单击菜单栏中的【窗口】\【浮动面板】\【属性】命令，就会在工作界面的下方打开属性面板。属性面板中的参数随着编辑对象的不同而改变，当我们选择了一个对象以后，属性面板中的参数将自动改变。如图 7-7 所示为选择了显示图标时的属性面板，我们可以在属性面板中直接修改对象的属性。

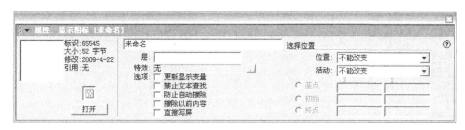

图 7-7　属性面板

2．【知识对象】面板

【知识对象】面板是 Authorware 提供的功能模块，使用它就像使用其它设计图标一样。直接将面板中的知识对象拖曳至流程线上，释放鼠标后，就会出现该知识对象的向导，按照向导的提示，用户可以轻松地完成要添加的程序功能。在程序中使用知识对象可以大大提高工作效率。图 7-8 所示为 Authorware 7.0 的【知识对象】面板。

在【分类】下拉列表中包含了多种类型的知识对象，如图 7-9 所示。【知识对象】面板下部的【描述】文本框中显示的是对当前知识对象的功能描述。

图 7-8　【知识对象】面板　　　　　图 7-9　知识对象的类型

Authorware 的知识对象是一个开放的系统，用户可以把平时做好的程序段变成模块存放于【知识对象】面板中，和其它知识对象一样使用。

3．【函数】面板

Authorware 提供了大量的系统函数，可以实现特定的功能。而调用函数的最好方法就是利用【函数】面板将函数粘贴到目标位置。Authorware 7.0 的【函数】面板如图 7-10 所示，用户可以从不同的类别中选择系统函数，也可以加载所需要的外部函数。

4. 【变量】面板

同样，Authorware 也提供了很多系统变量供用户使用，它们都可以在【变量】面板中找到。【变量】面板与【函数】面板有些类似，如图 7-11 所示。

图 7-10 【函数】面板   图 7-11 【变量】面板

7.3 Authorware 的基本操作

前面介绍了 Authorware 的特点、工作界面，读者已经对 Authorware 有了一个初步的了解，为了深入学习多媒体课件制作技术，我们必须先学习一些基本操作。

7.3.1 新建文件

通常情况下，启动 Authorware 时会自动建立一个新的空白文件。如果没有退出 Authorware 工作环境，这时要建立新文件，可以单击工具栏中的 按钮，也可以单击菜单栏中的【文件】\【新建】\【文件】命令，如图 7-12 所示，这样就可以创建一个新文件。

图 7-12 用菜单命令创建新文件

值得注意的是 Authorware 不支持多文档操作，也就是说，在同一个 Authorware 工作环境下只能操作一个文件。当创建一个新文件时，系统会提示退出前一个 Authorware 文件。如果用户确实需要打开多个 Authorware 文件，可以再次启动 Authorware 程序并打开需要的文件。

7.3.2　向流程线上添加图标

可以这样说，使用 Authorware 开发多媒体课件就是向流程线上合理布置设计图标。所以，首先应该学会如何向流程线上添加设计图标。通常情况下，流程线上的设计图标都是通过鼠标从图标栏中拖曳到流程线上的，如图 7-13 所示。

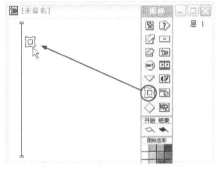

图 7-13　添加图标

将设计图标添加到流程线上之后，出现图标的默认名称"未命名"。读者可以给图标重新命名，使之便于阅读。通常情况下，向流程线上添加了图标以后，可以直接对图标进行重命名；如果我们要对以前添加的图标进行重命名，则需要选择图标，这时图标名称自动处于激活状态，输入新的名称后在其它位置处单击鼠标，即可更改图标名称。

流程线上的图标可以是任意多个，并且图标的名称可以重复。不过，为了以后的检查与阅读方便，最好给图标以醒目并唯一的名称。

7.3.3　演示窗口的设置

什么是演示窗口？演示窗口就是将来运行多媒体课件时的界面，所以演示窗口的设置非常重要，它关系到课件的运行效果。

设计课件程序期间，在流程线上添加了显示图标或交互图标以后，双击该图标即可打开演示窗口，同时将出现一个工具箱，如图 7-14 所示。

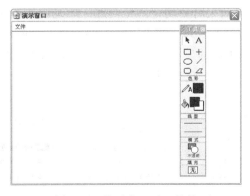

图 7-14　演示窗口及工具箱

Authorware 的演示窗口有如下特点：

- 演示窗口的默认大小是(640，480)，也可以自行设置。
- 标题栏和菜单栏可以去掉不显示。
- 打开演示窗口的方法有两种：一是运行程序；二是双击流程线上的显示图标或
  交互图标。

通常情况下，在设计课件之前需要先设置演示窗口的属性，一般有两种方法：一是直接在【属性：文件】面板中进行设置；二是使用计算图标进行控制。

〖例 7-1〗设置演示窗口的大小。

1) 建立一个新文件。

2) 单击菜单栏中的【修改】\【文件】\【属性】命令，打开【属性：文件】面板，设置其中的选项如图 7-15 所示。

图 7-15　【属性：文件】面板(1)

3) 向流程线上添加一个显示图标，单击工具栏中的 ▶ 按钮，运行程序，可以观看到演示窗口的大小。

4) 重新在【属性：文件】面板的【大小】下拉列表中选择"使用全屏"选项，并取消【显示标题栏】和【显示菜单栏】复选框，如图 7-16 所示。

图 7-16　【属性：文件】面板(2)

5) 单击工具栏中的 ▶ 按钮，运行程序，可以观看到满屏效果。

6) 按下 Ctrl+W 键关闭演示窗口。

通过这种方法设置满屏效果时要切记两个问题：一是制作多媒体课件的过程中一定要记住 Ctrl+W 快捷键，以方便操作；二是注意控制显示器的分辨率。假设我们在 800×600 分辨率下设置了满屏，如果用户的显示器分辨率小于 800×600，就会有一部分界面看不到，而显示器分辨率大于 800×600，则会出现空白，如图 7-17 所示。

图 7-17　不同分辨率的显示效果

因此，使用这种方法设置满屏效果时，通常在程序的开始编写一段代码，强行改变用户显示器的分辨率，使之适合多媒体程序的运行要求。

7.3.4　保存文件

在任何一个计算机软件下工作，都要及时保存文件。使用 Authorware 编好程序以后，也要及时保存劳动成果。Authorware 为用户提供了四种保存方式，即保存、另存为、压缩保存和全部保存。

当我们完成了一个多媒体课件以后，单击菜单栏中的【文件】\【保存】命令，或者按下 Ctrl+S 键，可以保存文件。如果是第一次保存，Authorware 将弹出【保存文件为】对话框，如图 7-18 所示。

图 7-18　【保存文件为】对话框

在【保存在】下拉列表中选择文件要保存的位置，然后在【文件名】文本框中输入文件的名称。注意，这个名称很重要，要便于记忆与查找，不要随意命名，否则将来查找文件时会很麻烦。

完成了上面的设置以后，单击 保存(S) 按钮即可保存文件。

> **注意：** ①当文件保存以后，如果对文件进行了修改，再保存文件时不会出现【保存文件为】对话框，而是用修改后的文件直接覆盖掉原文件。② Authorware 7 文件的扩展名是.a7p，而 Authorware 6 文件的扩展名是.a6p，Authorware 5 文件的扩展名是.a5p。③ Authorware 比较特殊，低版本软件打不开高版本文件，而高版本软件只能打开相邻低版本的文件。

如果要将文件另存为备份，可以单击菜单栏中的【文件】\【另存为】命令，同样会弹出【保存文件为】对话框。

单击菜单栏中的【文件】\【全部保存】命令，或者单击工具栏中的 📄 按钮，Authorware 将把用户打开的所有文件(包括库)全部保存起来。

7.4　显示图标的使用

显示图标位于图标栏的顶端，从其位置可以看出它是最重要的、使用频率最高的一个图标。Authorware 的文本、图形、静态图像都是由显示图标承载的，甚至一些函数、变量也可以由显示图标承载。

7.4.1　承载文本

文本一直是多媒体课件中不可缺少的元素，它是传递信息的重要载体。在制作多媒体课件的过程中，经常会使用文本对象，例如标题文字、说明文字等等。Authorware 具有简单的文本处理功能。

1．输入文本

在 Authorware 中，文本对象需要由显示图标来承载，在流程线上添加显示图标之后，双击该图标，可以在演示窗口中直接输入文本。

〖**例 7-2**〗**向演示窗口中输入文本。**

1) 向流程线上添加一个显示图标，双击该显示图标，打开演示窗口。

2) 单击工具箱中的 A 工具，选择该工具。

3) 在演示窗口中单击鼠标，则定位光标的同时将出现一条缩排线，如图 7-19 所示。

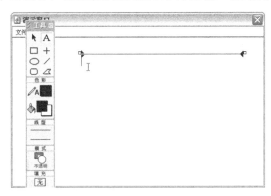

图 7-19　定位光标

4) 在光标位置处输入所需的文本，如"多媒体课件制作教程"，如果要换行，则按下 Enter 键后继续输入。

5) 单击工具箱中的 工具，可以结束文本的输入，同时缩排线消失，输入的文本处于选择状态，其周围有 6 个控制点，如图 7-20 所示。

图 7-20　输入的文本

6) 将光标指向控制点，按住鼠标左键拖曳鼠标，可以调整文本区的长度，但不能调整其高度；将光标指向文本区内部拖曳鼠标，可以调整文本的位置。

2．导入外部文本

设计多媒体课件时，并不是所有的文本都一定要在 Authorware 中直接输入，有许多现成的文本以不同的方式存在于其它文件中，如 TXT、DOC、HTML 格式的文本。对于已经存在的文本，我们不必重复输入，可以直接导入它们。

〖例 7-3〗导入文本到演示窗口。

1) 在流程线上双击显示图标，打开演示窗口。

2) 单击菜单栏中的【文件】\【导入和导出】\【导入媒体】命令，或者单击工具栏上的 按钮，则弹出【导入哪个文件?】对话框，如图 7-21 所示。

图 7-21　【导入哪个文件?】对话框

3) 在对话框中选择符合 Authorware 要求的文本文件，如 TXT 格式的文件。

4) 单击　导入　按钮，则弹出【RTF 导入】对话框，如图 7-22 所示。

图 7-22　【RTF 导入】对话框

5) 在对话框中设置合适的选项。

- 选择【忽略】选项时，导入的文本内容将被导入到当前演示窗口，而不管原文件是否分页。
- 选择【创建新的显示图标】选项时，系统将根据原文件的页数在流程线上自动建立相应的显示图标，以显示各页中的文本内容。
- 选择【标准】选项时，将以标准文字格式显示文本。
- 选择【滚动条】选项时，将以卷滚窗口显示文本内容。

单击 确定 按钮，即可导入外部文本文件。

3．设置文本属性

在 Authorware 中创建了文本对象以后，可以根据需要设置文本的属性，如改变文本的宽度，设置字体，设置文本字号大小与颜色，设置对齐方式、缩进格式等。

〖例 7-4〗设置文本的属性。

1）在演示窗口中选择输入的文本。

2）单击菜单栏中的【文本】\【字体】\【其他】命令，则弹出【字体】对话框，在【字体】下拉列表中选择所需的字体，如图 7-23 所示。

图 7-23　【字体】对话框

3）单击 确定 按钮，则文字被设置为所选的字体。

4）单击菜单栏中的【文本】\【大小】命令，在子菜单中选择所需的字号，如图 7-24 所示。

5）如果子菜单中没有需要的字号，可以选择【其他】命令，则弹出如图 7-25 所示的【字体大小】对话框，在这里可以直接输入字号的大小。

图 7-24　选择文本字号　　　　　　　　　图 7-25　【字体大小】对话框

6）单击 确定 按钮，则文本变为指定字号的大小。

7）单击工具箱中的 按钮，在打开的颜色选项板中选择所需的颜色，即可改变文本的颜色，如图 7-26 所示。

8）如果要设置文本的背景颜色，则需要单击"背景色"按钮，在打开的颜色选项板中选择所需的颜色即可，如图 7-27 所示。

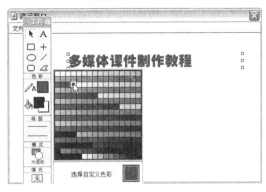
图 7-26 选择文本的颜色

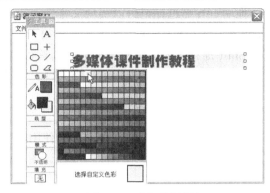
图 7-27 选择背景颜色

4．文本的段落属性

当输入大量的文字时，还需要设置文本的对齐与缩进方式。

在 Authorware 中，文本的对齐方式分为左齐、居中齐、右齐和正常。默认情况下输入的文本以正常对齐方式显示。

左齐：指文本以左侧为基准进行对齐，而不管右侧是否对齐。

居中齐：指文本以中间为基准进行对齐，而不管两侧是否对齐。

右齐：指文本以右侧为基准进行对齐，而不管左侧是否对齐。

正常：即两端对齐，是指通过调整字间距使文本的两侧对齐。对于中文而言，"左齐"与"正常"是一样的效果。如图 7-28 所示为 4 种对齐方式的示例。

如果要改变文本的对齐方式，可以在演示窗口中选择文本，然后单击菜单栏中的【文本】\【对齐】命令，在子菜单中选择所需的对齐方式，如图 7-29 所示。

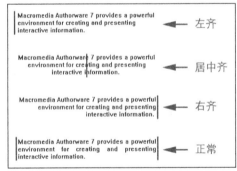
图 7-28 文本对齐方式示例

图 7-29 选择对齐方式

文本的缩进分为左缩进、右缩进、首行缩进和悬挂缩进等方式。缩排线左侧的小黑三角分为上、下两部分，上方的部分为左缩进标记，下方的部分为首行缩进标记。缩排线右侧的小黑三角为右缩进标记。如图 7-30 所示。

图 7-30 缩进标记

拖动首行缩进标记可以实现文本的首行缩进效果；按住 Shift 键的同时拖动左缩进标记，可以实现文本的悬挂缩进效果，即除第一行以外的所有文本都向右缩进一段距离；如果不按住 Shift 键直接拖动左缩进标记，则首行缩进标记也将随之移动，即整个段落向右缩进一段距离；单独拖动右缩进标记可以实现文本的右缩进，即整段文本向左缩进一段距离。

7.4.2 承载图形

图形也是多媒体课件制作过程中使用较多的一种设计元素，它也需要由显示图标承载。在流程线上添加一个显示图标，双击该图标，则打开演示窗口和浮动的工具箱，如图 7-31 所示。

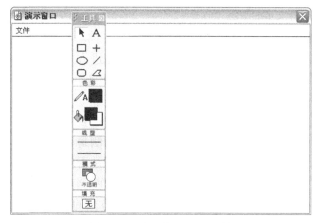

图 7-31 演示窗口和工具箱

1. 工具箱

Authorware 的工具箱中提供了一系列的图形绘制工具，需要使用某个工具时，单击工具按钮即可将其选择。工具箱中各工具的基本功能如下：

- ▶：选择/移动工具，用于选择、移动演示窗口中的对象，还可以调整对象的大小。
- A：文本工具，用于在演示窗口中输入文本。
- ＋：直线工具，用于绘制直线，只能绘制水平线、垂直线和45°角的直线。
- ／：斜线工具，用于绘制任意角度的斜线。
- ○：椭圆工具，用于绘制椭圆和圆形。
- □：矩形工具，用于绘制矩形和正方形。
- ▢：圆角矩形工具，用于绘制圆角矩形。
- ◿：多边形工具，用于绘制折线和多边形。

2. 绘制图形

工具箱中的大部分工具都是用于在演示窗口中绘制图形的。

- 单击工具箱中的＋工具，将光标移动到演示窗口中，则光标变为"十"字形状，在演示窗口中拖曳鼠标可以绘制水平、垂直、45°角的直线。
- 单击工具箱中的／工具，在演示窗口中拖曳鼠标可以绘制任意角度的斜线，按住 Shift 键的同时拖曳鼠标可以绘制水平、垂直、45°角的直线。

- 单击工具箱中的○工具，在演示窗口中拖曳鼠标可以绘制椭圆形，按住 Shift
  键的同时拖曳鼠标可以绘制圆形。
- 单击工具箱中的□工具，在演示窗口中拖曳鼠标可以绘制矩形，按住 Shift 键
  的同时拖曳鼠标可以绘制出正方形。
- 单击工具箱中的○工具，在演示窗口中拖曳鼠标可以绘制圆角矩形，按住 Shift
  键的同时拖曳鼠标可以绘制出圆角正方形。所绘图形中有一个控制柄，将光标
  指向控制柄后按住鼠标拖曳，可以调整圆角矩形的形状：拖到中心位置可得椭
  圆或圆；拖到角上可以得到矩形或正方形。
- 单击工具箱中的∠工具，在演示窗口中的不同位置处单击鼠标，可以绘制出
  折线，双击鼠标左键可以完成绘制。将光标指向起点处双击，可以产生闭合的
  多边形，可以对该多边形填充颜色。

如图 7-32 所示是由各种工具绘制的图形形状。

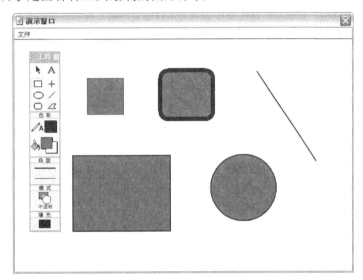

图 7-32　绘制的图形

3．选项板

使用工具箱中的工具不但可以绘制图形，还可以利用它们提供的选项板设置图形的颜
色、遮盖模式、线条的形状、图形的填充图案等。

- 双击　工具，可以打开【模式】选项板，如图 7-33(a)所示。为所选图形或文
  本设置不同的遮盖模式，可以产生不同的显示效果。
- 双击○工具，可以打开【颜色】选项板，如图 7-33(b)所示。在该选项板中可
  以为选择的图形设置填充色。
- 双击＋或／工具，可以打开【线型】选项板，如图 7-33(c)所示。选项板的上
  部用于选择线条的粗细，下部用于选择线条的形状。
- 双击□、○或∠工具，可以打开【填充】选项板，如图 7-33(d)所示。选择选
  项板中的无，表示所绘图形不进行任何填充；选择□表示用背景色填充图形；
  选择■表示用前景色填充图形。

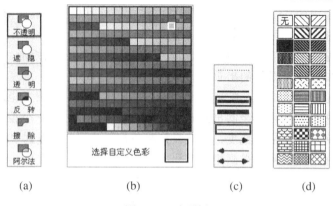

图 7-33　选项板

> ⓘ　除了使用上述方法打开绘图功能选项板外，还可以单击菜单栏中的【窗口】\【绘图工具箱】命令
> 打开所需的选项板。如果在绘制图形或输入文本时出现问题，例如不着颜色、看不见绘制的图形、
> 线条过粗或过细等，可以及时进行选项修改。

7.4.3　承载图像

制作多媒体课件时，如果需要漂亮的界面，应该在相关的应用软件(如 Photoshop)中先
处理好，然后将其导入到程序中。

Authorware 作为多媒体整合工具，几乎支持所有的图像格式，如 BMP、GIF、Photoshop
3.0、JPEG、WMF、PRCT、PNG、TIFF、EMF 等格式，也就是说，几乎所有格式的图像都
可以被 Authorware 所支持和调用，这正是 Authorware 的强大之处。

〖例 7-5〗导入图像并设置属性。

1) 向流程线上添加一个显示图标，命名为"图像"，然后双击该图标打开演示窗口。

2) 单击菜单栏中的【文件】\【导入和导出】\【导入媒体】命令，或者单击工具栏中的
按钮，则弹出【导入哪个文件？】对话框，如图 7-34 所示。

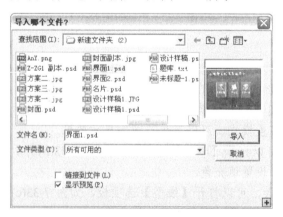

图 7-34　【导入哪个文件？】对话框

3) 在对话框中选择要导入的图像文件。

4) 单击　导入　按钮，该图像将显示在演示窗口中，并处于选择状态，如图 7-35 所示。

图 7-35　导入的图像

> (i) 一个显示图标中可以放置多个图像。单击菜单栏中的【修改】\【置于下层】或【置于上层】命令，可以调整它们之间的遮盖顺序。

5) 在选择框内按住鼠标左键拖曳，可以改变图像的位置；将光标指向控制点按住鼠标拖曳，释放鼠标后将弹出一个信息提示框，如图 7-36 所示。单击 确定 按钮，即可修改图像的大小。

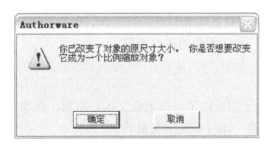

图 7-36　信息提示框

6) 双击演示窗口中的图像，或者单击菜单栏中的【修改】\【图像属性】命令，则打开【属性：图像】对话框，如图 7-37 所示。

图 7-37　【属性：图像】对话框

7) 在对话框的【图象】标签中可以设置或查看图像的基本属性。其中图像文件的路径、存储方式、前景色与背景色、文件大小、格式与颜色深度等内容不能重新设置。在【模式】下拉列表中可以选择图像的遮盖模式。

8) 在对话框的【版面布局】标签中可以精确设置图像的位置、大小、缩放比例等选项。如图 7-38 所示为在【显示】下拉列表中选择不同选项时的参数。

图 7-38　不同的【显示】选项

- 　【位置】：在该文本框中输入数值，可以精确设置图像在演示窗口中的位置。
- 　选择【比例】选项时，在【大小】或【比例】文本框中输入数值，可以对图像进行缩放调整。
- 　选择【裁切】选项时，在【大小】文本框中输入数值后，在【放置】选项中选择裁切方位，可以按预设大小将图像剪切到指定方位。
- 　选择【原始】选项时，可以使被剪切的图像恢复原来的大小，此时用户只能调整图像的位置，而不能改变其大小。

9) 单击　确定　按钮，完成图像的属性设置。

7.4.4　承载变量

在 Authorware 中，显示图标除了可以承载文本、图形、图像之外，还具有高级载体功能，即它可以附带计算功能，还可以返回变量的值。

1．计算图标的使用

与其它图标的使用方法一样，将计算图标添加到流程线上之后双击该图标，则可打开计算窗口，在计算窗口中可以输入函数或变量。

〖例 7-6〗使用计算图标改变演示窗口的大小。

1) 建立一个新文件。

2) 将计算图标添加到流程线上，并将其命名为"重设窗口"。

3) 双击"重设窗口"计算图标，打开计算窗口，如图 7-39 所示。

图 7-39　计算窗口

4) 在计算窗口中输入变量或函数(注意要在英文状态下输入)。这里输入"ResizeWindow(400，300)"，即重设演示窗口的大小为 400×300。

5) 关闭窗口，则弹出一个信息提示框，如图 7-40 所示。

6) 单击 是(Y) 按钮保存所作的更改。

7) 单击工具栏中的 按钮运行程序，可以发现演示窗口变为所设的大小。

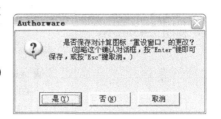

图 7-40　信息提示框

使用计算图标时，用户还可以用另一种方法在打开的计算窗口中插入函数或变量。打开计算窗口之后，单击工具栏中的 按钮，打开【函数】面板，如图 7-41 所示。

图 7-41　【函数】面板

在【分类】下拉列表中选择所需的函数，如 ResizeWindow，然后单击 粘贴 按钮，即可在计算窗口中显示所选函数，如"ResizeWindow(width, height)"，这时在计算窗口中将函数中的变量修改为相应的数值即可。

2．显示图标附加计算功能

其实在制作多媒体课件时，完全可以将计算功能附加到显示图标上，这样可以简化流程线，省略计算图标的使用。

如图 7-42 所示的流程线实际上是一样的，但右侧的图中没有计算图标，只是显示图标的左上角多了一个"="号，表示该显示图标中隐含着计算功能。

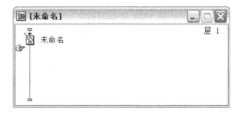

图 7-42　同样功能的不同流程线设计

如果要让显示图标具有计算功能，需要在显示图标上单击鼠标右键，从弹出的快捷菜单中选择【计算】命令，这时弹出计算窗口，在计算窗口中输入函数或变量后关闭窗口即可，如图 7-43 所示。

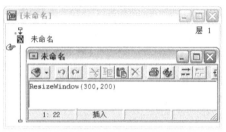

图 7-43　计算窗口

隐藏计算功能并不是显示图标的特有功能，在 Authorware 中，除了计算图标自身外，其它所有图标都具有此项功能，使用方法相同。在图标中隐藏计算功能，不但可以使流程线显得简洁流畅，还可以更便于基于函数和变量开发程序。

通过显示图标还可以显示函数或变量的值，下面我们将制作一个电子日历，通过该例学习显示图标如何承载函数或变量的返回值。

〖例 7-7〗制作电子日历。

1）建立一个新文件。

2）向流程线上添加一个显示图标，命名为"电子日历"。

3）在该显示图标上单击鼠标右键，从弹出的快捷菜单中选择【计算】命令，则打开计算窗口。

4）在计算窗口中输入如图 7-44 所示的语句后关闭计算窗口，该语句可以重设演示窗口的大小。此时显示图标中附加了计算功能，如图 7-45 所示。

图 7-44　计算窗口

图 7-45　流程线

5）单击工具栏中的 ▶ 按钮运行程序，打开演示窗口，用前面学过的知识对演示窗口稍作修饰，如图 7-46 所示。

6）单击工具箱中的 A 工具，在演示窗口中输入如图 7-47 所示的文本。

图 7-46　修饰界面

图 7-47　输入的文本

7) 单击工具箱中的 ⬚ 工具，则演示窗口将出现系统当前日期，如图 7-48 所示。

8) 用同样的方法，在演示窗口的适当位置处再输入"星期：Saturday"和"时间：{FullTime}"文本，如图 7-49 所示。

图 7-48　显示当前日期

图 7-49　输入的文本

9) 单击工具箱中的 ⬚ 工具结束文本输入。然后运行程序，则运行画面如图 7-50 所示。

图 7-50　运行画面

10) 在显示图标上单击鼠标右键，从弹出的快捷菜单中选择【属性】命令，打开【属性：显示图标】面板，在【选项】中选择【更新显示变量】复选框，则系统将自动更新变量数据，如图 7-51 所示。

图 7-51　【属性：显示图标】面板

11) 再次运行程序，可以看到时间中的"秒"数字在不停地更新，至此，一个简单的电子日历制作完成。

　关于函数和变量的内容将在后面的章节中学习，读者此处只需按照步骤操作即可，但要重点理解显示图标对函数或变量值的承载功能。

7.4.5　显示图标的属性

Authorware 的每一种图标都有其特定的属性。向流程线上添加了显示图标后，在属性面板中可以设置图标的属性。单击菜单栏中的【修改】\【图标】\【属性】命令，则打开【属性：显示图标】面板，如图 7-52 所示。

图 7-52　【属性：显示图标】面板

ⓘ　如果属性面板已经处于打开状态，单击流程线上的显示图标将其选择，则属性面板中将显示该图标的相关属性。另外，在显示图标上单击鼠标右键，从弹出的快捷菜单中选择【属性】命令，或者按下快捷键 Ctrl+I，也可以打开【属性：显示图标】面板。按住 Ctrl 键的同时双击流程线上的显示图标，同样可以打开【属性：显示图标】面板。

1．显示控制选项

【属性：显示图标】面板的中间部分为显示图标的显示控制选项。其中，顶部的文本框用于显示与命名图标的名称，其它各选项的作用如下：

- 【层】：用于设置显示图标所处的层级。
- 【特效】：用于指定显示图标中内容的过渡显示效果，单击其右侧的　按钮，从打开的【特效方式】对话框中可以选择一种过渡效果。
- 【更新显示变量】：显示图标不仅可以显示文字和图像，还可以显示一些程序变量的值。选择该复选框，可以在程序运行时更新变量并显示刷新结果。
- 【禁止文本查找】：Authorware 提供了文字查找与替换功能，选择该复选框时则不允许执行文字查找与替换功能。
- 【防止自动擦除】：许多图标都具有自动擦除上一级内容的功能，如显示图标、交互图标等。选择该复选框时则不允许自动擦除，而只能用擦除图标来擦除。
- 【擦除以前内容】：一般情况下，显示图标只是将自身的内容叠加在当前已有的画面上。选择该复选框时将会擦除先前的内容，只显示自身的内容。
- 【直接写屏】：一般情况下，显示图标是按层级顺序来显示的。选择该复选框时图标中的内容总是处在最前面。

2．位置及移动属性控制选项

显示图标作为承载图像与文件的主要工具，可以实现承载对象的可移动性。通常情况下，在显示图标中的内容是不可以移动的。但有些时候显示图标中的内容可以随意拖动，即使在程序运行过程中也可以改变其位置，这是因为我们没有给显示图标中的内容进行定位。这些设置可以在【属性：显示图标】面板的右侧完成，如图 7-53 所示。

图 7-53　位置及移动属性控制选项

- 【位置】：用于设置显示图标中内容的显示位置，共有四个选项：

选择"不能改变"选项时，运行程序时显示图标中的内容固定不动，与设计阶段摆放的位置相同。

选择"在屏幕上"选项时，其下方的【初始】变为可用，在文本框中输入数值，可以精确设置显示图标内容在屏幕上的位置。

选择"在路径上"选项时，用户可以拖动显示图标中的内容形成一个路径，用于限定显示图标内容的移动轨迹。

选择"在区域内"选项时，用户可以把显示图标中的内容定位在一个限定的矩形框中。

- 【活动】: 用于设置显示图标中的内容被移动的方式。

选择"不能改变"选项，则程序打包以后，显示图标中的内容就不能移动了，但是在程序设计阶段是可以移动的。

选择"在屏幕上"选项，在程序设计过程中能够自由移动显示内容，打包之后也能够在程序窗口中自由移动显示内容。

选择"任意位置"选项，可以任意移动显示内容的位置，甚至可以将显示内容拖动到程序窗口之外。

"在路径上": 该选项只有在【位置】中选择了"在路径上"选项时才出现。选择该选项，可以使显示图标中的内容沿着定义的路径移动。

"在区域内": 该选项只有在【位置】中选择了"在区域内"选项时才出现。选择该选项，当程序运行时，可以在设置的区域内移动显示图标中的内容。

3．层级的控制

如果没有设置显示图标的层级，则 Authorware 默认它是 0 层，显示图标中的内容是按照流程线上的顺序显示的，如图 7-54 所示，为了方便说明，我们为每一张图像加上标注。

图 7-54　图标中内容的显示顺序

一旦设置了一个层级，系统就会按照层级的大小决定显示图标之间的层级关系。例如，打开"图像 2"显示图标，在【属性：显示图标】面板的【层】文本框中输入 2，则运行程序时图像 2 就会在最上方，如图 7-55 所示。

图 7-55　调整层级后的图片

4．设置特效方式

可以对显示图标中的内容设置特效方式。通过设置不同的特效方式，可以大大丰富课件的表现力，增加动态感。

在【属性：显示图标】面板中单击【特效】选项右侧的 按钮，则弹出【特效方式】对话框，如图 7-56 所示。

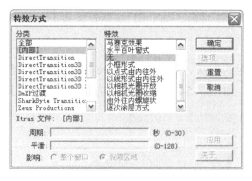

图 7-56　【特效方式】对话框

- 【分类】列表框中列出了特效方式的类别，【特效】列表框中则列出了每个类别中的特效方式。
- 【Xtras 文件】：用于说明选择的特效方式是 Authorware 内置的还是由外部 Xtras文件提供的。
- 【周期】：用于设置特效方式的持续时间，以秒为单位。
- 【平滑】：用于设置特效方式的平滑性，数值越小越光滑。
- 【影响】：用于设置特效方式的影响范围。选择【整个窗口】选项时，特效方式将影响整个演示窗口。选择【仅限区域】选项时，特效方式将只影响有画面的区域。
- 单击　应用　按钮可以预览特效方式的效果。

设置了特效方式以后，单击　确定　按钮可以返回【属性：显示图标】面板，所选的特效方式名称将显示在【特效】文本框中，运行程序可以看到图像以指定的特效方式显示，如图 7-57 所示。

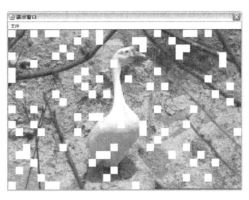

图 7-57　图像的特效方式

7.5　使用外部媒体文件

Authorware 是一个优秀的多媒体集成工具，在制作程序时可以引用和控制多种外部媒体文件，如图像、声音、数字电影、动画等。使用这些外部媒体文件，可使程序内容更加充实。

7.5.1　声音文件

Authorware 7.0 可以支持 AIFF、PCM、SWA、MP3 Sound、VOX、WAVE 等格式的声音，还可以通过函数调用播放 MIDI 音乐。

〖例 7-8〗导入声音并设置属性。

1）向流程线上添加一个声音图标，将其命名为"音乐"。

2）双击"音乐"声音图标，打开【属性：声音图标】面板。

3）单击面板左下方的 导入… 按钮，则弹出【导入哪个文件？】对话框，如图 7-58 所示。

图 7-58　【导入哪个文件？】对话框

4) 在【文件类型】下拉列表中选择声音格式，然后在文件列表中选择要调用的声音文件。

5) 单击 导入 按钮，即可将所选声音文件导入到【属性：声音图标】面板中。单击面板中的 ▶ 和 ■ 按钮，可以播放和停止调入的声音，如果声音效果不理想，可以重新调用其它的声音文件。

6) 在面板的【声音】标签中可以查看声音的基本属性，如文件名称、存储类型、文件大小、声道、数据速率等信息，如图 7-59 所示。

图 7-59　【声音】标签

7) 在面板的【计时】标签中可以设置声音的播放选项，如图 7-60 所示。

图 7-60　【计时】标签

- 【执行方式】：用于设置播放声音时程序的执行方式。选择"等待直到完成"选项时，程序将在播放完声音后继续向下执行；选择"同时"选项时，则播放声音的同时继续执行程序；选择"永久"选项时，则声音的播放取决于【开始】文本框中的值，如果该值为真，声音就播放，同时声音的播放不会影响其它内容的执行，否则不播放。
- 【播放】：用于设置声音的播放次数或播放控制条件。选择"播放次数"选项时，在其下方的文本框中输入数值，则声音将按设定的次数播放；选择"直到为真"选项时，在其下方的文本框中输入条件，则只有条件为真时才停止声音的播放。
- 【速率】：用于设置声音的播放速度。取值为 100%时声音正常；取值大于 100%时声音将变快变尖；取值小于 100%时声音将变粗变慢。
- 【开始】：用于决定何时播放声音，可以在文本框中输入变量或条件表达式来控制声音的开始。
- 选择【等待前一声音完成】复选框，则该声音将一直等到前一个声音播放完后才开始播放。

在 Authorware 7.0 中，用户除了使用上述方法调用外部的声音文件外，还可以将所需的声音文件直接拖曳到 Authorware 的流程线上，Authorware 将自动添加一个声音图标，并载入声音文件。用同样的方法还可以调用数字电影文件。

7.5.2　数字电影文件

在 Authorware 中，数字电影的播放是通过数字电影图标实现的。Authorware 中的数字电影可分为内嵌式和外置式：

- 内嵌式数字电影有 FLC、FLI、CEL、PIC 等格式，这些格式的文件会被直接装载到 Authorware 文件中，执行速度快，可以使用擦除特效方式，但会增加可执行文件的大小。
- 外置式数字电影格式有 AVI、MOV、MPEG 等，不能使用擦除效果，也不会增加可执行程序的大小。Authorware 会把这些格式的文件作为外部链接来对待，这就要求有能够支持该格式的数字电影运行的平台和驱动器，打包程序时必须包含这些链接文件。

此外，Authorware 7.0 还支持 GIF、Flash、QuickTime 动画文件，并为声音图标和电影图标增加了同步播放功能。

〖例 7-9〗导入数字电影文件。

1) 建立一个新文件。

2) 向流程线上添加一个数字电影图标，将其命名为"电影"。

3) 双击该图标，则打开演示窗口，并同时打开【属性：电影图标】面板。

4) 单击面板左下方的 导入… 按钮，在打开的【导入哪个文件？】对话框中选择要导入的电影文件格式和电影文件，如图 7-61 所示。

图 7-61　【导入哪个文件？】对话框

 选择【显示预览】复选框，可以在对话框中播放所选的数字电影文件。

5) 单击 导入 按钮，即可将所选电影导入到演示窗口中。

6) 在【属性：电影图标】面板的【电影】标签中可以查看并设置电影的基本属性，如
图 7-62 所示。

图 7-62 【电影】标签

- 【层】：用于显示电影所在的层级。

- 【模式】：用于设置电影的遮盖模式。外置式只能使用【不透明】模式，内嵌
  式可以使用其它模式。

- 选择【防止自动擦除】复选框，可以防止数字电影被具有自动擦除功能的图标
  擦除。

- 选择【擦除以前内容】复选框时，程序运行到该数字电影图标时将擦除演示窗
  口中所有层级较低的内容，保留较高层级的内容。如果某一图标选择了【防止
  自动擦除】复选框，则其内容不会被擦除。

- 选择【直接写屏】复选框时，电影文件将不受层级限制，直接显示在屏幕上。

- 选择【同时播放声音】复选框，可以同时播放电影及其所带的伴音。

- 选择【使用电影调色板】复选框时，将使用电影所带的调色板来代替 Authorware
  默认的调色板。

- 选择【使用交互作用】复选框时，可以允许电影与 Director 数字电影通过鼠标
  或键盘进行交互。

7) 在【计时】标签中设置电影播放的相关属性，如图 7-63 所示。

图 7-63 【计时】标签

- 【执行方式】：用于设置播放电影时程序的执行方式。

- 【播放】：用于设置电影的播放次数或条件控制。选择"重复"选项时，可以
  重复播放电影，直到电影被擦除或被命令停止；选择"播放次数"选项时，可

以设置固定的播放次数；选择"直到为真"选项时，可以重复播放电影，直到
表达式为真。

- 【速率】：用于设置电影的播放速度，以秒为单位，一般播放速率为 20～
  30 帧/秒，缺省设置为 25 帧/秒。
- 选择【播放所有帧】复选框时必须播放电影中的每一帧。
- 【开始帧】：用于设置从哪一帧开始播放电影。
- 【结束帧】：用于设置到哪一帧结束播放电影。

7.5.3　GIF 动画

GIF 动画是一种常见的动画格式，它由多幅连续的画面组成，一般尺寸较小，是目前网络上广泛使用的动画类型。在 Authorware 中，可以通过菜单命令向程序中插入 GIF 动画。

〖例 7-10〗导入 GIF 动画文件。

1）创建一个新文件。

2）单击菜单栏中的【插入】\【媒体】\【Animated GIF】命令，则弹出【Animated GIF Asset 属性】对话框。

3）单击对话框右侧的 浏览… 按钮，在弹出的【打开 animated GIF 文件】对话框中选择要调用的动画文件，如图 7-64 所示。

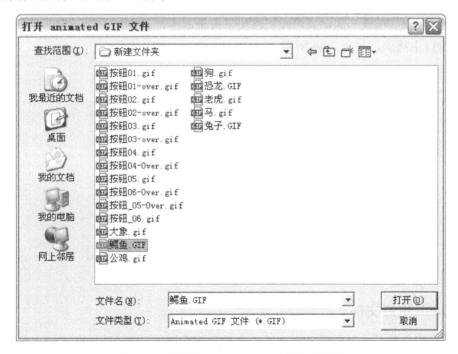

图 7-64　【打开 animated GIF 文件】对话框

4）单击 打开(0) 按钮，则所选动画被载入【Animated GIF Asset 属性】对话框中，如图 7-65 所示。

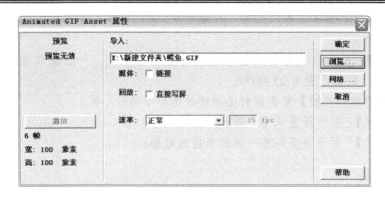

图 7-65　【Animated GIF Asset 属性】对话框

5) 在对话框的左侧可以查看动画的帧数和大小,在对话框的中部可以设置动画的属性。

- ■　【导入】:用于显示或输入调用的 GIF 动画的文件名和路径。
- ■　【媒体】:用于设置动画的存储方式。选择【链接】复选框时,动画将以外部
  方式进行链接,否则将直接嵌入程序内部。
- ■　【回放】:用于设置动画的显示模式。选择【直接写屏】复选框时,动画将显
  示在所有层级前面,否则可以在任何层级显示。
- ■　【速率】:用于设置动画的播放速度。

6) 单击 ▇▇ 确定 ▇▇ 按钮,则在流程线上添加了一个 GIF 动画图标。运行程序时,GIF 动画将在演示窗口中播放,如图 7-66 所示。

图 7-66　播放 GIF 动画

7.5.4　Flash 电影文件

Flash 电影文件是一种矢量动画格式,文件后缀为.swf。这种动画格式的文件体积小、图像质量高,可以实现无级放大而不改变图像质量,因此应用范围比较广泛。

〖例 7-11〗导入 Flash 电影文件。

1) 创建一个新文件。

2) 单击菜单栏中的【插入】\【媒体】\【Flash Movie】命令,则弹出【Flash Asset 属性】对话框。

3) 单击对话框右侧的 [浏览...] 按钮，在弹出的【打开 Shockwave Flash 影片】对话框中选择要调用的 Flash 电影文件，如图 7-67 所示。

图 7-67   【打开 Shockwave Flash 影片】对话框

4) 单击 [打开(0)] 按钮，则所选 Flash 动画被载入【Flash Asset 属性】对话框中，如图 7-68 所示。

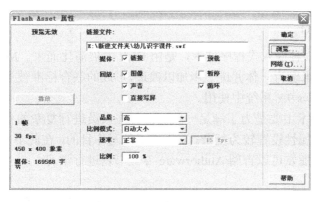

图 7-68   【Flash Asset 属性】对话框

5) 在该对话框中进行选项设置。

▪ 【链接文件】: 用于显示或输入导入的 Flash 电影文件的名称和路径名。

▪ 【媒体】: 用于设置媒体文件的存储方式。

▪ 【回放】: 用于设置动画的播放选项。选择【图像】复选框时，动画图像将立即显示；选择【暂停】复选框时，动画将在开始帧暂停；选择【声音】复选框时，动画将带有声音；选择【循环】复选框时，动画将循环播放；选择【直接写屏】复选框时，动画将直接显示在屏幕的最前面。

▪ 【品质】: 用于设置动画的播放质量。

▪ 【比例模式】: 用于设置动画的缩放模式。

▪ 【速率】: 用于设置动画的播放速度。

▪ 【比例】: 用于设置动画的缩放比例。

6) 单击 ![确定] 按钮，则在流程线上添加了一个 Flash 动画图标。运行程序时，Flash 电影将在演示窗口中播放，如图 7-69 所示。

图 7-69　播放 Flash 动画

7.5.5　ActiveX 控件

ActiveX 技术是一种嵌入式程序技术，是由 OLE 发展演化而来。Microsoft 公司把它的 OLE 技术和 OCX 技术融为一体并进一步加以改进，形成的联合标准被重新命名为 ActiveX，使其更适于在 Windows 9.x 系统中使用。

实际上，这项技术主要是为了满足一些高级程序人员进行复杂的程序创作的需要，因此其使用方法和有关属性设置较为复杂。鉴于本书的写作目的，在此不对 ActiveX 技术做详细的介绍，有兴趣的朋友可以查阅 Authorware 专业书籍进行学习。

7.6　等待图标、擦除图标和群组图标

在制作多媒体课件时，经常需要使用多个显示图标来演示大量的图像和文本内容。如果将这些内容都摆放在一起，则容易出现内容相互重叠，或者内容一闪而过的现象。解决这种问题的方法就是使用等待图标和擦除图标。而在程序中使用群组图标，可以起到简化流程线、生成多级分支的作用。

7.6.1　等待图标的使用

等待图标的使用非常简单，它主要用于控制流程线上两个图标之间的运行时间间隔。本节中，我们将通过一个简单的实例来讲解等待图标的使用方法。

〖例 7-12〗用等待图标控制图片的显示。

1) 建立一个新文件。

2) 向流程线上添加两个显示图标，分别命名为"图像 1"和"图像 2"。

　　3) 双击"图像 1"显示图标，在打开的演示窗口中导入一幅图像。用同样的方法在"图像 2"显示图标的演示窗口中导入另一幅图像。

　　4) 运行程序，可以看到第一幅图像一闪而过，立刻被第二幅图像遮盖住了，如图 7-70 所示。

图 7-70　显示的图像

　　5) 在"图像 1"和"图像 2"之间添加一个等待图标，命名为"等待"。

　　6) 双击等待图标，在打开的【属性：等待图标】面板中设置等待图标的属性，如图 7-71 所示。

图 7-71　【属性：等待图标】面板

- 　【事件】：用于设置继续执行程序、取消等待的事件响应。可以选择【单击鼠标】或【按任意键】复选框。
- 　【时限】：在文本框中输入数值可以设置等待的时间，超过此时间将继续执行程序。
- 　选择【显示按钮】复选框，运行程序时将在演示窗口中出现一个 继续 按钮，单击该按钮，可以继续执行程序。

　　ⓘ　如果用户需要修改 继续 按钮的样式，可以单击菜单栏中的【修改】\【文件】\【属性】命令，在【属性：文件】面板中选择合适的按钮样式。

- 　如果设置了等待时间，则可以选择【显示倒计时】复选框。运行程序时，将在演示窗口出现一个用于显示倒计时的小闹钟🕰。

　　7) 运行程序时可以看到第一幅图像显示后将暂停，如图 7-72 所示。当满足预设的事件或时限后可以显示第二幅图像，如图 7-73 所示。

图 7-72   第一幅图像暂停   图 7-73   显示第二幅图像

7.6.2   擦除图标的使用

擦除图标的基本功能是擦除，常常用它来擦除程序中无用的画面元素，而且还可以设置擦除过渡效果。但是要注意，擦除图标擦除的是一个图标，而不是有选择性地擦除图标中的某个对象。下面接着上一节中的实例，学习擦除图标的使用。

〖例 7-13〗擦除第一幅图片。

1) 继续前面的例子。

2) 在"图像 1"显示图标的下方添加一个擦除图标，命名为"擦除图像 1"。

3) 单击工具栏中的 ▶ 按钮运行程序，则第一幅图像出现后将暂停，并同时显示【属性：擦除图标】面板，如图 7-74 所示。

图 7-74   程序暂停并显示【属性：擦除图标】面板

4) 根据面板的提示，单击演示窗口中的第一幅图像将其擦除，并在面板中进行选项设置，如图 7-75 所示。

图 7-75   【属性：擦除图标】面板

- 【特效】：用于设置图像擦除时的特效方式。单击其右侧的 按钮，在打开的【擦除模式】对话框中可以选择所需的擦除效果。

- 选择【防止重叠部分消失】复选框，可以防止产生交叉过渡。所谓交叉过渡，是指图像的显示效果和擦除效果同时出现，即前一幅图像的擦除过程和后一幅图像的出现过程同步。

5) 运行程序时可以看到，显示后的第一幅图像将按设定的特效擦除。当满足预设的事件或时限后可以显示第二幅图像，此时演示窗口中的第一幅图像被擦除，如图 7-76 所示。

图 7-76　擦除第一幅图像后的效果

7.6.3　群组图标

群组图标有两大作用：一是可以把设计窗口中的图标组合起来，简化流程线；二是和其它图标(如交互图标、判断图标等)配合使用，建立二级或多级流程线，其自身可以创建嵌套式的流程线。

1. 流程线的简化与程序的嵌套

例如，我们要制作一个图片动态切换的程序，图片比较多，这时就会形成很长的流程线，甚至可能导致设计窗口中无法容纳整个流程线，这时需要使用群组图标设置多级流程线，形成程序的嵌套结构，从而简化流程线。

假设流程线如图 7-77 所示。为了简化流程线，使程序更容易阅读，我们可以将相关的图标进行群组。

图 7-77　程序流程线

在设计窗口中拖曳鼠标框选前三个图标，这时被选中的图标呈现黑色。单击菜单栏中的【修改】\【群组】命令，则所选的图标被置入一个群组图标中，重新命名群组图标为"第1组"，如图 7-78 所示。

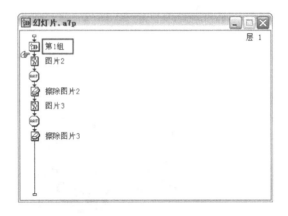

图 7-78　命名群组图标

选择了多个图标后，可以直接使用快捷键 Ctrl+G 创建群组。另外，建立了群组图标之后，还可以解散群组，使用快捷键 Ctrl+Shift+G 即可。

用同样的方法，可以对其它图标进行群组，结果如图 7-79 所示。

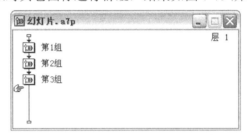

图 7-79　群组后的流程线

双击任意一个群组图标，可以进入下一级子流程线，如图 7-80 所示，这样就形成了程序嵌套，同时又简化了主流程线。我们还可以在子流程线上再添加群组图标，形成第三级子流程线，依此类推。这就是群组图标的重要作用之一。

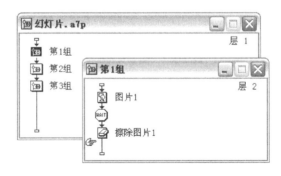

图 7-80　程序嵌套

在本例中，我们添加群组图标的方法称为"逆行法"，即先在主流程线上设计好程序，然后将相关的设计图标组成群组。实际上，在程序设计的过程中很少采用这种方法，往往都是先在主流程线上添加群组图标，然后再向群组图标中添加其它内容，这种方法称为"顺行法"。

2．构成交互分支

群组图标是构成交互分支的一个主要设计图标，这一点读者在学完交互结构后体会将更加深刻。下面通过一个简单的例子说明这个问题。

新建一个文件，向流程线上添加一个交互图标，然后在交互图标的右侧添加一个群组图标，在弹出的【交互类型】对话框中选择一种交互方式，这时就形成了交互分支，如图7-81 所示。

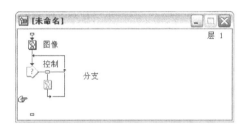

图 7-81　交互分支

关于交互方面的更多知识，将在后面的章节中进行介绍，这里主要理解群组图标构成交互分支的方法、作用与意义即可。

7.7　练 习 题

一、填空题

1．设计窗口的左侧是一条贯穿上下的直线，称作_____。

2．双击流程线上的显示图标，可以打开_____和浮动的工具箱。

3．导入外部文本文件时，Authorware 只能引用_____和_____格式的文件。

4．Authorware 是一个优秀的多媒体集成工具，在制作程序时可以引用和控制多种外部媒体文件，如_____、文本、声音、_____、动画等。

5．在计算窗口中输入变量或函数时要在_____状态下输入。

6．添加群组图标有_____和_____两种方法。

二、选择题

1．文本对象需要由(　　　)来承载。

A) 显示图标　　　　　　B) 计算图标　　　　　C) 等待图标　　　　　D) 擦除图标

2．Authorware 7.0 支持的动画文件格式有(　　　)。

A) GIF　　　　　　　　B) Flash　　　　　　　C) Psd　　　　　　　　D) QuickTime

3．显示图标可以承载(　　　)。

A) 图形和文本　　　　　B) QuickTime 动画　　C) 声音　　　　　　　D) 变量和函数

4．要建立多级流程线，必须使用(　　　)图标。

A) 显示　　　　　　　B) 群组　　　　　　　C) 计算　　　　　　　D) 交互

三、问答题

1．如何在计算图标的计算窗口中插入函数或变量？

2．可以采用哪些方法导入外部文本文件？

3．简述群组图标的两大作用。

第 8 章 动画与交互的实现

本章内容

- 动画设计的基本步骤
- 移动图标的属性
- 五种动画设计方式
- 交互功能的实现
- 练习题

制作多媒体课件时将使用大量的文本、图形、图像等对象。如果这些对象都是静态的，课件会显得很生硬，没有活力，更没有吸引力。如果这些对象能够按照我们的设计思路运动起来，那么课件就会变得生动许多，Authorware 就提供了这一功能。在 Authorware 中，可以使对象沿一定的路径运动，产生路径动画，这主要是依靠移动图标实现的。但是，路径动画在什么时间、什么条件、什么背景下运动，仅靠移动图标还远远不够，必须使用交互图标才能实现。当然，交互图标的功能远不止于此，它是实现人机交互的重要工具。

8.1 动画设计的基本步骤

在 Authorware 中，使用移动图标可以在不改变对象形状、大小的前提下，使其沿着设定的路径运动，从而实现简单的路径动画。这种对象既可以是静态图像、文本，还可以是动画。下面以实例的方式讲解动画设计的基本步骤。

〖例 8-1〗制作移动的七星瓢虫。

1) 建立一个新文件，保存为"运动.a7p"。

2) 向流程线上添加一个计算图标，命名为"重设窗口"，并将演示窗口设定为(320，280)。

3) 向流程线上添加一个显示图标，命名为"背景"。双击该图标，打开演示窗口，单击工具栏中的 按钮，导入一幅图片作为背景，如图 8-1 所示。

4) 再向流程线上添加一个显示图标，命名为"瓢虫"。双击该图标，打开演示窗口，单击工具栏中的 按钮，向演示窗口中导入一幅七星瓢虫图片。

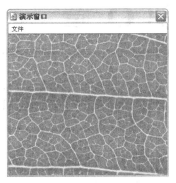

图 8-1 导入的图片

5) 单击工具栏中的 按钮运行程序，结果如图 8-2 所示。

6) 在演示窗口中双击七星瓢虫图片，打开【属性：图像】对话框，设置【模式】为"透明"，如图 8-3 所示。

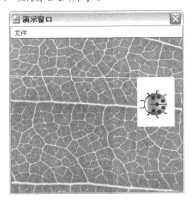

图 8-2 运行画面

图 8-3 【属性：图像】对话框

7) 单击 确定 按钮，隐去白色的底。

8) 向流程线上添加一个移动图标，将其命名为"移动"。

9) 运行程序,当程序遇到空白的移动图标后会自动停止,并打开【属性:移动图标】面板,如图 8-4 所示。

图 8-4　程序暂停并出现【属性:移动图标】面板

10) 根据面板右侧的提示,单击演示窗口中的"瓢虫",拾取运动对象,则"瓢虫"成为被选中的运动对象。这时,面板中的提示信息发生了改变,如图 8-5 所示。

图 8-5　【属性:移动图标】面板

11) 根据属性面板的提示,在演示窗口中将"瓢虫"拖动到目的地。

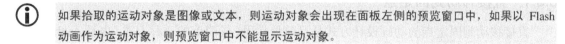

如果拾取的运动对象是图像或文本,则运动对象会出现在面板左侧的预览窗口中,如果以 Flash 动画作为运动对象,则预览窗口中不能显示运动对象。

重新运行程序时可以发现,瓢虫将快速运动到目的地。为了出现缓慢移动的效果,需要重新设置移动图标的属性,调整运动时间。

12) 双击移动图标,在【属性:移动图标】面板的【定时】文本框中输入数值"6",设定瓢虫 6 秒钟到达目的地。

13) 再次运行程序时可以发现,瓢虫的移动速度减慢了。

8.2　移动图标的属性

使用移动图标制作动画时可以采用多种动画设计方式,从而产生多姿多彩的动画效果。在上面的实例中,我们使用的是"直接移动到固定点"的动画设计方式,这是系统默认的一种方式。在 Authorware 的移动图标中,用户可以使用五种不同的动画设计方式,如图 8-6 所示。

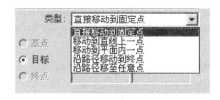

图 8-6　五种动画设计方式

制作动画时，选择了动画设计方式后，只有设置合理的选项才能使动画效果更加逼真，这些设置都是在【属性：移动图标】面板中进行的，如图 8-7 所示。

图 8-7　【属性：移动图标】面板(1)

在【属性：移动图标】面板中，左侧部分显示了移动对象的缩略图和图标的相关信息，右侧部分用于设置对象的移动和位置等属性。

8.3　五种动画设计方式

由于动画的设计方式不同，移动图标的属性面板也有所不同。本节我们将结合五种不同的动画设计方式详细介绍这些属性及其设置。

8.3.1　直接移动到固定点

直接移动到固定点的动画设计方式是目前最常用、最简单的一种方式，也是 Authorware 的默认方式。选择了"直接移动到固定点"方式后的【属性：移动图标】面板如图 8-8 所示。

图 8-8　【属性：移动图标】面板(2)

- 【层】：用于定义动画对象所处的层级。
- 【定时】：用于设置动画对象的运动速度，可以选择"时间(秒)"或"速率 (秒/英寸)"两种方式，其下方的文本框用于输入时间值或速率值。
- 【执行方式】：用于设置运动对象的同步方式。选择"等待直到完成"选项时，程序必须等到移动图标执行完毕，即对象运动结束后才能继续向下进行；选择

"同时"选项时，程序可以和移动图标同时执行，即程序在对象运动的同时继续向下进行。

- ▪ 【提示信息】：用于提示用户该如何操作。
- ▪ 【对象】：用于显示动画对象所在的图标名称。
- ▪ 【目标】：用于显示或输入动画对象运动后的目标点的坐标值。

8.3.2　移动到直线上一点

选择"移动到直线上一点"的设计方式，可以将动画对象的终点设定在一条直线上，并将直线的起点和终点设置为不同的数值。这种动画方式与"直接移动到固定点"动画方式基本相似，只不过可以指定移动对象的运动路线。

选择了"移动到直线上一点"设计方式后，可以看到【属性：移动图标】面板的参数有所变化，如图 8-9 所示。

图 8-9　【属性：移动图标】面板(3)

- ▪ 【基点】：选择该选项，可以在演示窗口中拖动对象确定直线的起点。
- ▪ 【目标】：用于设定对象的运动终点，其数值可以在基点和终点之间，也可以超出其范围。但是该点一定位于基点和终点所决定的直线上。【目标】的值可以是数值、变量或表达式。
- ▪ 【终点】：选择该选项，可以在演示窗口中拖动对象确定直线的终点。确定了起点和终点位置之后，演示窗口中会出现一条直线，对象移动结束后，终点位置一定位于这条线上。

【属性：移动图标】面板左侧的选项与选择"直接移动到固定点"设计方式的面板相似，不同的选项有两个：

一是【执行方式】选项中多了一个"永久"选项。选择该选项后，如果移动对象的【目标】采用变量或表达式控制，该选项会在程序执行的过程中一直监测着变量，一旦变量值发生变化，就移动对象到新的位置。

二是增加了【远端范围】选项，用于设置当【目标】超出直线起点和终点范围时的选项。其中：

- ▪ 选择"循环"选项，当目标数值大于终点数值时，将以目标数值除以终点数值，余数为对象运动的实际目标。
- ▪ 选择"在终点停止"选项，当目标数值大于终点数值时，对象只运动到终点就停止。
- ▪ 选择"到上一终点"选项，当目标数值大于终点数值时，对象将越过终点，一直到达目标。

8.3.3　移动到平面内一点

选择"移动到平面内一点"的设计方式，可以将对象运动的终点固定到一个矩形区域内，使对象移动到矩形内的某一指定点上。

选择了该设计方式时的【属性：移动图标】面板如图 8-10 所示。

图 8-10　【属性：移动图标】面板(4)

- 【基点】：选择该选项，在演示窗口中拖动对象可以确定区域的起点。
- 【目标】：用于定义对象运动的终点，可以使用变量或表达式。
- 【终点】：选择该选项，在演示窗口中拖动对象可以确定区域的终点。确定了区域的起点位置和终点位置之后，演示窗口中会出现一个黑色方框，对象只能在方框内的区域移动。

每个选项后面都有 X、Y 参数，这个参数并不是指该点的屏幕坐标，而是用于定义该点在规定区域内的坐标值，系统默认规定区域的左上角为【基点】，坐标为(0，0)，右下角为【终点】，坐标为(100，100)。当然用户可以根据需要对参数进行修改。另外，对象运动的目标坐标值也可以修改，其值既可以在区域内，也可以超出区域。用户既可以直接输入数值，也可以用变量表达式来定义。

〖例 8-2〗制作鼠标跟随动画。

1) 建立一个新文件，保存为"跟随.a7p"。

2) 向流程线上添加一个显示图标，命名为"背景"。

3) 在"背景"图标上单击鼠标右键，从弹出的快捷菜单中选择【计算】命令，打开计算窗口，在计算窗口中输入"ResizeWindow(300，200)"，然后关闭计算窗口。

4) 单击工具栏中的 按钮，打开演示窗口，导入一幅背景图片，如图 8-11 所示。

5) 再向流程线上添加一个显示图标，命名为"甲虫"，双击该图标打开演示窗口，再导入一幅"甲虫"图片作为运动对象，如图 8-12 所示。

图 8-11　导入的图片(1)

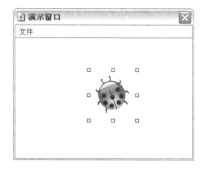

图 8-12　导入的图片(2)

6) 双击导入的"甲虫"图片，在弹出的【属性：图像】对话框中设置参数如图 8-13 所示。

图 8-13　【属性：图像】对话框

7) 单击　确定　按钮，将图像的遮盖模式设置为阿尔法模式(注意，这是预先在 Photoshop 中处理好的图片，它含有一个阿尔法通道)。

8) 向流程线上添加一个移动图标，命名为"跟随"。

9) 单击工具栏中的 ▶ 按钮，打开演示窗口，同时弹出【属性：移动图标】面板，在【类型】下拉列表中选择"移动到平面内一点"选项，然后再选择【基点】选项，如图 8-14 所示。

图 8-14　【属性：移动图标】面板(5)

10) 根据提示信息拾取"甲虫"作为运动对象，并且拖动运动对象到演示窗口的左上角，此时属性面板中的提示变为"拖动对象到结束位置"，并自动选择了【终点】选项，如图 8-15 所示。

图 8-15　拖动对象

11）根据属性面板的提示，拖动运动对象到演示窗口的右下角，如图 8-16 所示。这时演示窗口中会出现一个灰色矩形，代表所定义的平面范围。

定义了运动范围以后，还要在属性面板中定义【终点】的坐标值，本例中输入了 300、200 两个数，这与演示窗口的大小完全吻合，这样就相当于一个坐标单位是一个像素。

12）选择【目标】选项，分别在其右侧的两个文本框中输入两个系统变量：CursorX 和 CursorY，这两个变量的作用是定义当前光标的位置。设置其它参数如图8-17 所示。

图 8-16　确定运动范围

图 8-17　【属性：移动图标】面板(6)

运行程序就会发现"甲虫"跟着光标在演示窗口中移动。这是由于设置了运动对象的【目标】值为当前光标的坐标，而光标又是活动的，因此，光标每移动一下就会产生一个新的【目标】值，从而使运动对象的终点是动态的，即它随着光标的变化而变化，所以会产生一种鼠标跟随效果。

8.3.4　沿路径移动到终点

选择"沿路径移动到终点"方式，可以使对象沿一条指定的路径运动到终点。此时的【属性：移动图标】面板如图 8-18 所示。

图 8-18　【属性：移动图标】面板(7)

在该面板中，【移动当】选项用于设置对象的移动参数(变量或表达式等)。当该参数为真时对象运动，否则不运动。如果对象运动到终点时参数仍然为真，则对象将重复运动，反之则停留在终点。

单击面板右侧的　撤消　按钮和　删除　按钮，可以恢复或删除路径上的节点。

要使对象沿路径移动到终点，需要根据面板中的提示创建运动路径：拾取演示窗口中的对象，则其上面将出现一个黑色小三角，按住鼠标左键拖动对象到合适位置释放鼠标，则会形成路径的一个节点，该节点以小三角标记。继续执行该操作，可以形成一条含有多个节点的折线，即对象运动的路径，如图 8-19 所示。

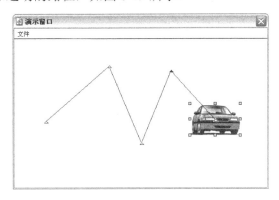

图 8-19　创建的运动路径

运行程序，可以看见运动对象沿着这条折线路径移动。这种运行方式给人以很生硬的感觉，原因在于折线不光滑。要使折线变为光滑曲线，只需双击节点，这时小三角变为小圆点，如图 8-20 所示。

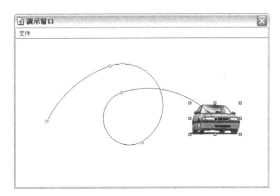

图 8-20　圆滑路径

8.3.5　沿路径移至任意点

选择"沿路径移至任意点"设计方式时，可以使对象沿折线或曲线路径运动到路径上的任意点。此时的【属性：移动图标】面板如图 8-21 所示。

图 8-21　【属性：移动图标】面板(8)

在【基点】、【终点】和【目标】三个文本框中输入数值，可以确定路径的起点、终点和目的地参数值。

8.4　交互功能的实现

多媒体课件中最基本、最关键的一个特点就是交互性。所谓交互性，就是由用户通过各种接口机制控制多媒体课件中事件的执行顺序，其中包括按钮、菜单、按键、文字输入、移动对象等。交互的目的就是让计算机与用户进行对话，其中每一方都能对另一方的指令作出反应，从而使计算机程序可以在用户的控制下顺利运行。Authorware 可以方便地在多媒体课件中实现多种人机交互方式。

8.4.1　认识交互图标

交互图标具有显示图标和判断图标的双重作用，它既可以显示文本、图片、图形、数字电影或动画等对象，又可以实现程序的判断功能。

〖例 8-3〗建立交互结构。

1) 建立一个新文件。

2) 在流程线上添加一个交互图标，命名为"交互"。

3) 在交互图标的右侧添加一个计算图标，释放鼠标后将出现一个交互分支结构，并同时弹出【交互类型】对话框，如图 8-22 所示。

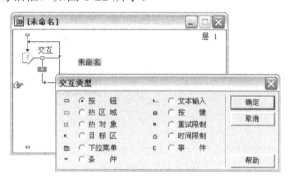

图 8-22　【交互类型】对话框

4) 在对话框中选择所需的交互类型。

5) 单击 确定 按钮，则在设计窗口中建立了相应的交互分支结构，将计算图标命名为"计算"。

如图 8-23 所示为交互分支结构，从图中可以看出，交互结构主要由交互图标、交互类型标记和响应分支组成。

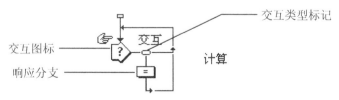

图 8-23　交互分支结构

- 交互图标：这是整个交互结构的入口，在交互图标中可以直接布置交互界面。
- 交互类型标记：标明了交互类型。在 Authorware 中共有 11 种交互类型，每一种交互类型的标记都不一样。
- 响应分支：使用交互图标可以形成许多分支流程，每一个分支都称为该交互结构的响应分支。

8.4.2　按钮交互

创建交互分支结构时，如果交互类型选择了【按钮】选项，则可以在演示窗口中创建按钮，按钮的大小、位置和名称都可以改变，还可以添加音效。当用户单击按钮时，系统会根据用户的指令沿指定的流程线执行程序。

1. 使用按钮交互

在多媒体课件中，经常需要设计一些按钮来进行某些操作，如选择、退出等。按钮交互是最常用、最方便的一种交互方式。下面我们制作一个能使程序退出演示窗口的按钮，学习按钮交互的使用。

〖例 8-4〗制作退出按钮。

1) 新建一个文件。

2) 向流程线上添加一个计算图标，命名为"重设窗口"。

3) 双击该计算图标，在打开的计算窗口中输入语句"ResizeWindow(320,280)"，重设演示窗口的大小。

4) 向流程线上添加一个交互图标，命名为"交互"。

5) 向交互图标的右侧添加一个计算图标，在弹出的【交互类型】对话框中选择【按钮】选项。

6) 单击 确定 按钮，则在设计窗口中建立了交互分支结构，将计算图标命名为"退出"。

7) 双击"退出"计算图标，在打开的计算窗口中输入"Quit()"语句后关闭计算窗口，如图 8-24 所示。

8) 运行程序时可以看到，在空白的演示窗口中有一个 退出 按钮，单击该按钮可以结束程序的运行。

图 8-24　计算窗口

2. 设置按钮交互属性

在流程线上双击按钮交互类型标记，则打开【属性：交互图标】面板，如图 8-25 所示。

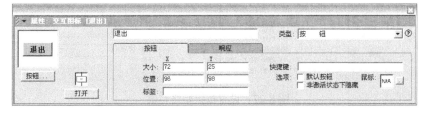

图 8-25　【属性：交互图标】面板

在面板左侧的信息区中单击 按钮... 按钮，可以打开【按钮】对话框编辑按钮；在面板中部上方的文本框中输入文本，可以修改按钮上显示的文本；在【类型】下拉列表中选择不同的选项，可以改变响应类型。

在面板的【按钮】标签中可以设置按钮的各种属性。

- 【大小】：用于定义按钮的大小。
- 【位置】：用于定义按钮在演示窗口中的位置。
- 【标签】：用于显示按钮的名称。
- 【快捷键】：用于定义按钮对应的快捷键。
- 选择【默认按钮】复选框，可以将该按钮定义为系统默认的按钮，按下键盘上的 Enter 键可以激活按钮；选择【非激活状态下隐藏】复选框，则按钮在不可用时隐藏，可用时显示。
- 单击【鼠标】选项右侧的 ... 按钮，则打开【鼠标指针】对话框，如图 8-26 所示。在对话框中选择一种光标形状，运行程序，当指向按钮时鼠标指针将变为所选的光标形状。

图 8-26　【鼠标指针】对话框

在面板的【响应】标签中提供了对响应分支的各种设计，其内容比较复杂，我们将在后面的章节中介绍。此处只讲解【永久】选项的意义。选择该选项后，可以定义按钮始终有效，同时设计窗口中的交互图标下面又出现了主流程线，如图 8-27 所示。

图 8-27　设置按钮始终有效

3．改变按钮的大小、位置与外观

在制作多媒体课件时，使用系统默认的按钮并不美观，用户可以重新定义按钮的外观，使其符合课件制作的需要。这里借助上面的例子，介绍如何定义按钮的外观。操作步骤如下：

1) 双击流程线上的交互图标，打开演示窗口。

2) 单击演示窗口中的 退出 按钮，则按钮周围出现八个控制点。将光标指向按钮按住鼠标左键拖曳，可以移动按钮的位置；将光标指向控制点后按住鼠标左键拖曳，可以改变按钮的大小。

3) 双击演示窗口中的 退出 按钮，或者双击设计窗口中的按钮交互类型标记，则打开【属性：交互图标】面板，在面板的【按钮】标签中也可以设置按钮的大小和位置。

4) 单击面板中的 按钮… 按钮，则弹出【按钮】对话框，如图 8-28 所示。

5) 在对话框中选择要修改的按钮样式，单击 编辑… 按钮，则弹出一个信息提示框，如图 8-29 所示。系统提示在编辑按钮之前先制作一个按钮副本。

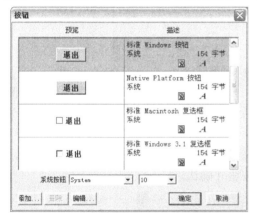

图 8-28 【按钮】对话框

图 8-29 信息提示框

6) 单击 确定 按钮，在打开的【按钮编辑】对话框中可以导入所需的按钮，如图 8-30 所示。

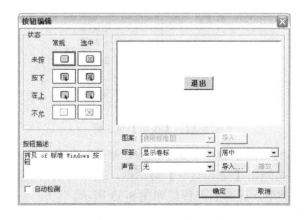

图 8-30 【按钮编辑】对话框

对话框的左上角为【状态】区域，用于定义按钮的各个状态。左下角为【按钮描述】区域。对话框的右侧为预览区域，用于观察按钮的外观并可以引入图片、声音等媒体素材。

〖例 8-5〗**使用按钮交互制作课件。**

1) 建立一个新文件。

2) 在流程线上添加一个计算图标，命名为"窗口"。

3) 双击流程线上的"窗口"计算图标，将演示窗口大小设为(500，200)。

4) 向"窗口"计算图标的下方添加一个显示图标，命名为"题目"。

5) 双击"题目"显示图标，打开演示窗口，输入一道题目，如图 8-31 所示，然后关闭演示窗口。

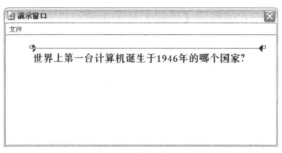

图 8-31　输入的题目

6) 向显示图标的下方添加一个交互图标，再拖曳一个显示图标至交互图标的右侧，在弹出的【交互类型】对话框中选择【按钮】选项，然后单击 确定 按钮，将图标命名为"A) 美国"。

7) 双击响应类型标记，在打开的【属性：交互图标】面板中单击 按钮... 按钮，在弹出的【按钮】对话框中选择如图 8-32 所示的按钮并确认。

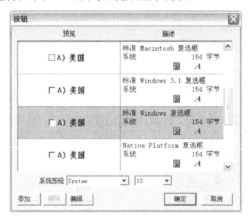

图 8-32　【按钮】对话框

8) 继续向交互图标的右侧添加三个显示图标，并分别命名为"B) 英国"、"C) 法国"和"D) 中国"。这时不再弹出【交互类型】对话框，也不需要再设置按钮的形态，系统将使用第一次设置的交互类型，此时的流程线如图 8-33 所示。

9) 运行程序，如果发现按钮分布不合要求，这时可以双击交互图标，在演示窗口中调整按钮的位置，调整后的效果如图 8-34 所示。

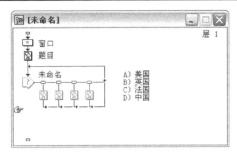

图 8-33　程序流程线

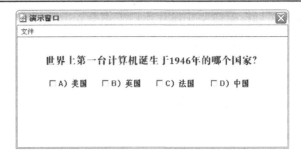

图 8-34　调整后的效果

10) 用前面学过的方法，为每一个按钮选择手形光标。运行程序时，当光标指向按钮时将出现手形光标。

11) 双击"题目"图标打开演示窗口，然后按住 Shift 键的同时双击"A) 美国"显示图标，在演示窗口中输入文字"正确"，如图 8-35 所示。

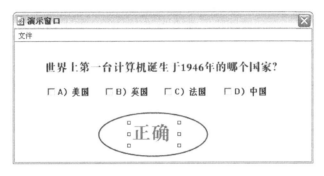

图 8-35　输入的文字(1)

12) 用同样的方法，分别向"B) 英国"、"C) 法国"、"D) 中国"显示图标的演示窗口中输入"错误"，如图 8-36 所示。

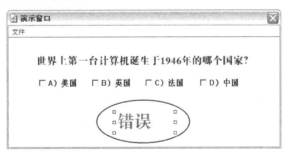

图 8-36　输入的文字(2)

至此，一个由按钮控制的简单多媒体课件就制作完成了。运行程序时，当选择其中的某个答案时，程序将自动判断对错。

8.4.3　热区域交互

选择热区域交互时，可以在设计窗口中创建一个虚边的矩形区域，在该区域内单击、双击鼠标或者将光标指向该区域内时，程序将沿该响应分支的流程线执行，区域的大小和位置可以根据需要在设计窗口中调整。

1. 使用热区域交互

熟悉电脑的读者都知道，将光标指向工具栏上的某个对象时，稍候片刻就会出现该对象的相关介绍。如图 8-37 所示，当光标指向工具栏上的 <img /> 按钮时，就会出现"保存"字样。这种效果使用热区响应就可以实现。

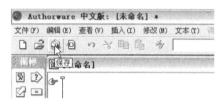

图 8-37　出现的文字介绍

〖例 8-6〗制作按钮提示文字。

1）建立一个新文件，保存为"热区.a7p"。

2）在流程线上添加一个计算图标，命名为"窗口"，双击该图标，在计算窗口中输入"ResizeWindow(400，200)"，重定演示窗口的大小。

3）向流程线上添加一个显示图标，命名为"工具"。

4）双击该图标，打开演示窗口，单击工具栏中的 <img /> 按钮，导入一幅处理好的图片，如图 8-38 所示。

图 8-38　导入的图片

5）向显示图标的下方添加一个交互图标，命名为"热区响应"。

6）向交互图标的右侧添加一个显示图标，在弹出的【交互类型】对话框中选择【热区域】选项，单击 确定 按钮，将显示图标命名为"新建"。

7）继续向交互图标的右侧添加三个显示图标，它们将顺延第一个显示图标的响应类型，将三个显示图标分别命名为"打开"、"保存"和"打印"，此时的流程线如图 8-39 所示。

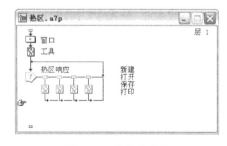

图 8-39　程序流程线

8) 运行程序，然后双击"新建"分支的交互类型标记，则演示窗口中将出现一个矩形的虚线框，这就是热区，其中的"新建"为显示图标的名称，在【属性：交互图标】面板的【匹配】选项中选择"指针处于指定区域内"，如图 8-40 所示。

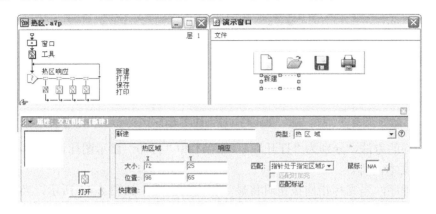

图 8-40　热区与【属性：交互图标】面板

9) 切换到【响应】标签中，设置参数如图 8-41 所示。

图 8-41　【响应】标签

10) 将光标指向虚线框中的"新建"，按住鼠标左键将虚线框拖曳到图片中的第一个按钮上，然后调整虚线框的大小，使其正好盖住第一个按钮，如图 8-42 所示。

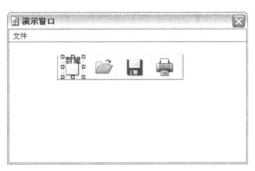

图 8-42　调整热区域的位置和大小

> ⓘ 热区域的周围含有控制点，可以调整位置和大小。热区域可以拖放到任何对象上，如文本或图片。同时它具有隐藏性，所以单击文本或图片时，实际上是单击热区域。

11) 运行程序，然后按住 Shift 键的同时双击"新建"显示图标，在演示窗口中使用 A 工具输入文本"建立新文件"，并且将底色设置为黄色，如图 8-43 所示。

图 8-43 输入的文本

12) 用同样的方法，分别为"打开"、"保存"和"打印"显示图标设置热区响应属性，并输入对应的文本内容。

13) 运行程序，当光标指向按钮时将显示相应的介绍，如图 8-44 所示。当光标离开按钮时文字消失。

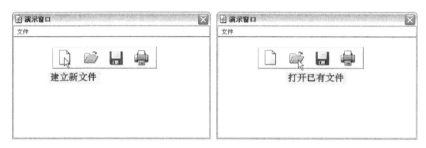

图 8-44 运行效果

2. 设置热区域的交互属性

在 Authorware 中，无论是哪种交互类型，虽然它们的外观和控制方式不同，但它们的交互属性都是一样的。下面以热区域交互类型为例来讲解交互属性的含义。

在上面的实例中，双击"新建"热区域交互类型标记，打开【属性：交互图标】面板，其【响应】标签中的参数如图 8-45 所示。

图 8-45 【响应】标签

- 　【永久】：选择该复选框，则交互操作(如按钮、热区等)将始终有效。

- 　【激活条件】：用于设置交互操作的可用条件，该条件应该是一个逻辑值，也可以是一个表达式，如果条件为"真"，则交互操作有效。

- 　【擦除】：用于设定响应分支中显示信息的擦除情况。共有四个选项，其中：选择"在下一次输入之后"选项时，将保留本响应分支的内容，直到执行下一

次交互；选择"在下一次输入之前"选项时，则响应分支执行完后将自动擦除
本响应分支中的内容；选择"在退出时"选项时，响应分支的内容只有退出交
互结构时才被擦除；选择"不擦除"选项时，则响应分支的内容不被擦除，退
出交互结构也将保留。

- 　【分支】：用于设定响应分支的流程走向。其中：选择"重试"选项时的流程
走向如图 8-46 所示，表示完成交互后流程又回到了交互的起点；选择"继续"
选项时的流程走向如图 8-47 所示，表示完成交互之后流程不回到交互的起点，
而是等待执行该分支右侧的其它响应分支；选择"退出交互"选项时的流程走
向如图 8-48 所示。表示完成交互之后将退出交互，执行流程线下面的内容。
如果选择了【永久】复选框，则【分支】中将出现"返回"选项。选择了该类
型时的流程走向如图 8-49 所示。该交互将在程序中始终起作用。当然，也可
以与【激活条件】配合使用来决定触发交互或关闭交互。

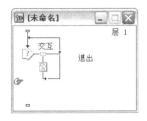

图 8-46　选择"重试"时的流程走向　　　　　图 8-47　选择"继续"时的流程走向

图 8-48　选择"退出交互"时的流程走向　　　图 8-49　选择"返回"时的流程走向

- 　【状态】：用于设定交互的状态，以此来记录正确交互或错误交互的次数。其
中：选择"不判断"选项，系统将不判断正确与错误，是系统的缺省设置；选
择"正确响应"选项，系统将自动把符合该响应的动作判断为正确的；选择"错
误响应"选项，系统将自动把不符合该响应的动作判断为错误的。
- 　【计分】：用于设置完成此分支所能得到的分数，可为数值或表达式。该选项
在用户测评或计算机管理教学(CMI)中非常有用。

8.4.4　热对象交互

与热区域交互不同，热对象交互的对象是一个物体，即一个实实在在的对象。这个对
象可以是任意形状的，不像热区域交互必须是一个矩形。因此这两种交互类型可以互为
补充。

〖例 8-7〗制作卡片介绍。

热对象交互与热区域交互没有本质的区别，只是在于激活程序的目标和使用方法稍有不同。下面制作一个热对象交互课件，在该课件中有几张动物的图片要加以介绍，要求将光标指向对象时出现相应的文字介绍，移开光标时将停止介绍。

1) 建立一个新文件，保存为"热对象.a7p"。

2) 在流程线上添加一个计算图标，命名为"重定窗口"，双击该图标，在打开的计算窗口中输入"ResizeWindow(400，260)，重设演示窗口的大小。

3) 在"重定窗口"图标的下方添加三个显示图标，依次命名为"螃蟹"、"章鱼"和"海豚"，并分别导入预先准备好的图片，设置各图片的遮盖模式为"透明"模式。

ⓘ 一般情况下，用作热对象的图片背景要求是白色的，这样，当把遮盖模式设为"透明"时，就相当于去除了图片背景，形成了一个不规则的热对象，这样指向图片背景时，不会触发响应分支。否则，它与热区响应就没有区别了。

4) 双击"螃蟹"显示图标，打开演示窗口，调整其中的图片大小与位置，然后按住 Shift 键的同时双击"章鱼"显示图标，调整其中图片的大小与位置，用同样的方法，再调整"海豚"显示图标中的图片，结果如图 8-50 所示。

5) 在"海豚"图标的下面添加一个交互图标，命名为"介绍"。

6) 运行程序，然后按住 Shift 键的同时双击"介绍"交互图标，打开演示窗口，简单地修饰程序界面，如图 8-51 所示。

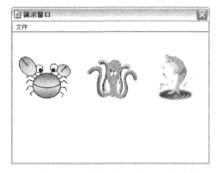

图 8-50　调整图片的大小和位置

图 8-51　修饰程序界面

7) 向交互图标的右侧添加一个群组图标，在弹出的【交互类型】对话框中选择"热对象"类型，如图 8-52 所示。

图 8-52　【交互类型】对话框

8) 单击 确定 按钮，将该群组图标命名为"螃蟹介绍"。

9) 双击"螃蟹介绍"群组图标，在其二级流程线上添加一个显示图标，并在其演示窗口中输入一段介绍文字，如图 8-53 所示。

图 8-53　输入的介绍文字

10) 运行程序，则弹出【属性：交互图标】面板，根据提示信息，单击演示窗口中的"螃蟹"图片，将它定义为热对象，则"螃蟹"图片出现在属性面板左上角的预览窗口中，同时其图标名称出现在【热对象】文本框中，说明该对象已被选中，如图 8-54 所示。

图 8-54　【属性：交互图标】面板(1)

11) 在【匹配】选项中选择"指针在对象上"选项，再用前面介绍的方法将鼠标指针设置为手形光标，如图 8-55 所示。

图 8-55　【属性：交互图标】面板(2)

12) 为了实现移开光标后介绍文字消失，切换到【响应】标签，设置参数如图 8-56 所示。

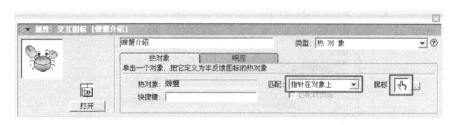

图 8-56　【响应】标签

13) 运行程序，当光标指向"螃蟹"图片上时就会出现介绍文字，如图 8-57 所示，移开光标则文字消失。

14) 用同样的方法，可以为"章鱼"和"海豚"进行上述设置，最终的程序流程线如图 8-58 所示。

图 8-57　运行画面

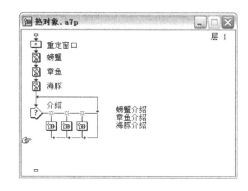

图 8-58　程序流程线

这是一个非常简单的例子，但是它直观地表现出了热对象交互类型的优点：一是实现了不规则区域的交互；二是可以使用对象的覆盖模式来改变交互效果。值得注意的是，使用热对象交互类型时，每一个用于触发交互的热对象必须单独放在一个显示图标中。

8.4.5　目标区交互

在 Authorware 中，目标区交互也称为移动交互，该交互主要通过移动对象来触发。当用户把对象移动到目标区域后，程序将沿指定的流程线执行。该种交互方式可以用于开发很多有趣的实用程序，如拼图游戏、机械零件的装配练习、智力测验程序等。

1. 使用目标区交互

如图 8-59 所示，这是一个简单的英文匹配练习，要求用户将画面右侧的单词拖放到左侧相应的图片上，如果拖放正确，单词将停留在图片上，并提示正确；否则单词将返回原位置，并提示错误；如果三个单词都拖放正确，将显示全部答对的提示，并退出程序。这其实就是一个匹配类型的英语小课件，可以用于小学英语教学。

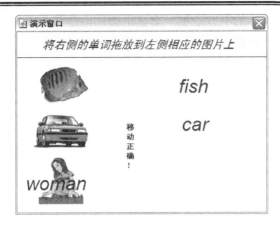

图 8-59　英文匹配练习

下面我们就制作这个实例，通过实例学习目标区交互的使用方法。

〖例 8-8〗制作英文匹配练习。

1) 建立一个新文件，保存为"目标区.a7p"。

2) 按下 Ctrl+I 键打开【属性：文件】面板，取消【显示菜单栏】选项，其它参数设置如图 8-60 所示。

图 8-60　【属性：文件】面板

3) 在流程线上添加一个计算图标，命名为"窗口"，并将演示窗口的大小设置为(420，300)。

4) 在"窗口"图标的下方添加一个显示图标，命名为"目标区域"。

5) 双击"目标区域"图标，在打开的演示窗口中绘制一个简单的界面，并输入文字"将右侧的单词拖放到左侧相应的图片上"，然后再导入三幅图片，如图 8-61 所示。

图 8-61　演示窗口的内容

6) 在"目标区域"图标的下方添加一个显示图标, 命名为"鱼"。

7) 双击"鱼"图标, 在打开的演示窗口中输入单词"fish"。

8) 用同样的方法, 在流程线上再添加两个显示图标, 并分别命名为"车"和"人", 然后在其演示窗口中分别输入单词"car"和"woman", 此时的程序流程线如图 8-62 所示, 运行画面如图 8-63 所示。

图 8-62　程序流程线(1)　　　　　　　　　　　图 8-63　运行画面

9) 在"人"图标的下方添加一个交互图标, 命名为"判断"。

10) 向交互图标的右侧添加一个群组图标, 在弹出的【交互类型】对话框中选择【目标区】类型并确认, 然后将该图标命名为"鱼正确"; 然后在"鱼正确"图标的右侧再添加一个群组图标, 命名为"鱼错误", 如图 8-64 所示。

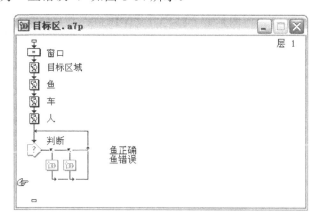

图 8-64　程序流程线(2)

11) 运行程序, 则弹出【属性: 交互图标】面板, 同时演示窗口中将出现一个标有"鱼正确"的虚线框, 用于标记目标对象应拖到的目标区域。

12) 根据面板的提示, 单击演示窗口中的"fish"单词作为目标对象, 则虚线框将自动附着到单词上。再根据面板的提示, 将"fish"单词(注意不是虚线框)拖动到鱼图片上, 然后调整虚线框使之完全包围鱼图片, 如图 8-65 所示。

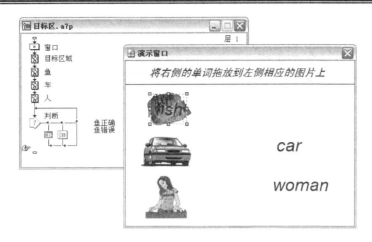

图 8-65　设定目标区域(1)

13) 在【属性：交互图标】面板的【目标区】标签中设置各选项如图 8-66 所示。

图 8-66　【目标区】标签

14) 在【响应】标签的【状态】选项中选择"正确响应"选项。

15) 重新运行程序，则又弹出【属性：交互图标】面板，此时仍然选择"fish"单词为目标对象，然后拖动"fish"单词到演示窗口的中央位置，调整虚线框使之包围演示窗口，如图 8-67 所示。

图 8-67　设定目标区域(2)

16) 在【目标区】标签的【放下】选项中选择"返回"选项，在【响应】标签的【状态】选项中选择"错误响应"选项。此时，流程线上的"鱼正确"的前面多了一个"+"号，"鱼错误"的前面多了一个"－"号，如图 8-68 所示。

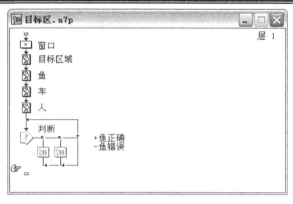

图 8-68　程序流程线

17) 双击"鱼正确"群组图标,在打开的二级流程线上添加一个显示图标,在其演示窗口中输入"移动正确"字样。再添加一个计算图标,在打开的计算窗口中输入"Movable@"鱼":=FALSE",如图 8-69 所示。

图 8-69　设置二级流程线

> ⓘ 显示图标的作用是当"fish"单词被拖到鱼图片上时将提示操作正确,计算图标的作用是用函数定义"fish"单词不能再被移动。

18) 打开"鱼错误"群组图标,在二级流程线上添加一个显示图标,在其演示窗口中输入"移动错误"的提示文字。

19) 运行程序时可以发现,当单词移动正确时,将显示移动正确的提示,并且单词不能再被移动;当单词移动错误时,将返回原来的位置,同时出现移动错误的提示。

20) 用同样的方法,分别建立"car"和"woman"两个单词的响应分支。

根据课件的要求,当单词全部移动正确后应当退出程序。下面我们来解决这个问题。

21) 在交互图标的最右侧再添加一个群组图标。单击其交互类型标记,在【属性:交互图标】面板的【类型】选项中选择"条件"类型,然后在【条件】标签的【条件】文本框中输入变量"AllCorrectMatched",该变量用于定义当所有正确响应都实现时,变量为"真",否则为"假"。在【自动】下拉列表中选择"为真"选项,该选项用于定义当条件"为真"时系统自动执行此分支,如图 8-70 所示。

图 8-70　【属性：交互图标】面板

22) 在【响应】标签的【分支】选项中选择"退出交互"选项。

23) 打开该群组图标，在其二级流程线上添加一个显示图标，输入"全部正确，祝贺你！"的字样。再添加一个等待图标，设为等待 3 秒。最后再用一个计算图标退出程序。整个课件的程序流程线如图 8-71 所示。

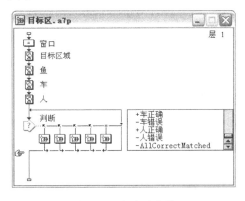

图 8-71　程序流程线

2．设置目标区的交互属性

在目标区交互结构的流程线上双击目标区交互类型标记，打开【属性：交互图标】面板，如图 8-72 所示。

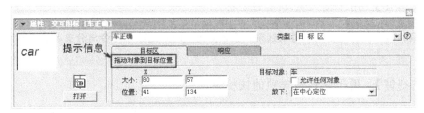

图 8-72　【属性：交互图标】面板

【目标区】标签中的各个选项含义如下：

- 提示信息：提示用户单击鼠标选择一个对象，作为拖动的目标对象。
- 【大小】：用于设置目标区的大小，其中 X 表示目标区的宽度，Y 表示目标区的高度。
- 【位置】：用于设置目标区的位置，其中 X、Y 分别表示目标区左上角在演示窗口中的横、纵坐标。
- 【目标对象】：用于显示拾取的目标对象的名称。当为空时，表示尚未拾取目标对象。

- 【允许任何对象】：选择该项，表示任何对象拖到该区域都可以。不选择时则只允许被拖动的对象移动到该区域。
- 【放下】：用于定义目标对象被放下后该如何动作，包括三个选项：

选择"在目标点放下"选项时，则目标对象拖到的位置即为目标点。

选择"放回"选项时，可以返回到拖动前的位置。

选择"在中心定位"选项时，则拖动到目标区域后被锁定到区域中心。

8.4.6　下拉菜单交互

在 Authorware 7.0 中制作多媒体课件时，可以在程序中使用下拉菜单交互创建下拉菜单，控制课件的流向。

1．下拉菜单的交互属性

在流程线上添加一个交互图标，然后向交互图标的右侧添加一个群组图标，在弹出的【交互类型】对话框中选择【下拉菜单】类型，确认操作后就创建了一个下拉菜单交互响应结构。

双击下拉菜单的交互类型标记，可以打开【属性：交互图标】面板，如图 8-73 所示。

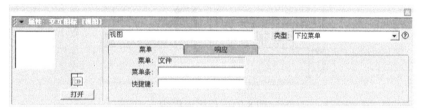

图 8-73　【属性：交互图标】面板

- 【菜单】：用于显示菜单名称，该名称对应交互图标的名称，要修改它，可以通过修改交互图标的名称来实现。
- 【菜单条】：用于输入菜单项的名称。

(i) 输入菜单项名称时需要用引号引起来。当该处为空时，则菜单命令与分支名称相同，否则该处优先。

- 【快捷键】：用于设置菜单项的快捷键。

(i) 如果要使用组合键，如 Ctrl+ 或 Alt+，则先输入 Ctrl 或 Alt 后再输入字母，如要使用"Alt+A"作为快捷键，则输入"AltA"即可。此外 Ctrl 键是默认的组合键，如只输入一个字母(如 A)，则菜单项的快捷键自动设置为"Ctrl+A"。

【响应】标签中的选项与其它响应类型的选项是相同的。这里重点介绍【范围】属性的作用。大多数情况下，菜单自始至终都起作用，因此，在使用下拉菜单交互时往往都要选择【永久】选项，以使用户可以永久使用菜单命令。

2．创建下拉菜单

在创建下拉菜单的过程中有很多注意事项，例如分隔线的添加、快捷键的设置、系统菜单的删除等，下面以实例的方式学习如何创建下拉菜单。

〖**例 8-9**〗**制作一个菜单**。

1) 建立一个新文件。

2) 向流程线上添加一个交互图标，命名为"我的菜单"。

3) 依次向交互图标的右侧添加六个群组图标，在弹出的【交互类型】对话框中选择【下拉菜单】类型，分别将六个群组图标命名为"直线"、"曲线"、"折线"、"圆形"、"矩形"和"退出"，这时运行程序，则流程线和形成的菜单如图 8-74 所示。

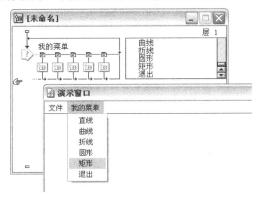

图 8-74　流程线和形成的菜单

4) 双击"直线"分支的交互类型标记，在【属性：交互图标】面板中设置【快捷键】选项为"A"，如图 8-75 所示。

图 8-75　【属性：交互图标】面板

5) 用同样的方法，依次设置其它分支的快捷键分别为"B"、"C"、"D"、"E"和"Q"。这时运行程序，可以看到菜单命令后出现了快捷键，如图 8-76 所示。

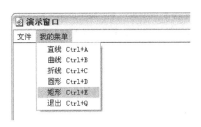

图 8-76　快捷键

下面我们对菜单命令进行分组，使线形为一组，图形为一组，在它们之间加上分隔线。

6) 在流程线上"折线"与"圆形"群组图标之间、"矩形"与"退出"群组图标之间各添加一个群组图标，均命名为"-"。

7) 再次运行程序，可以看到菜单命令之间出现了分隔线，如图 8-77 所示。

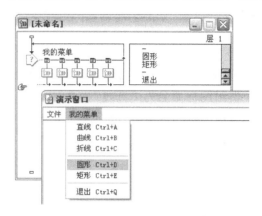

图 8-77　运行画面

在本例中，我们发现演示窗口的菜单栏中有一个【文件】菜单，其中只有一个【退出】命令，这是系统自带的菜单。如果不需要该菜单，可以将其删除。

8) 在"我的菜单"交互图标的上方添加一个交互图标，命名为"文件"(注意，此处一定要命名为"文件")。

9) 向"文件"交互图标的右侧添加一个群组图标，在弹出的【交互类型】对话框中选择【下拉菜单】类型并确认，此时的流程线如图 8-78 所示。

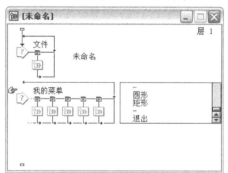

图 8-78　程序流程线

10) 双击该下拉菜单的交互类型标记，在【属性：交互图标】面板中选择【永久】复选框，如图 8-79 所示，这样可以使主流程线不会中断。

图 8-79　【属性：交互图标】面板

11) 向"文件"交互图标的下方添加一个擦除图标，命名为"擦除文件"。

12) 运行程序，则打开【属性：擦除图标】面板，根据面板的提示，单击演示窗口的【文件】菜单，则该菜单被擦除，如图 8-80 所示。

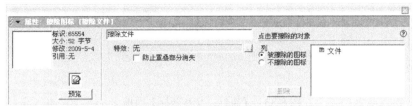

图 8-80 【属性：擦除图标】面板

13) 再次运行程序，可以看到原来的【文件】菜单被擦除掉了，如图 8-81 所示。

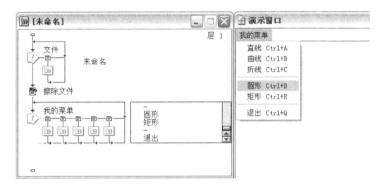

图 8-81 运行画面

3. 同级多菜单设置

所谓"同级多菜单"就是多个菜单一字排开。要实现这一功能，关键是将每一个交互分支的【范围】选项设置为【永久】，并且在【分支】选项中选择"返回"。

例如，图 8-82 所示的流程线运行程序后就会出现多个菜单。

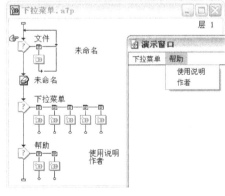

图 8-82 运行效果

8.4.7 条件交互

一般情况下，条件交互不直接通过用户的操作来匹配，而是以一定的条件来响应分支中的内容，当条件为真时则执行分支，否则不执行。

在 8.4.5 节的实例中，我们使用了一次条件交互，这里不再举例。下面主要介绍条件交互的属性参数。双击条件交互类型标记，可以打开【属性：交互图标】面板，如图 8-83 所示。

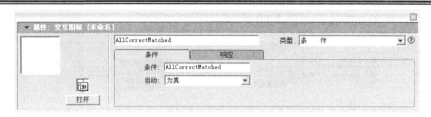

图 8-83　【属性：交互图标】面板

在【属性：交互图标】面板中，【响应】标签中的选项与其它交互类型相同，前面已经做过介绍，这里不再赘述。【条件】标签中各项参数的作用如下：

- 【条件】：用于设置分支的交互条件，该条件的结果应该是一个逻辑值。
- 【自动】：用于设计匹配交互条件的方式，共有三种方式，选择"关"选项时，系统只在用户做出的交互满足条件时才执行响应分支；选择"为真"选项时，则在整个交互过程中，系统不断监测交互条件的变化，一旦满足条件，就执行响应分支；选择"当由假为真"选项时，在交互过程中，当条件由假变真时，Authorware 将自动匹配响应分支。

【条件】文本框中的内容与交互结构中条件响应分支的名称相同，因此，构建条件响应分支时，一般不要提前指定它的名称。另外，在大多数情况下，条件交互类型需要与其它交互类型结合使用。

8.4.8　文本输入交互

使用文本输入交互可以创建一个供用户输入文字的区域，当用户按 Enter 键结束输入时，程序将按指定的流程线继续执行，因此常用于输入密码、回答问题等。

1．使用文本输入交互

文本交互是人与电脑之间最基本的交互方式，主要用来输入姓名、密码等。在多媒体课件应用中，可以用来制作填空题、用户管理等。下面通过实例学习文本输入交互的使用方法。

〖例 8-10〗随机乘法测试。

在本例中我们将制作一个随机乘法测试题课件。运行程序后将出现算术题，如果回答正确，则提示"正确!"，单击 继续 按钮则出现下一道题；如果回答错误，则提示"错误!"，单击 继续 按钮可以重新做题，如图 8-84 所示。

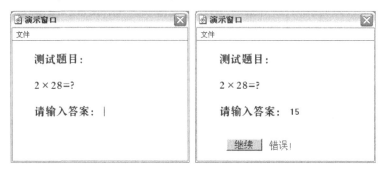

图 8-84　程序运行界面

1) 新建一个文件，保存为"随机题.a7p"。

2) 向流程线上添加一个显示图标，命名为"算式"。

3) 在"算式"显示图标上单击鼠标右键，从弹出的快捷菜单中选择【计算】命令，在打开的计算窗口中输入如图 8-85 所示的语句后关闭窗口。

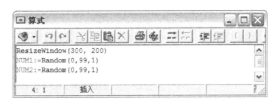

图 8-85　计算窗口

> ⓘ 系统函数 Random(min, max, units)用于返回一个介于 min(最小值)到 max(最大值)之间的随机数，且任意两个随机数相差 units 的整数倍。

4) 双击"算式"显示图标，打开演示窗口，选择工具箱中的 A 工具，在演示窗口中输入"{NUM1}×{NUM2}=?"以及相关的文字信息，如图 8-86 所示。

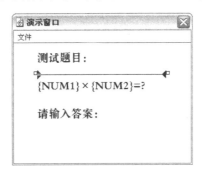

图 8-86　输入的文本

5) 在"算式"显示图标的下方添加一个交互图标，命名为"输入答案"。

6) 向"输入答案"交互图标的右侧添加一个群组图标，在弹出的【交互类型】对话框中选择【文本输入】类型并确认，将群组图标命名为"*"，即输入任何内容都将执行该分支。

7) 向"输入答案"交互图标的下方添加一个群组图标，命名为"正确答案"，此时的程序流程线如图 8-87 所示。

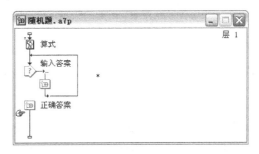

图 8-87　程序流程线

8) 运行程序，然后按住 Shift 键的同时双击"输入答案"交互图标，则演示窗口中将出现一个带小黑三角的虚线框，即文本输入区，调整其位置如图 8-88 所示。

9) 双击文本输入区，则弹出【属性：交互作用文本字段】对话框，在【交互作用】标签中取消选择【输入标记】复选框，如图 8-89 所示。这样，演示窗口中的小黑三角就会消失。

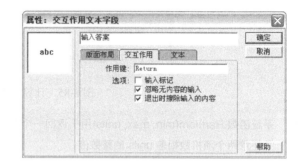

图 8-88　调整文本输入区的位置　　　　　图 8-89　【属性：交互作用文本字段】对话框

10) 单击 确定 按钮确认设置。

11) 双击"*"群组图标，打开二级设计窗口，向二级流程线上添加一个显示图标、一个等待图标和一个擦除图标。

12) 在显示图标中输入文本"错误！"；将等待图标设置为等待 2 秒钟，然后使用擦除图标将错误提示信息擦除，此时的程序流程线如图 8-90 所示。

图 8-90　程序流程线

13) 在二级流程线的最上方添加一个计算图标，命名为"判断"。双击该计算图标，在打开的计算窗口中输入如图 8-91 所示的语句。

图 8-91　计算窗口

14) 双击"正确答案"群组图标，打开二级设计窗口，在二级流程线上添加一个显示图标、一个等待图标和一个计算图标。在显示图标中输入文本"正确！"；将等待图标设置为等待 2 秒；在计算图标中输入"GoTo(IconID@"算式")"，如图 8-92 所示。

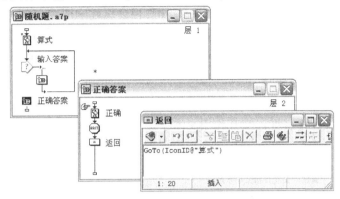

图 8-92　建立正确答案的提示结构

运行程序，回答正确时就会提示正确。回答错误时则提示错误，单击 继续 按钮则重新做同一道题。

2．设置文本输入交互的属性

创建了文本输入交互以后，双击该交互类型标记，打开【属性：交互图标】面板，如图 8-93 所示。

图 8-93　【属性：交互图标】面板

在该面板中，【响应】标签中的内容与前面讲过的其它响应类型一样，此处不再介绍。下面重点介绍【文本输入】标签中的选项。

- 【模式】：用于输入所需的文本，与命名图标产生的效果是一致的。
- 【最低匹配】：用于设置用户输入的文本中与目标文本中相同字符的最少个数。选择【增强匹配】选项时，如果用户输入的第一个词语正确，系统将自动保持该输入，用户只需继续尝试输入后面的词语。
- 选择【忽略】中的【大小写】选项，将忽略英文字母的大小写；选择【空格】选项，将忽略空格；选择【附加单词】选项，将忽略多余的单词；选择【附加符号】选项，将忽略多余的标点符号；选择【单词顺序】选项，将忽略文本中词与词之间的先后顺序。

此外，对于【模式】选项中输入的字符串可以采用如下规则：

(a) 可以用"or"或"|"把字符串隔为多段，最多可以输入 400 个字符。即如果输入"Red|Blue|Yellow"，则输入三个词中的任意一个都可以与响应匹配，据此输入同义词也可以。

(b) 可以用"#"号来控制其后输入的字符串在第几次输入时程序才会响应，如"#3A"，则只有在第三次输入"A"时响应才会匹配。若输入"albl#1c#2d",则"a"和"b"始终会引起响应,而第一次输入"c"或第二次输入"d"也会引起响应。

(c) 可以使用通配符"?"代替单个字符,使用"*"代替一个字符串。因此,可以使一个词的不同拼法得到响应。如输入"hon?r",则输入"honor"和"honur"都会引起响应。

3.交互图标中的文本属性

创建了文本输入交互以后,双击流程线上的交互图标打开演示窗口,在演示窗口中双击文本输入区,将打开【属性:交互作用文本字段】对话框,如图 8-94 所示。在该对话框中可以对交互过程中输入的文本进行常规选项设置。

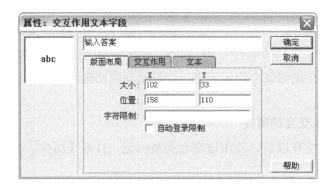

图 8-94　【属性:交互作用文本字段】对话框

【版面布局】标签中各选项的含义如下:

- 【大小】:用于设置文本输入区的大小。
- 【位置】:用于确定文本输入区左上角的坐标值。

> (i) 文本输入区的大小和位置除了可以在文本框中输入数值设置外,还可以直接在演示窗口中通过鼠标拖曳来确定。

- 【字符限制】:用于设置文本区最多可以输入的字符数。当输入的字符数大于所设的最大值时,系统将自动忽略超出的字符。
- 【自动登录限制】:只有在【字符限制】文本框中输入数值时该复选框才有效。选择该选项,则当输入的字符超过所设的最大值时,程序将认为按下了 Enter 键。

【交互作用】标签如图 8-95 所示。

图 8-95　【交互作用】标签

- 【作用键】: 用于定义文本输入结束时按什么键确认, 默认设置为 Enter 键。可以在文本框中输入其它键作为结束键, 也可以用 "or" 或 "l" 设定多个确认键。
- 选择【输入标记】选项时, 将在文本输入区前出现一个小的黑三角标记, 提示用户输入区的位置。
- 选择【忽略无内容的输入】选项时, 如果用户没有输入任何内容就按 Enter 键, 程序将不作反应。
- 选择【退出时擦除输入的内容】选项时, 当程序退出交互时将擦除文本区的内容。

【文本】标签如图 8-96 所示, 在该标签中可以对用户输入的文本进行字体、字号、风格、颜色和显示模式的设置, 在左上角的窗口中可以预览设置效果。

图 8-96 【文本】标签

8.4.9 按键交互

制作多媒体课件时使用按键交互, 可以对用户敲击键盘的事件进行响应, 从而达到控制程序流向的目的, 这是一种常用的设计方法。

〖例 8-11〗用按键回答选择题。

下面利用按键交互制作一个选择题课件, 要求用户通过键盘选择正确的答案。

1) 建立一个新文件。

2) 向流程线上添加一个显示图标, 命名为 "题目"。

3) 在 "题目" 图标上单击鼠标右键, 从弹出的快捷菜单中选择【计算】命令, 在打开的计算窗口中输入 "ResizeWindow(500,200)", 重设演示窗口的大小。

4) 双击 "题目" 显示图标打开演示窗口, 绘制课件界面并输入文字, 如图 8-97 所示。

图 8-97 绘制界面并输入文字

5) 向 "题目" 图标的下方添加一个交互图标, 命名为 "控制"。

6) 向"控制"图标的右侧添加一个显示图标,在弹出的【交互类型】对话框中选择【按键】类型并确认,然后将显示图标的名称指定为"A|a",这时将忽略按键的大小写。

7) 双击按键交互类型标记,在【属性:交互图标】面板的【按键】标签中可以设置按键,如果该项为空,则默认为分支的名称,如图 8-98 所示。

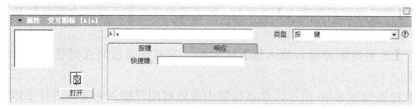

图 8-98　　【属性:交互图标】面板

8) 切换到【响应】标签,设置各项参数如图 8-99 所示。

图 8-99　　【响应】标签

9) 双击"A|a"显示图标,在打开的演示窗口中输入一个提示语"回答正确!",并做简单修饰,如图 8-100 所示。

图 8-100　答题正确的提示

10) 向"控制"图标的右侧再添加一个显示图标,则系统默认第一次设置的交互类型,将显示图标命名为"B|b"。

11) 双击"B|b"显示图标,在打开的演示窗口中输入一个提示语"回答错误!",并做简单修饰,如图 8-101 所示。

图 8-101　答题错误的提示

12) 用同样的方法，再向"控制"图标的右侧
添加两个显示图标，依次命名为"Clc"和"Dld"，
各项设置同"Blb"分支，这里不再重复叙述。

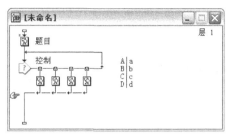

图 8-102　程序流程线

至此，整个程序设计完毕，流程线如图 8-102
所示。运行程序，可以通过按键进行选择答案，并
且只能选择一次，不论选择正确与否，都将退出交
互。按键响应的属性设置比较简单，只有一个【快
捷键】选项，设置该选项时要注意 Authorware 7.0
的一些新变化，除了可以接受变量或表达式外，当
输入按键时还需要加上引号。

8.4.10　重试限制与时间限制交互

在课件中使用重试限制交互，可以限制用户与当前程序交互的尝试次数，即限制人机
对话的次数。当达到规定次数时，将执行规定的分支。例如，可以为课件设置一个密码，
规定只能尝试 3 次，如果不能输入正确的密码，程序将关闭，这样可以拒绝非法用户的
使用。

另外，还可以为课件添加时间限制，当用户在规定的时间未能实现特定的交互时，则
课件按指定的流程线继续执行。时间限制交互与重试限制交互没有本质的区别，只是控制
方式稍有不同。

〖例 8-12〗 为课件制作密码。

1) 建立一个新文件。

2) 用计算图标定义演示窗口大小为(320，200)，并命名为"窗口"。

3) 在"窗口"图标的下方添加一个交互图标，命名为"口令"。

4) 在交互图标的右侧添加一个群组图标，在弹出的【交互类型】对话框中选择【文本
输入】类型，将该图标命名为"*"，使其可以接受输
入的任何内容。

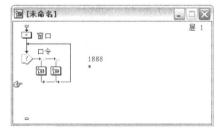

图 8-103　程序流程线

5) 在交互图标和"*"群组图标之间再添加一个
群组图标，在弹出的【交互类型】对话框中选择【文
本输入】类型，将该图标命名为"1888"，即所要设定
的密码，此时的流程线如图 8-103 所示。

6) 双击"1888"群组图标的交互类型标记，在【属
性：交互图标】面板的【响应】标签中设置【分支】
选项为"退出交互"，如图 8-104 所示。

图 8-104　【属性：交互图标】面板

7) 运行程序后双击交互图标，在打开的演示窗口中绘制密码区域的线条、输入提示，并调整至合适的位置。

8) 双击演示窗口中的文本输入框，打开【属性：交互作用文本字段】对话框，在【交互作用】标签中取消【输入标记】复选框，并设置其它选项如图 8-105 所示。

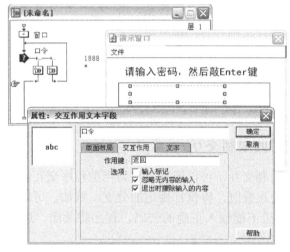

图 8-105　【属性：交互作用文本字段】对话框

9) 在"*"图标和"1888"图标之间再添加一个群组图标，并命名为"限制 3 次"。

ⓘ **加入该图标的目的是防止用户无限次地尝试口令。**

10) 双击其交互类型标记，在【属性：交互图标】面板的【类型】下拉列表中选择"重试限制"，然后在【重试限制】标签的【最大限制】文本框中输入"3"，即可以尝试 3 次，如图 8-106 所示。

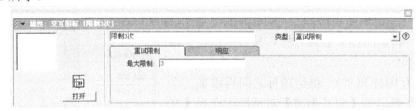

图 8-106　【属性：交互图标】面板

11) 双击"1888"群组图标，在打开的二级流程线上添加一个显示图标和一个等待图标。

12) 双击显示图标，在打开的演示窗口中输入当密码正确时的提示文字"你是一个合法用户，可以继续使用该软件"。

13) 双击等待图标，在打开的【属性：等待图标】面板中设置选项如图 8-107 所示。

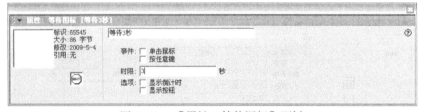

图 8-107　【属性：等待图标】面板

14) 运行程序，当密码输入正确时将显示提示文字，等待 3 秒即可擦除提示。

15) 用同样的方法，可以设置其余两个群组图标的二级流程线，最后的程序流程线如图 8-108 所示。

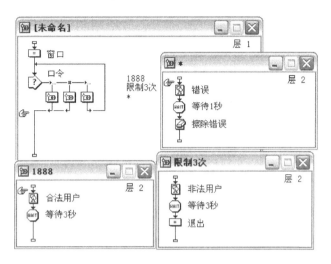

图 8-108　程序流程线

下面再增加一个时间限制，将输入密码的时间限制为 10 秒，当在 10 秒内未正确输入密码时，程序即退出。

16) 在"限制 3 次"和"*"图标之间再添加一个群组图标，命名为"限制 10 秒"。

17) 双击其交互类型标记，在【属性：交互图标】面板中的【类型】下拉列表中选择"时间限制"类型，并设置参数如图 8-109 所示。

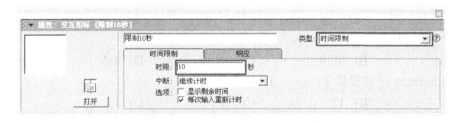

图 8-109　【属性：交互图标】面板

- 【时限】：用于设置等待的时间。
- 【中断】：用于设置当跳转到其它操作时，系统怎样关闭时间交互。
- 选择【显示剩余时间】选项时，将出现一只用于显示剩余时间的小闹钟。
- 选择【每次输入重新计时】选项时，每次输入密码时将重新开始计时。

18) 双击"限制 10 秒"群组图标，在打开的二级流程线上添加一个显示图标、一个等待图标和一个计算图标，如图 8-110 所示。

19) 在显示图标中输入"时间到！"，设置等待时间为 1 秒，在计算图标中输入"quit()"。

完成后的主流程线如图 8-111 所示。运行程序，用户有 3 次尝试输入密码的机会，并且限制时间为 10 秒，如果在 10 秒钟内未输入密码或 3 次尝试均错误，则程序自动退出。

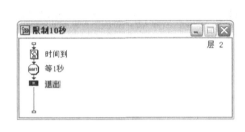
图 8-110　二级流程线

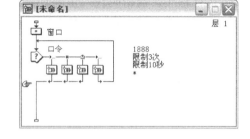
图 8-111　程序流程线

8.5　练 习 题

一、填空题

1. 在 Authorware 的移动图标中,用户可以使用_____种不同的动画设计方式,系统默认的一种方式是_____的动画设计方式。

2. 多媒体课件中最基本、最关键的一个特点就是交互性,交互的目的就是让用户与_____进行对话。

3. 交互图标具有显示图标和_____图标的双重作用。

4. Authorware 中共有_____种交互类型,分别是按钮交互、_____交互、热对象交互、_____交互、_____交互、条件交互、_____交互、按键交互、重试限制交互、_____交互和事件交互。

二、选择题

1. 如果要在同一个演示窗口中显示多个显示图标中的内容,应该按住(　　　)键再依次双击各个显示图标。

A) Ctrl 　　　　B) Shift 　　　　C) Alt 　　　　D) Tab

2. Authorware 一共提供了(　　　)种交互类型。

A) 11 　　　　B) 12 　　　　C) 13 　　　　D) 14

3. Authorware 中的移动图标提供了(　　　)种运动方式。

A) 4 　　　　B) 5 　　　　C) 6 　　　　D) 7

4. 在按钮响应中,只有选择【永久】选项后,【分支】选项中才会出现的一种分支类型是(　　　)。

A) 重试 　　　　B) 继续 　　　　C) 退出交互 　　　　D) 返回

三、问答题

1. 使用按钮交互时,如何修改按钮的大小、位置和外观?

2. 如何实现鼠标跟随效果?

3. 如何使用重试限制限制用户与当前程序交互的尝试次数?

4. 使用下拉菜单交互创建下拉菜单时,怎样去掉原来的【文件】菜单?如何设置同级多菜单?

第 9 章 课件的结构设计与控制

本章内容

- 判断分支结构
- 导航结构的建立与使用
- 练习题

前面介绍了 Authorware 交互结构的实现，这是制作多媒体课件的常用技术之一，它使得程序的流程更有选择性，更能符合用户的需要。实际上，在 Authorware 中，除了可以生成交互结构外，还可以生成其它类型的结构，如判断结构、框架结构、导航结构等，这为课件结构的设计与控制提供了更好的灵活性。例如，如果需要课件能根据条件自动运行，不需要用户干预，可以使用判断图标；如果要对课件的整体结构进行控制，则可以使用框架图标与导航图标。本章主要介绍判断图标、导航图标和框架图标。

9.1　判断分支结构

判断分支结构由判断图标构成。该结构用于设置一种判断条件，以此来判断程序分支如何进行，它的功能类似于程序语言中的 IF/THEN/ELSE、DO WHILE/ENDDO 等逻辑结构。判断分支结构如图 9-1 所示。

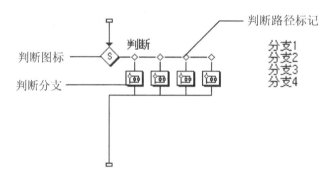

图 9-1　判断分支结构

9.1.1　认识判断图标

向流程线上添加一个判断图标，双击该图标，则打开【属性：判断图标】面板，如图 9-2 所示。

图 9-2　【属性：判断图标】面板

与其它图标的属性面板相似，【属性：判断图标】面板的左侧也用于显示图标的标识、大小、修改时间以及是否引用变量等信息。

面板的右侧用于设置判断图标的相关属性，其中：

- 【时限】：用于设定执行该判断图标的时间。当到达指定时间后，系统将停止判断图标的执行，而不管其分支是否执行完毕。

- 【显示剩余时间】：如果设置了限制时间，则该复选框变为可用状态，选择该复选框，将在演示窗口中出现一个用于计时的小闹钟。

- 【重复】：用于设置 Authorware 在判断分支结构中重复执行的次数，共有 5 个选项，其中：

  选择"固定的循环次数"选项时，在其下方的文本框中输入数值、变量或表达式，可以确定分支重复执行的次数。如果输入的值小于零，表示不重复，系统将退出或越过该判断图标。

  选择"所有的路径"选项时，则只有所有的分支都被执行后，系统才退出该判断图标。

  选择"直到单击鼠标或按任意键"选项时，系统将一直循环执行判断图标分支，直到用户单击鼠标或按任意键才结束。

  选择"直到判断值为真"选项时，则每次执行分支前先判断条件(变量或表达式)是否为"真"，如果不为"真"，就继续执行分支，否则将退出判断图标。

  选择"不重复"选项时，将不重复执行分支，即每个分支执行一次后就退出判断图标。

- 【分支】：用于设置判断分支结构中分支的执行情况，其中：

  选择"顺序分支路径"选项时，可以按照顺序执行各分支，即第一次执行判断分支结构时执行第一条分支中的内容；第二次执行判断分支结构时执行第二条分支中的内容，依此类推。

  选择"随机分支路径"选项时，可以随机执行任意一个分支，即程序执行到判断分支结构时将随机选择一条分支继续执行。

  选择"在未执行过的路径中随机选择"选项时，将随机执行任意一个未被执行过的分支。

  选择"计算分支结构"选项时，将依据条件(变量或表达式)的计算结果确定执行哪个分支。

- 选择【复位路径入口】复选框，可以重新设置判断图标，把所有的分支都当作从未被执行过一样重新开始执行。

在制作多媒体课件时，需要把【重复】和【分支】选项结合起来使用，才能设计出合理的程序结构。

9.1.2　设置判断路径的属性

选择判断图标右侧的分支图标，单击菜单栏中的【修改】\【图标】\【路径】命令，或者双击判断路径标记，则打开【属性：判断路径】面板，如图 9-3 所示。

图 9-3　【属性：判断路径】面板

- 　■　【擦除内容】：用于设置如何擦除判断分支图标中的内容，包括三个选项：

  选择"在下个选择之前"选项时，可以在显示下一个分支图标中的内容之前擦除当前的显示内容。

  选择"在退出之前"选项时，在 Authorware 退出判断结构之前在屏幕上保留所有内容，退出时清除这些内容。

  选择"不擦除"选项时，将保留所有的显示内容，除非使用擦除图标进行擦除。
- 　■　选择【执行分支结构前暂停】复选框时，在退出分支前屏幕上会出现一个等待按钮，必须单击该按钮才能进入下一个分支。
- 　■　单击　打开　按钮，Authorware 将保存所做的属性设置，并打开对应的分支图标。

9.1.3　使用判断分支结构

用户可以使用判断分支结构来执行一些重复性比较强的工作，甚至可以用它来实现一些动画效果。下面就使用判断图标制作一个字符闪烁的实例。

〖例 9-1〗制作闪烁的字符。

1）建立一个新文件。

2）向流程线上添加一个计算窗口，命名为"重设窗口"，将演示窗口的大小定义为(320，280)。

3）在流程线上添加一个判断图标，命名为"闪烁"。双击该图标，在打开的【属性：判断图标】面板中设置参数如图 9-4 所示。

图 9-4　【属性：判断图标】面板

4）在判断图标的右侧添加一个群组图标，构成判断分支结构。

5）双击群组图标，在其二级流程线上添加一个等待图标，将其命名为"0.5"。

6）双击等待图标，在打开的【属性：等待图标】面板中设定时限为 0.5 秒，其它参数设置如图 9-5 所示。

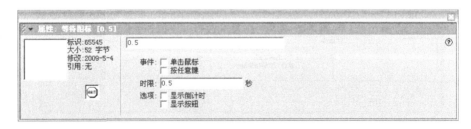

图 9-5　【属性：等待图标】面板

7) 在等待图标的下方添加一个显示图标，将其命名为"闪烁文字"。双击该图标，在打开的演示窗口中输入要闪烁的文字"注意！"。

8) 将流程线上的"0.5"等待图标复制到显示图标的下方，则程序流程线如图 9-6 所示。

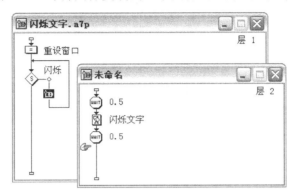

图 9-6　程序流程线

9) 运行程序，则"注意！"字符将在屏幕上闪烁 5 次。

如果要让"注意！"字符不停地闪烁，直到单击鼠标或按键才停止，则需要重新设置判断图标的属性，将【重复】选项改为"直到单击鼠标或按任意键"，如图 9-7 所示。

图 9-7　【属性：判断图标】面板

9.2　导航结构的建立与使用

导航结构由框架图标、附属于框架图标的页图标和导航图标组成。导航结构有两个作用：一是建立一套完整的框架页结构，二是实现页与页之间的跳转与超链接。

9.2.1　导航图标与属性设置

在 Authorware 中，实现页面之间的跳转主要依靠导航图标，该图标主要应用于两种场合：一是程序自己指定的转移，当 Authorware 执行到流程线上的导航图标时，将自动执行该图标并进入预设的链接目的地；二是用户自己控制的转移，将导航图标依附于交互图标创建一个定向框架，此时导航图标既可以放在框架图标的主流程线上，也可以放在其它分支上，导航图标的执行取决于交互图标的响应。

向流程线上添加一个导航图标，双击该图标，可以打开【属性：导航图标】面板，如图 9-8 所示。

图 9-8　【属性：导航图标】面板(1)

在【属性：导航图标】面板中，【目的地】列表用于设置要跳转到的目的地。根据选项的不同，面板中的各项参数也不同。下面分别介绍对应于不同目的地时的选项设置。

1. 最近

在【目的地】列表中选择"最近"选项，可以跳转到最近访问过的页面。如图 9-9 所示为选择"最近"时的【属性：导航图标】面板。

图 9-9　【属性：导航图标】面板(2)

- 选择【返回】选项时，可以返回到前面刚浏览过的一页。
- 选择【最近页列表】选项时，运行程序时将弹出一个【最近的页】列表，列表中显示了用户浏览过的页面，其中最后浏览的页面位于列表的最上端，用户可以单击所需页面名称进入该页。

2. 附近

在【目的地】列表中选择"附近"选项，可以跳转到相邻的页面。如图 9-10 所示为选择"附近"时的【属性：导航图标】面板。

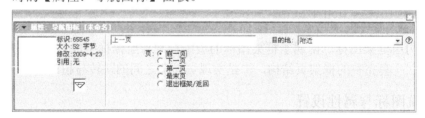

图 9-10　【属性：导航图标】面板(3)

- 选择【前一页】选项，可以跳转到当前页的前一页，即依附于框架图标中左边相邻的页。
- 选择【下一页】选项，可以跳转到下一页，即框架图标中右边相邻的页。
- 选择【第一页】选项，可以跳转到第一页，即框架图标中最左边的页。
- 选择【最末页】选项，可以跳转到框架图标中最右边的页。
- 选择【退出框架/返回】选项，可以退出框架结构。

3．任意位置

在【目的地】列表中选择"任意位置"选项，可以跳转到任何页面。如图 9-11 所示为选择"任意位置"时的【属性：导航图标】面板。

图 9-11　【属性：导航图标】面板(4)

- 【类型】：用于设置跳转到目标页的方式。其中：选择【跳到页】选项，可以建立一个单向定向链接；选择【调用并返回】选项，可以建立一个双向定向链接，跳转到某页后，还可以再跳转回来。
- 【页】：用于列出框架中所有页的名称。直接单击页的名称可以建立一个链接该页的定向链接；在【框架】下拉列表中选择"全部框架结构中的所有页"选项，可以使文件中所有框架图标的页按流程线上出现的顺序排列在【页】列表框中，单击所需的页可以建立链接。
- 【查找】：用于查找要跳转到的页。在其后面的文本框中输入要查找的文本或关键字后，单击 查找 按钮，则相关的页将显示在【页】列表框中，单击所需的页可以建立链接。

4．计算

在【目的地】列表中选择"计算"选项，可以跳转到由计算确定的页面中。如图 9-12 所示为选择"计算"时的【属性：导航图标】面板。

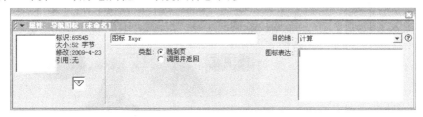

图 9-12　【属性：导航图标】面板(5)

在面板右侧的文本框中可以输入一个返回图标 ID 标识的表达式，则系统将根据表达式计算出页面的 ID 标识并跳转到该页中。

5．查找

在【目的地】列表中选择"查找"选项，当 Authorware 执行程序进入导航图标时，将弹出一个【查找】对话框，要求用户输入要查找的词语，搜索到所需的页面后再跳转。如图 9-13 所示为选择"查找"时的【属性：导航图标】面板。制作多媒体课件时该选项内容并不常用，这里就不作深入介绍了。

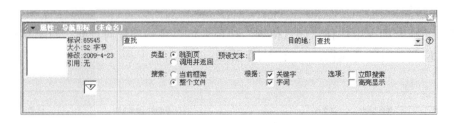

图 9-13　【属性：导航图标】面板(6)

9.2.2　框架图标与属性设置

在 Authorware 中，如果一个图标执行完再想返回去，必须使用函数或变量，因为系统是按流程线顺序执行任务的。但是有了框架图标以后，这个问题就可以轻易解决了。

1．使用框架图标

框架图标所管理的内容是导航图标，这在课件整体结构的控制方面是功不可没的。下面我们制作一个相册，通过这个实例来说明框架图标的作用和基本属性。

〖例 9-2〗制作简单的电子相册。

1) 建立一个新文件。

2) 向流程线上添加一个框架图标，命名为"相册"。

3) 在"相册"图标的右侧添加一个群组图标，命名为"图片 1"。

4) 双击"图片 1"群组图标，在打开的二级流程线上添加 3 个图标，其中在"图片 1"显示图标中导入一幅图片；在"文字介绍"显示图标中输入图片的介绍内容；在"配音"声音图标中载入一段音乐，此时的流程线如图 9-14 所示。

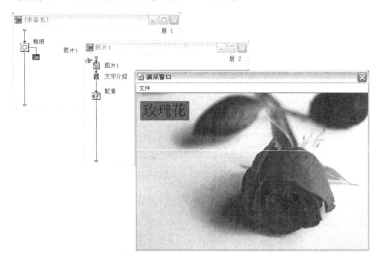

图 9-14　程序流程线

5) 用同样的方法，再向主流程线上添加 6 个群组图标，并依次导入图片、文字介绍和声音，流程线如图 9-15 所示。

6) 运行程序，则屏幕上将显示一幅照片，同时出现一个导航面板，如图 9-16 所示。

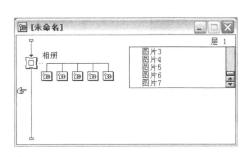

图 9-15　程序的主流程线

图 9-16　运行画面

7) 单击导航面板中的按钮，可以实现不同的功能，跳转到不同的页中。其中：

- 单击 按钮，可以显示第一页中的照片。
- 单击 按钮，可以向前翻看照片。
- 单击 按钮，可以向后翻看照片。
- 单击 按钮，可以显示最后一页中的照片。
- 单击 按钮，可以退出显示状态。
- 单击 按钮，弹出一个【最近的页】列表，列表的最上面显示的是当前页的名字，如图 9-17 所示。双击列表中的页面名称，可以跳转到相应的页中。

图 9-17　【最近的页】列表

- 单击 按钮，弹出一个【查找】对话框。在对话框的【字/短语】文本框中输入要查找的字或短语后，单击 查找 按钮，则【页】列表中将显示包含该字或短语的页面。选择要进入的页后单击 转到页 按钮，即可进入所选页中，页面中被查找的字或短语处于选择状态，如图 9-18 所示。
- 单击 按钮，将从当前页开始按顺序显示前面页中的内容，如当前页为第 4 页，单击该按钮后，将按 4、3、2、1、7、6、5、4 的顺序循环显示。
- 单击 按钮，将沿历史记录从后向前翻阅用户使用过的页，一次只能向前翻一页。

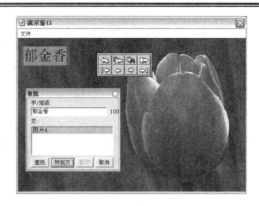

图 9-18　查找到的页面

2．框架图标的作用

在 Authorware 中，框架图标的主要作用是管理导航图标。通过使用该图标，可以轻松实现对课件的整体布局管理与控制。

下面我们通过前面的"相册"实例来介绍框架图标的作用。

双击程序中的框架图标，打开框架图标的内部流程结构图，如图 9-19 所示。

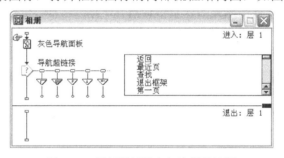

图 9-19　框架图标的内部流程结构图

这个结构图看起来很复杂，但实际上它是由显示图标、交互图标和导航图标三类图标组成的。

- 结构图流程线的最上面是显示图标。双击显示图标，在打开的演示窗口中有一个灰色导航面板，如图 9-20 所示。导航面板中的按钮大小和位置可以进行调整，甚至可以删除不用。

- 显示图标的下方是交互图标，交互图标所控制的导航图标的交互类型是按钮交互，并且【响应】标签中的【分支】是"返回"。双击交互图标，在打开的演示窗口中有一个包含八个按钮的按钮键盘，如图 9-21 所示。与显示图标中的导航面板相比，这些按钮才是真正起作用的，它与交互图标右侧的导航图标一一对应，执行所对应的导航图标的功能。这些按钮的大小和位置同样也可以进行调整，而且调整后并不影响按钮的功能。

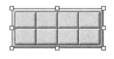　　　　　

图 9-20　导航面板　　　　　图 9-21　按钮键盘

- 交互图标的右侧是导航图标，用于控制课件程序的流向。

9.2.3　实现超链接

虽然 Authorware 是一个多媒体集成软件，但它同样也可以实现超链接。本节我们将使用框架图标实现超链接。

要实现超链接需要做好两方面的准备工作：一是定义文本风格，二是建立链接。

1．定义文本风格

我们已经介绍了一些文本风格的内容，但是没有涉及到超链接。实际上，超链接的实现也是在【定义风格】对话框中完成的，如图 9-22 所示。

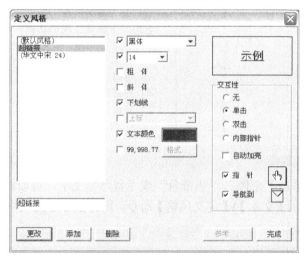

图 9-22　【定义风格】对话框

该对话框右侧的选项就是文本的交互属性，通过它们控制超链接的实现。这里我们重点介绍【交互性】的设置及应用。

- 【无】：选择该项，则文本不具有交互性，即不能创建超链接。此时下方的三个选项禁用。
- 【单击】：选择该项，表示单击文本时激活超级链接。
- 【双击】：选择该项，表示双击文本时激活超级链接。
- 【内部指针】：选择该项，表示当鼠标指针指向文本时激活超级链接。
- 选择【自动加亮】复选框，则激活超级链接时文本呈高亮显示。
- 选择【指针】复选框，可以设置鼠标指针位于链接文本上时的形状，默认形状为"手形"。
- 选择【导航到】复选框，单击右侧的导航标记☑，在弹出的【属性：导航风格】对话框中可以设置链接目标。

2．建立超链接

在 Authorware 中建立超链接有两种方法：一种是在定义文本风格时就指定了链接目标，另一种是在应用文本风格时才指定链接目标。两种方法各有所长，对于前者而言，一旦应用了文本风格，那么所有应用该文本风格的文字都会指向同一个链接；而对于后者而言，可以实现相同风格的文本指向不同的链接目标。

〖例 9-3〗制作超链接实例。

1）建立一个新文件。

2）向流程线上添加多个设计图标，它们的位置和名称如图 9-23 所示。

3）双击"鱼类"显示图标，在打开的演示窗口中输入相应的文字，如图 9-24 所示。

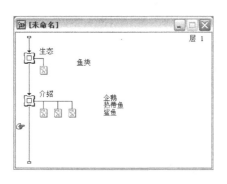

图 9-23　程序流程线

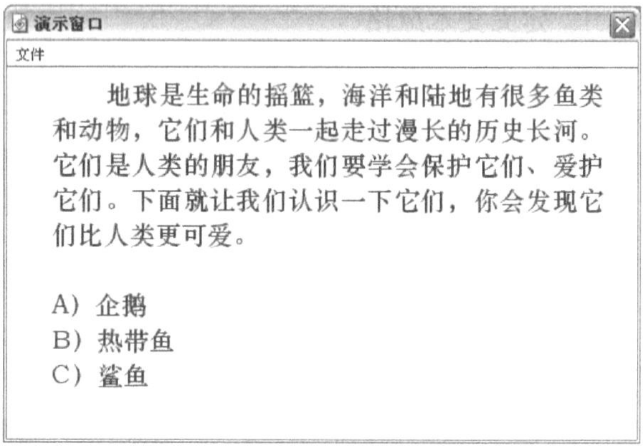

图 9-24　输入的文字

我们的要求是：单击"企鹅"、"热带鱼"或"鲨鱼"文字，可以激活相应的介绍内容。

4）单击菜单栏中的【文本】\【定义风格】命令，则弹出【定义风格】对话框，如图 9-25 所示。

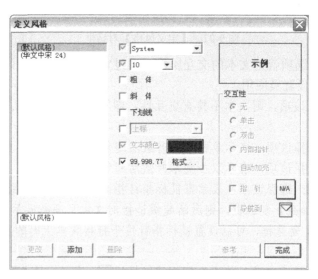

图 9-25　【定义风格】对话框(1)

5）单击 添加 按钮，修改文字风格的名称为"link"后单击 更改 按钮。再根据需要设置"字体"、"字号"、"样式"、"颜色"等选项；在【交互性】选项组中选择【单击】、【指针】、【导航到】三个选项，此时的【定义风格】对话框如图 9-26 所示。

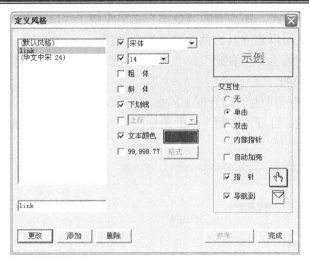

图 9-26　【定义风格】对话框(2)

6) 单击【导航到】选项右侧的  按钮，则弹出【属性：导航风格】对话框，如图 9-27 所示。

图 9-27　【属性：导航风格】对话框

7) 在【框架】下拉列表中选择"介绍"选项，在【页】右侧的列表框中选择"企鹅"图标，然后单击 确定 按钮，返回【定义风格】对话框。

8) 单击 完成 按钮确认操作。

9) 双击流程线上的"鱼类"显示图标，在打开的演示窗口中选择"企鹅"文字。

10) 单击菜单栏中的【文本】\【应用风格】命令，则出现【应用样式】列表框，如图 9-28 所示。

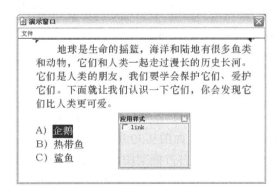

图 9-28　【应用样式】列表框

11) 单击 "Link" 样式,则选中的 "企鹅" 文字应用了 "Link" 样式。

12) 用同样的方法可以建立其它两个文本的超链接。

13) 分别双击流程线上的 "企鹅"、"热带鱼" 和 "鲨鱼" 显示图标,在相应的演示窗口中输入相关的文字说明。

14) 双击 "生态" 框架图标,打开框架图标的内部流程结构图,将其中的所有图标删除。

15) 用同样的方法,打开 "介绍" 框架图标,将 "退出框架" 导航图标以外的所有内容删除,如图 9-29 所示。

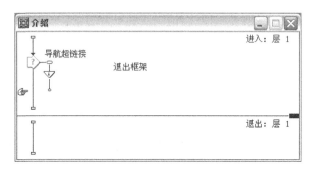

图 9-29　框架图标的设置

16) 运行程序,则显示 "鱼类" 图标中的文字,画面上没有任何按钮,当光标移到 "企鹅"、"热带鱼" 和 "鲨鱼" 文字上时将出现手形光标,单击鼠标可以进入相关介绍页面。

用超链接还可以对图片、图像、声音等进行链接,方法类似,不再重复。

9.2.4　课件结构的设计

前面介绍了判断分支结构与导航结构的建立,这两种结构在多媒体课件制作过程中非常重要。下面就使用框架图标为课件设计整体的导航结构,操作步骤如下:

1) 建立一个新文件。使用计算图标定义演示窗口的大小为(320,280)。

2) 在计算图标的下方添加一个框架图标,将其命名为 "课件结构"。

运行程序,可以发现在演示窗口中没有导航面板,这是因为重新定义演示窗口大小时,Authorware 不是按比例缩小窗口,而是把多余的部分(包括导航面板)直接裁掉了。

3) 双击框架图标,打开其内部流程结构图。

4) 双击结构图中的交互图标,打开演示窗口,将导航面板中的按钮逐个拖动到演示窗口的左上角。再运行程序则演示窗口中将出现按钮。

5) 在 "课件结构" 框架图标的右侧添加四个群组图标,分别命名为 "复习旧课"、"导入新课"、"讲授内容"、"请你欣赏",然后根据设计需要在各群组图标中制作其它内容(这里不再介绍分支的制作),流程线如图 9-30 所示。

6) 双击 "课件结构" 框架图标,打开框架图标的内部流程结构图,删除其中的显示图标和部分导航图标,并调整导航图标的位置,结果如图 9-31 所示。

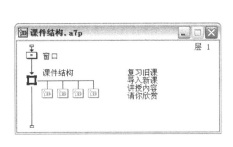

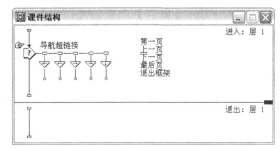

图 9-30　程序流程线　　　　　　　　　　图 9-31　框架图标中的内容

7) 双击交互图标，在打开的演示窗口中调整按钮的位置，即可得到横式或纵式导航结构的课件，如图 9-32 所示。

图 9-32　横式与纵式结构课件

这不是一个完整的实例，只是重点向读者介绍了课件结构的实现方法。使用框架图标对于建立具有横式或纵式页结构的课件非常方便，读者务必灵活掌握。

9.3　练　习　题

一、填空题

1. 导航结构由框架图标、附属于框架图标的页图标和_____图标组成。

2. 导航结构有两个作用：一是建立一套完整的框架页结构，二是实现页与页之间的跳转与_____。

3. 判断分支结构由_____图标构成。该结构用于设置一种判断条件，以此来判断程序分支如何进行。

二、选择题

1. 默认条件下，下列内容不属于框架图标的是(　　　　)。

A) 运动图标　　　　　B) 交互图标　　　　　C) 导航图标　　　　　D) 显示图标

2. 要实现框架中的链接搜索，可以通过下列哪种方法实现？(　　　　)

A) 在导航图标【属性】面板的【搜索】选项组中选择【整个文件】选项

B) 在导航图标【属性】面板的【搜索】选项组中选择【调用并返回】选项

C) 在导航图标【属性】面板的【目的地】下拉列表框中选择"查找"选项

D) 在导航图标【属性】面板的【预设文本】选项中输入查找的页

3. 创建判断分支时，如果要随机选择未使用过的分支，则需要在【属性】面板中指定【分支】选项为(　　　)。

A) 顺序分支路径 　　　　　　　　B) 随机分支路径

C) 在未执行过的路径中随机选择 　　D) 设计分支结构

三、问答题

1. 怎样实现超链接？

2. 如何设计课件结构？

第 10 章　库、模块、知识对象的使用

本章内容

- 库及其操作
- 模块
- 知识对象的使用
- 练习题

用 Authorware 制作课件时，会涉及到大量的动画、声音、图片等，而这些素材本身的数据量又很大，所以，课件动辄几十兆甚至上百兆，这为发布带来了很大的困难。为此，需要对课件进行"瘦身"处理，这就要用到系统提供的"库"。同样，在制作课件时经常会重复使用一些相同的内容，例如相同的画面、相同的分支结构等，为了提高工作效率，可以使用 Authorware 提供的"模块"功能，把需要反复使用的一个或一段程序生成"模块"，然后调出使用即可，这样可以避免重复劳动。另外，Authorware 还提供了"知识对象"，它是对模块功能的扩展，实际上就是带有向导的模块，使用起来非常方便，按照其引导程序一步步地操作即可。

10.1　库及其操作

如果没有"库"，同样一个 60 KB 的图片要在流程线的不同地方使用两次，无形中流程线的数据量就是 120 KB，但有了"库"，无论这张图片在流程线上使用多少次，流程线的总数据量都不变，依然是 60 KB，因为除了这张"源图片"，其它显示图标中的内容都是通过"库"建立的链接。

10.1.1　创建一个新库

库是设计图标的集合，它将程序中多次使用的设计图标集合到一起。使用库文件时，只要建立程序与库文件之间的链接关系即可，这大大地节省了存储空间，避免了重复劳动，做到了程序与数据的分离，便于程序的更新。

〖例 10-1〗建立库文件。

1) 建立一个新文件。

2) 向流程线上添加一个显示图标并导入一幅图片，再添加一个声音图标并导入声音文件，如图 10-1 所示。

3) 单击菜单栏中的【文件】\【新建】\【库】命令，即可打开库窗口，该窗口的大小可以改变，如图 10-2 所示。

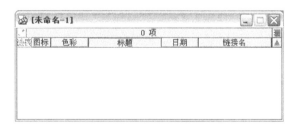

图 10-1　流程线　　　　　　　　　　　　　　图 10-2　库窗口

4) 从流程线上拖曳显示图标到库窗口中，释放鼠标，则窗口中将出现一个显示图标，如图 10-3 所示。库中的图标前多了一个表示链接的符号，并且流程线上的图标名称变为斜体，这表明显示图标中的内容在库里，而不在流程线上，此时程序中的"背景图像"图标与库中"背景图像"图标之间建立了一种链接关系。

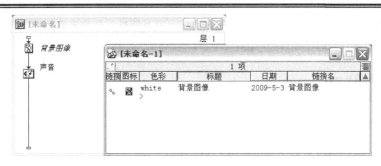

图 10-3 将流程线上的图标拖入库中

利用复制与粘贴的方法也可以向库中添加设计图标。选择流程线上的"声音"图标,单击工具栏中的 📋 按钮,然后激活库窗口,单击工具栏中的 📋 按钮,则图标就出现在库窗口中了。不过,使用这种方法不会建立程序中的图标与库中图标的链接关系。

5) 单击菜单栏中的【文件】\【保存】命令,则打开【保存为】对话框,如图 10-4 所示。

图 10-4 【保存为】对话框

6) 在对话框中为库命名,如"练习库"。

7) 单击 保存(S) 按钮,则库窗口上的标题变为库的名称"练习库.a71",如图 10-5 所示。

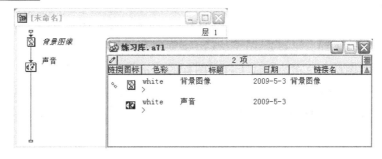

图 10-5 命名后的库

库文件中只能存放 5 种图标，分别为显示图标、交互图标、数字电影图标、声音图标和计算图标。

10.1.2　打开与使用库文件

如果要在当前程序中使用库文件，首先要单击菜单栏中的【文件】\【打开】\【库】命令打开库窗口，然后从库窗口中将所需图标拖曳到设计窗口的流程线上，释放鼠标后流程线上将出现一个新的设计图标，其名称以斜体字显示。

当在流程线上使用了库中的图标时，在图标上单击鼠标右键，从弹出的快捷菜单中选择【库链接】命令，将出现如图 10-6 所示的对话框，该对话框显示了有关该库的信息。单击 预览 按钮，可以查看图标的内容，单击 查找原作 按钮，可以打开库窗口。

图 10-6　【背景图像】对话框

另外，如果流程线上的某个图标与库中图标的链接关系断了，但又不知道在哪里找到它，可以单击菜单栏中的【其他】\【库链接】命令，打开【库链接】对话框，选择【无效链接】选项后，对话框中将显示断开链接的图标，如图 10-7 所示。选择要查找的图标后单击 显示图标 按钮，则该图标将在流程线上高亮显示。

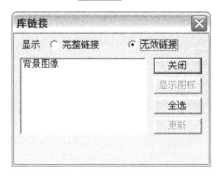

图 10-7　【库链接】对话框

10.1.3　库中图标内容的编辑

库中图标内容的编辑可以采用两种方法：在流程线上进行编辑和在库中进行修改。

1．在流程线上进行编辑

当程序的流程线上使用了库中的设计图标时，双击该图标将打开演示窗口和工具箱，这时的工具箱与以往不同，工具箱中除了 工具外其它工具都不能用，如图 10-8 所示。这说明使用了库中的图标后，在流程线上打开图标的演示窗口时不能使用绘图工具进行绘图，也不能使用文字工具编辑文字，只能调整对象的位置和设置特效方式，并且这些操作只能影响该图标，对库中的图标没有任何影响。也就是说，在流程线上只能对该图标的属性进行修改。

图 10-8　演示窗口和工具箱

2．修改库中的图标

在库窗口中双击要修改的设计图标，也可以打开演示窗口，不过，工具箱又变为正常状态，所有工具都可以使用。这时对图标内容的修改将影响流程线上与该图标有链接关系的所有图标。但是在库中对图标属性的修改如"层"、"特效"等，却不会影响流程线上的图标。

10.2　模　　块

在 Authorware 中，模块是指流程线上的一段逻辑结构，它可以包含各种图标和程序分支。使用模块时，是将模块的复制品插入到流程线上。使用模块的主要目的在于提高工作效率，减少重复劳动。

10.2.1　建立模块

通常情况下，用户可以把一些具有共性的、重复使用的程序段保存为模块，以备今后使用。

〖例 10-2〗建立一个模块。

1）打开制作的程序文件，如图 10-9 所示。

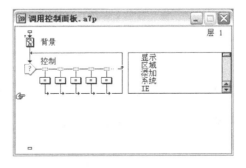

图 10-9　程序流程线

2) 将流程线上的所有内容选中，然后单击菜单栏中的【文件】\【存为模块】命令，则弹出【保存为模块】对话框，如图 10-10 所示。

图 10-10 【保存为模块】对话框

3) 在对话框中选择保存位置为 Authorware 7.0\Knowledge Objects 目录(注意一定要保存在该目录下)后，为模块命名，此处命名为"调用"。

4) 单击 保存(S) 按钮，即可完成模块的创建。

10.2.2 模块的使用与卸载

建立一个新文件，从【知识对象】面板中找到新创建的模块"调用"。如果没有，单击窗口中的 刷新 按钮，就会在知识对象列表框中发现存储的模块，如图 10-11 所示。

图 10-11 【知识对象】面板

将"调用"模块拖曳到流程线上后释放鼠标，即可将该模块添加到流程线上。

> 使用模块实际上是复制模块的内容，而不像库可以节约存储空间，使用它的唯一目的就是减少重复劳动。

如果要删除某个模块，需要先打开 Windows 资源管理器，在 Authorware 7.0 文件夹下找到 Knowledge Objects(知识对象)子文件夹，从中选择要卸载的模块将其删除即可。

10.3　知识对象的使用

"知识对象"是指一些由 Authorware 提供的逻辑完整的功能模块。使用"知识对象"可以在程序向导的引导下一步一步地完成特定功能的程序。通过"知识对象"可以大大提高使用 Authorware 7.0 制作多媒体课件的效率。

默认情况下，启动 Authorware 7.0 时程序会自动弹出一个【新建】对话框，如图 10-12 所示。

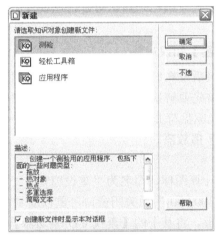

图 10-12　【新建】对话框

该对话框中给出了三个用于创建新文件的知识对象。

选择"测验"知识对象时，系统将建立一个测试程序的框架，在知识对象向导的引导下，用户可以自由定制一个测试程序。

选择"轻松工具箱"知识对象时，可以弹出【轻松工具箱】对话框，如图 10-13 所示。

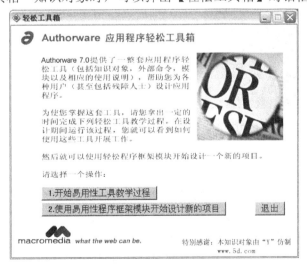

图 10-13　【轻松工具箱】对话框

通过该对话框可以了解到"轻松工具箱"知识对象的作用，这是一个包含了知识对象、命令、模块和结构的工具包，可以帮助用户快速建立 Authorware 应用程序。单击 `1.开始易用性工具教学过程` 按钮，可以了解与学习该工具包的具体使用方法。单击 `2.使用易用性程序框架模块开始设计新的项目` 按钮，则可以创建一个通用程序的基本框架。

选择"应用程序"知识对象时，系统将建立一个应用程序框架，通过向导完成一系列设置后，可以建立一个具有框架结构的应用程序。

10.3.1　知识对象的功能与调用方法

Authorware 7.0 的知识对象共有九大类，每一类又包括多个知识对象，有一些并不常用。限于篇幅，在此通过实例的形式介绍几个知识对象，以便读者对它们有一个感性认识，从而熟悉其功能与调用方法。

1. 调用【查找 CD 驱动器】知识对象

在多媒体课件制作中，最后发布时往往需要刻录一张光盘，假设要求课件可以自行读出光盘中的文件，那么我们首先要解决的问题就是查找光驱盘符。由于不同的计算机其光驱的盘符也不同，所以确定光驱盘符非常重要。

〖例 10-3〗制作一个音乐播放器。

1) 建立一个新文件。

2) 在流程线上添加一个计算图标，命名为"重设窗口"。双击该图标，在打开的计算窗口中输入"ResizeWindow(300,200)"后关闭窗口，重设演示窗口的大小。

3) 打开【知识对象】面板，将其中的【查找 CD 驱动器】知识对象拖放到流程线上，释放鼠标后，将出现向导程序的【Introduction】(介绍)对话框，对话框中介绍了该知识对象的功能和用法，如图 10-14 所示。

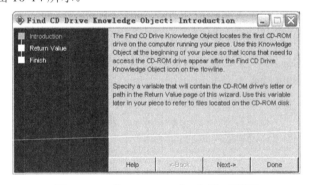

图 10-14　【Introduction】(介绍)对话框

- 对话框左侧部分用于显示向导程序的设计步骤，通过单击各步骤可以跳转到相对应的设置画面。
- 对话框右侧部分用于显示各种设置信息。
- 单击 `Help` 按钮，可以获得相应步骤的帮助信息。
- 单击 `<-Back` 按钮，可以返回上一个设置步骤。
- 单击 `Next->` 按钮，在完成了本步骤的操作后进入下一步。
- 单击 `Done` 按钮，可以直接完成知识对象的设置。

4) 单击 <u>Next-></u> 按钮，将出现如图 10-15 所示的【Return Value】(返回值)对话框，要求用户存储返回值的变量和返回值格式。

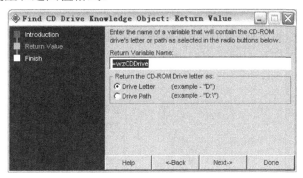

图 10-15　【Return Value】(返回值)对话框

- 【Return Value Name】(返回值的名字)：用于输入变量名。系统的默认设置是wzCDDrive，用户可以随意修改，如 "CDD"。 注意修改变量名要在前面加个"="号。
- 【Return the CD-ROM Drive Letter as】(返回值的格式)：选择【Drive Letter】选项，将返回光驱的盘符，如 "D"；选择【Drive Path】选项，则返回路径，如 "D: \"。用户可以根据程序设计的需要进行选择。

5) 单击 <u>Next-></u> 按钮，若选择的变量前面没有定义，将弹出一个信息提示框，如图 10-16所示，系统提示该变量不存在，是否需要创建。

图 10-16　信息提示框

6) 单击 <u>是(Y)</u> 按钮，则程序会自动创建该变量，同时出现图 10-17 所示的对话框，说明向导将要完成，并且由于程序需要 "winapi.ucd" 和 "winapi.u32" 两个文件，所以程序自动将这两个文件拷贝到当前程序所在目录下。

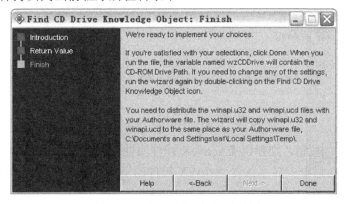

图 10-17　【Finish】(完成)对话框

7) 单击  按钮，则完成了知识对象的添加。

此时，流程线上新添加了一个知识对象，如图 10-18 所示，用户可以随时双击该知识对象，使用向导程序进行修改。

8) 向知识对象图标的下方添加一个显示图标，将其命名为"播放器"。

9) 双击该图标，在打开的演示窗口中输入"简易播放器"文字，并进行简单的画面设计，如图 10-19 所示。

图 10-18　程序流程线

图 10-19　演示窗口的设计

此时运行程序即可检测到光驱盘符了。下面需要在找到光驱盘符以后自动播放光盘中 Wave 目录下的一段音乐，这需要借助 ActiveX 控件中的"Windows Media Player"。

10) 单击菜单栏中的【插入】\【控件】\【ActiveX】命令，在弹出的【选择 ActiveX 控件】对话框中查找到"Windows Media Player"控件并选择之，如图 10-20 所示。

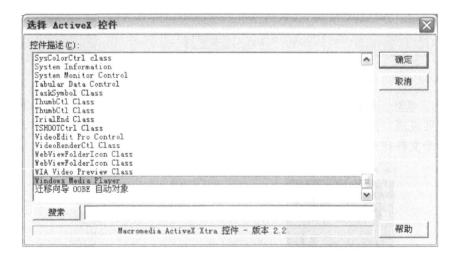

图 10-20　【选择 ActiveX 控件】对话框

11) 单击 确定 按钮，则弹出【ActiveX 控件属性-Windows Media Player】对话框，如图 10-21 所示。该对话框中显示的是 ActiveX 控件的下载地址、版本、ClassID 以及控件的选项等。

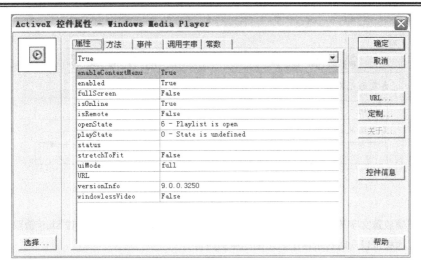

图 10-21　【ActiveX 控件属性–Windows Media Player】对话框

12) 单击 确定 按钮，则在流程线上插入了一个 ActiveX 图标，如图 10-22 所示，将其重新命名为 "ActiveX"。

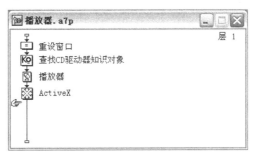

图 10-22　程序流程线

13) 再向流程线上添加一个计算图标，命名为 "Play"，然后在计算窗口中输入如图 10-23 所示的内容后关闭窗口。第一行语句的作用是将光驱盘符与文件名连接成一个完整的路径；第二行语句的作用是利用#filename 属性定义 Sprite 对象播放指定的文件。

图 10-23　计算窗口

14) 为了验证设置的有效性，可以在流程线上再添加一个显示图标，命名为 "值"。双击 "值" 显示图标，在演示窗口的相应位置处输入如图 10-24 所示的内容，分别用于显示变量 CDD 和 file 的值。

图 10-24　在演示窗口中输入变量

> (i)　为了正确放置文字的位置，可以先双击"播放器"显示图标，然后再按住 Shift 键双击"值"显示
> 图标，这样可以同时显示两个显示图标中的内容。

15) 在流程线上选择"值"显示图标，在【属性：显示图标】面板中选择【自动更新变量】复选框。

16) 运行程序，就可以欣赏到光盘中的音乐了，同时画面中将准确地显示当前光盘的盘符和正在播放的音乐文件的路径，如图 10-25 所示。

图 10-25　程序运行画面

2．调用【消息框】知识对象

消息框(Message Box)是 Windows 程序中常见的一种用户界面。在多媒体作品中也会经常用到它，比如前面制作的"播放器"，当要结束播放时，要求按"退出"按钮能够弹出一个信息框，让用户进行确认是否要退出。

〖例 10-4〗制作退出消息框。

1) 建立一个新文件。

2) 在流程线上添加一个交互图标，命名为"Control"。

3) 在"Control"交互图标的右侧添加一个群组图标，在弹出的【交互类型】对话框中选择"按钮"交互类型并确认，然后将图标命名为"退出"，如图 10-26 所示。

4) 双击"退出"群组图标，打开二级设计窗口。

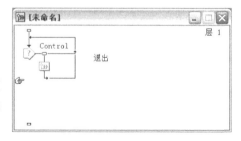

图 10-26　建立交互

5) 从【知识对象】面板中拖曳【消息框】知识对象至二级流程线上，则弹出向导程序的【Introduction】(介绍) 对话框，如图 10-27 所示。该对话框中主要介绍了【消息框】的功能和用法，并提示用户进一步选择。

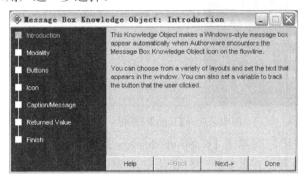

图 10-27　【Introduction】(介绍) 对话框

6) 单击 Next-> 按钮，则弹出【Modality】(形态) 对话框，要求选择消息框的特征模式，如图 10-28 所示。这里选择【Task Modal】(任务形式)选项。

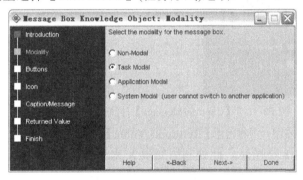

图 10-28　【Modality】(形态) 对话框

7) 单击 Next-> 按钮，则弹出【Buttons】对话框，要求选择出现在消息框上的按钮，如图 10-29 所示，此处选择【Yes，No】选项。

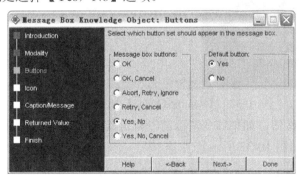

图 10-29　【Buttons】(按钮)对话框

8) 单击 Next-> 按钮，则弹出【Icon】(图标)对话框，要求选择出现在消息框中的小图标，如图 10-30 所示。此处选择【Question】选项。

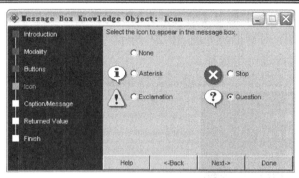

图 10-30 【Icon】(图标) 对话框

9) 单击 Next-> 按钮，则弹出【Caption/Message】(标题和消息)对话框，要求用户输入消息框的标题和提示内容，在此输入"注意"和"确认要退出吗？"，如图 10-31 所示。

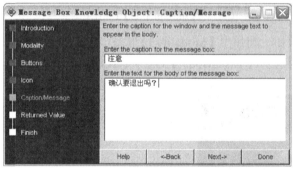

图 10-31 【Caption/Message】(标题和消息) 对话框

10) 单击 Next-> 按钮，则弹出【Returned Value】(返回值)对话框，要求定义用于存放返回值的变量，如图 10-32 所示。此处利用变量 X 来存储返回值。

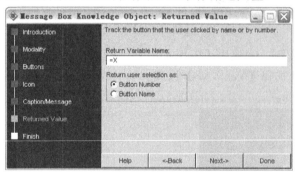

图 10-32 【Returned Value】(返回值) 对话框

11) 单击 Next-> 按钮，如果该变量以前没有定义还将弹出一个信息提示框，询问是否创建新变量对话框，如图 10-33 所示。

图 10-33 信息提示框

12) 单击 <u>　是(Y)　</u> 按钮，创建新变量。然后单击 <u>　Next->　</u> 按钮，出现【Finish】对话框，其中单击 <u>Preview Results</u> 按钮可以预览定义的信息框，如图 10-34 所示。

图 10-34　预览信息框样式

13) 单击 <u>　Done　</u> 按钮，完成信息框的设置，返回流程线。

14) 在知识对象图标的下面添加一个计算图标，在其中输入如图 10-35 所示的内容，判断用户是否选择了按钮"是"(返回值为 6)，如果选择了"是"按钮，则退出程序。

图 10-35　计算图标的内容

至此，这个信息框就设计好了，运行程序可以发现单击 <u>　退出　</u> 按钮，将发出警示音并出现信息框，提醒用户做出反应。下面将该程序复制到"播放器"程序中。

15) 选择主流程线上的所有内容进行复制，然后打开前面制作的"播放器"程序，将其粘贴到流程线的下方，此时"播放器"程序的流程线如图 10-36 所示。

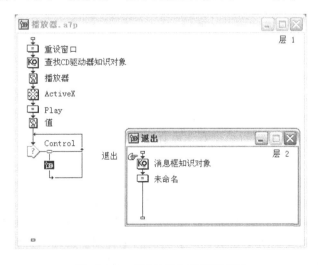

图 10-36　"播放器"程序流程线

16) 运行"播放器"程序，结果如图 10-37 所示，当单击 退出 按钮时，将弹出信息框，如图 10-38 所示。单击"是"则退出程序。

图 10-37　播放器运行画面　　　　　　　　图 10-38　弹出的信息框

10.3.2　与文件有关的知识对象

通过上一节的练习，我们已经领略了知识对象的强大功能。Authorware 7.0 共有九大类知识对象，如图 10-39 所示是 Authorware 的【知识对象】面板。

图 10-39　【知识对象】面板

- 【分类】：从分类中可以选择知识对象的类别。
- 刷新 ：如果增加了新的知识对象或自定义的知识对象，单击该按钮可以进行更新。
- 知识对象列表窗口：用于显示某一类知识对象中包括的所有知识对象。
- 【描述】：用于显示当前被选择知识对象的描述信息。

从【知识对象】面板中可以看到，Authorware 7.0 中有 50 多种知识对象。下面简单介绍与文件有关的知识对象。从【知识对象】面板的【类别】选项中选择"文件"，在知识对象列表中可以看到它共有 7 种知识对象，如图 10-40 所示。

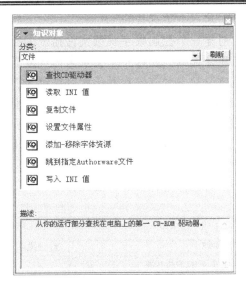

图 10-40　文件知识对象

- 【查找 CD 驱动器】：用于找到当前计算机上的第一个 CD-ROM 光驱盘符，并将该盘符存放在一个变量中以供调用。
- 【读取 INI 值】：用于读出 Windows 中 INI 文件的值。
- 【复制文件】：用于复制一个或多个文件到指定的目录下。
- 【设置文件属性】：用于设置一个或几个文件的属性。
- 【添加-移除字体资源】：用于添加或去除某种字体，以便程序可以使用该字体，用完之后也可以将其删除，不影响计算机的原始设置。
- 【跳到指定 Authorware 文件】：可以跳转到另一个 Authorware 程序中，并执行该程序，执行完毕后又返回到当前程序。
- 【写入 INI 值】：用于向 Windows 的 INI 文件中写入配置信息。

10.3.3　与界面有关的知识对象

从【知识对象】面板的【分类】选项中选择“界面构成”，在知识对象列表窗中可以看到它共有 13 种知识对象，如图 10-41 所示。

- 【保存文件时对话框】：产生一个保存文件的对话框，并可以使用变量记录用户保存的文件名和位置。
- 【窗口控制】：用于产生一个 Windows 常用控制对象，如按钮、复选框、列表框等。
- 【窗口控制-获取属性】：用于获取【窗口控制】知识对象产生的控制对象的特性值。
- 【窗口控制-设置属性】：用于修改【窗口控制】知识对象产生的控制对象的属性值。
- 【打开文件时对话框】：显示一个打开文件的对话框，允许用户选择文件位置和文件名称。

- 【单选按钮】：用于创建一个单选按钮。
- 【电影控制】：用于创建一个控制数字视频文件播放的控件。
- 【复选框】：用于创建复选框，并以一个变量来保存复选框的状态。
- 【滑动条】：用于创建滚动条，其外观和形状可以改变。
- 【浏览文件夹对话框】：用于建立一个选择目录的对话框，通过它用户可以浏览各个文件夹，并将目录存放在一个变量中。
- 【设置窗口标题】：用于设置 Authorware 演示窗口的标题。
- 【消息框】：用于创建一个标准的 Windows 消息窗口。
- 【移动指针】：用于控制鼠标指针在屏幕上的移动。

图 10-41　界面构成知识对象列表

10.4　练　习　题

一、填空题

1．库是设计图标的集合，它将程序中多次使用的设计图标集合到一起。使用库文件时，只要建立程序与库文件之间的_____关系即可，这大大地节省了存储空间。

2．库文件中只能存放 5 种图标，分别为显示图标、_____图标、数字电影图标、声音图标和_____图标。

3．"知识对象"是一些由 Authorware 提供的逻辑完整的_____。

4．使用模块实际上是复制模块的内容，它的作用是_____。

二、问答题

1．如何编辑库中图标的内容？

2．简述建立模块的方法。

第 11 章　Authorware 7.0 语言简介

本章内容

- 变量
- 函数
- 运算符
- 表达式
- 语句结构
- 使用变量和函数的场合
- 练习题

作为一个多媒体课件创作工具，Authorware 主要利用各种图标完成程序的设计。对于一个简单的课件来说，使用设计图标就可以完成任务。但是，如果要创作出一个比较复杂的课件，单纯依靠几个设计图标是远远不够的，因此，Authorware 为用户提供了一套完整的脚本编程语言，其中包含大量的系统变量和系统函数，使用它们可以实现各种各样的功能，从而创作出更能接近设计意图的作品。另外，Authorware 还提供了极强的可扩展性，允许使用外部函数和第三方开发的一些插件等，这也正是 Authorware 的魅力所在。

11.1 变　　量

实际上，在前面的学习中已经使用过变量，只是我们没有详细介绍它们。变量是程序运行中的一个量，它的值是可以改变的。变量分为两种：系统变量和自定义变量。

11.1.1 变量的类型

在 Authorware 中，根据变量所存储的数据类型不同，可以将变量分为 5 种类型：

- 数值型变量：该类型变量用于存储具体的数值。数值型变量可以存储任何类型的数值，其中包括整数、实数和负数。Authorware 能够存储的数值范围是 $-1.7 \times 10^{308} \sim +1.7 \times 10^{308}$。如果将两个变量进行数学运算，系统将自动默认它们为数值型变量。

- 字符型变量：该类型变量用于存储字符串。字符串是由一个或多个字符组成的，这些字符可以是英文字母、汉字、数字、特殊字符(如 "&"、"$" 等)或它们之间的任意组合等。在 Authorware 7.0 中，一个字符型变量可以存储 30 000 个字符。字符型变量可以用于存储一个用户的姓名、一个单词拼写或一个网站的 URL 地址等。

ⓘ 当两个变量被连接操作符 "^" 连接时，Authorware 会把这两个变量当作字符型变量来处理，因为连接操作符只能对字符型变量进行操作。另外，当将字符串赋给一个变量时，必须用英文状态下的双引号将它们括起来。

- 逻辑型变量：该类型变量用于存储数据的逻辑值，即 TRUE(真)和 FALSE(假)两种值，其用途是激活或取消某一动作的选项。在 Authorware 7.0 中，系统默认数字 0 等于 FALSE，而其它任何非 0 的数字(通常使用 1 表示)都相当于 TRUE。

ⓘ 如果在需要使用逻辑型变量的位置(如条件交互属性面板中)使用了非逻辑型变量，Authorware 会自动将变量设置成逻辑型。如果这个变量中包含字符串，只有该字符串是 TRUE、T、YES 或 ON (不区分大小写)时，Authorware 7.0 认为其值为 TRUE，否则，都被视为 FALSE。

- 列表型变量：列表型变量用于存储常数或变量。Authorware 支持两种类型的列表变量：①线性列表。在线性列表中，所有的元素都是一个数值，例如[1，2，3，"a"，"b"，"c"]就是一个线性列表。②属性列表。在属性列表中，每个元素都由属性名和属性值组成，二者之间用冒号隔开，例如 [#firstname:

"mpl",#lastname: "mjc",#phone:5652074]。
- 符号变量：符号变量是一种类似于数值或字符串的变量，它们以"#"开头。使用符号变量的主要目的是 Authorware 处理符号变量的速度比处理字符型变量的速度快。

11.1.2　系统变量

所谓系统变量，就是由 Authorware 开发者预先定义好的变量，用户可以直接使用。系统变量有固定的表示符号和特性，它的名称全部以大写字母开头，由一个或几个单词组成，单词之间没有空格，如 VedioSpeed、Year 等，系统变量的名称大部分都能反映出它的基本功能。

根据使用方法的不同，系统变量可以分为独立变量和引用变量。
- 独立变量：是指可以单独使用的变量，它们基本上与设计图标无关，例如"EntryText"、"FullDate"、"FullTime"等。
- 引用变量：引用变量由引用符号"@"与流程线上设计图标的名称构成，例如"Movable@IconTile"，这样可以得到特定设计图标的相关信息。

> ⓘ 这里需要强调的是，在 Authorware 中有些系统变量需要成对使用，如 ClickX 和 ClickY，用于记录用户在演示窗中单击鼠标时，指针相对于演示窗口左边界和上边界的坐标位置。

Authorware 7.0 共提供了 11 种类型的变量：分别是 CMI(计算机辅助教学)、决策、文件、框架、常规、图形、图标、交互、网络、时间和视频。单击工具栏中的回按钮，或者单击菜单栏中的【窗口】\【浮动面板】\【变量】命令，则弹出【变量】面板，如图 11-1 所示。

图 11-1　【变量】面板

该面板中显示了 Authorware 中所有的系统变量和当前程序中使用的变量以及变量的相关信息。
- 【分类】：该下拉列表中列出了 Authorware 中所有的变量，上方的下拉列表用于选择变量类型，下方的列表框则显示了所选类型的所有变量。
- 【初始值】：用于显示所选变量的初始值。用户可以在此更改自定义变量的初始值，但是系统变量的初始值不能更改。

- 　【变量】: 用于显示所选变量的当前值。
- 　【引用】: 当选择了某一变量后,【引用】列表框中将显示所有使用了该变量的图标名称。
- 　【描述】: 该列表框中显示了所选变量的描述信息,通过这里可以了解变量的基本功能。
- 　单击 新建 按钮,可以建立自定义变量。
- 　单击 改名 按钮,可以为自定义变量重新命名。使用该功能对自定义变量重新命名后,程序中所有使用了该变量的地方都会采用新的变量名称,这样就不必逐一修改变量名称了。
- 　单击 删除 按钮,可以删除所选的自定义变量。
- 　单击 粘贴 按钮,可以将所选的变量粘贴到计算窗口中。
- 　单击 完成 按钮,可以保存对自定义变量的修改并关闭【变量】面板。

变量主要在计算图标中使用,也可以嵌入到文本中,下面通过一个小例子介绍系统变量的使用。

〖例 11-1〗获取图像信息。

1) 建立一个新文件,并以"变量示例.a7p"为名称保存到 C 盘中。

2) 向流程线上添加一个显示图标,命名为"try"。

3) 双击显示图标,打开演示窗口。

4) 单击工具栏中的 ⊡ 按钮,导入一幅图片。然后选择工具箱中的 A 工具,在演示窗口中输入如图 11-2 所示文本,括号中的文字信息就是系统变量。

图 11-2　输入的文本

5) 单击工具栏中的 ▶ 按钮,演示窗口中将显示出相关信息,如图 11-3 所示。

图 11-3　演示窗口

11.1.3　自定义变量

虽然 Authorware 提供了几百个系统变量，但毕竟是有限的，因此 Authorware 允许使用自定义变量存放运算结果。使用自定义变量时，要注意变量名称简单明了，不能与系统变量名称互相冲突。用户可以通过单击【变量】面板中的 新建 按钮建立新的自定义变量；也可以直接在计算窗口中写入自定义变量，关闭计算窗口时，将弹出【新建变量】对话框，在其中设置相关参数即可。

〖例 11-2〗使用自定义变量。

假如要设计一个两位数以内的随机加法题，可以设置两个自定义变量，分别用于存储两个加数。下面使用自定义变量完成本例的制作，同时学习自定义变量的使用方法。

1）建立一个新文件，保存为"自定义变量.a7p"。

2）在设计窗口的流程线上添加一个计算图标和一个显示图标，分别命名为"取数"和"出题"，如图 11-4 所示。

3）双击"取数"计算图标，打开计算窗口，在窗口中输入表达式"a:=Random(1,99,1)"和"b:=Random(1,99,1)"，其中 a 和 b 是自定义变量，":="是赋值运算符，如图 11-5 所示。

图 11-4　程序流程线

图 11-5　计算窗口

4）关闭计算窗口，则弹出一个提示对话框，询问是否保存计算窗口中的内容，如图 11-6 所示。

5）单击 是(Y) 按钮，则出现一个【新建变量】对话框，如图 11-7 所示。由于 a 和 b 都是新建立的变量，因此要求设置变量的选项。

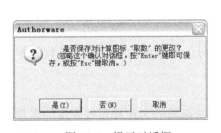

图 11-6　提示对话框

图 11-7　【新建变量】对话框

 如果该变量已经定义过了，再次使用该变量时将不出现该对话框。

6) 在对话框中输入变量的初始值，在【描述】栏中输入关于变量的说明，以便于使用和记忆，如图 11-8 所示。

图 11-8 设置的变量

7) 单击 确定 按钮，即可完成变量的定义，然后就可以在程序中使用它了。

8) 用同样的方法设置 b 变量。

9) 双击"出题"显示图标，打开演示窗口。选择工具箱中的 A 工具，在演示窗口中单击鼠标，输入如图 11-9 所示的文本信息。

10) 输入完毕后，每次单击工具栏上的 按钮，演示窗口中就会显示出随机算术题，如图 11-10 所示。

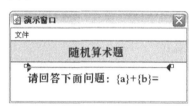

图 11-9 输入的文本信息

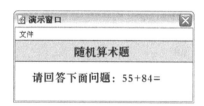

图 11-10 运行画面

11.2 函   数

所谓函数，是指能够完成某一特定功能的程序指令。一般地，函数都具有参数，参数可以是一个，也可以是多个，其功能是引入函数执行过程中必须使用的某些信息。Authorware 提供了大量的系统函数，用于对变量进行处理或者对程序流程进行控制，在使用函数的过程中必须按要求输入参数。

与变量一样，在 Authorware 中，函数也分为系统函数和自定义函数两种。

11.2.1 系统函数

系统函数是 Authorware 自带的函数，系统函数的名称和系统变量的名称及特点基本上一致。区分它们的简单方法是系统函数的名称后面带有小括号"()"，如果该函数有参数，则该参数将显示在"()"中，否则该括号会空着。

单击菜单栏中的【窗口】\【浮动面板】\【函数】命令，或者单击工具栏中的 按钮，可以打开【函数】面板，如图 11-11 所示。

图 11-11　【函数】面板(1)

【函数】面板和【变量】面板差不多，只是没有【初始值】和【变量】两个选项。其使用方法与【变量】面板也基本一致。

Authorware 7.0 提供了多类系统函数，分别为字符、CMI(计算机辅助教学)、文件、框架、常规、图形、图标、跳转、语法、列表、数学、网络、OLE(对象链接与嵌入)、平台、脚本图标、目标、时间、视频和 Xtras(外部扩展)。

11.2.2　自定义函数

自定义函数也称为外部函数，是用户自己编辑的。自己动手编辑 Authorware 函数需要具备一定的编程经验，这对一般人来说是比较困难的。实际上，Authorware 自身携带了一些自定义函数，其扩展名为 ".UCD" 或 ".U32"。要使用自定义函数，必须先载入函数。

〖例 11-3〗加载自定义函数。

1) 建立一个新文件，并保存为 "自定义函数.a7p"。

2) 单击菜单栏中的【窗口】\【浮动面板】\【函数】命令，打开【函数】面板。

3) 从【分类】下拉列表中选择当前的程序名称 "自定义函数.a7p"，如图 11-12 所示。

图 11-12　【函数】面板(2)

4) 单击 载入… 按钮，在弹出的【加载函数】对话框中可以选择要加载的自定义函数(如 WINAPI.U32)，如图 11-13 所示。

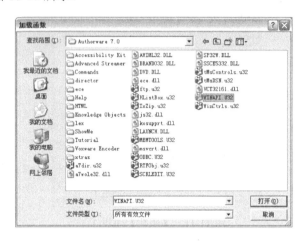

图 11-13 【加载函数】对话框

5) 单击 打开(O) 按钮，则打开该函数文件的对话框，如图 11-14 所示。

图 11-14 【自定义函数在 WINAPI.U32】对话框

6) 选择要加载的函数后单击 载入 按钮，则载入了自定义函数。将自定义函数加载到程序中以后，就可以像使用系统函数一样使用它们了。

11.3 运 算 符

在使用变量和函数的过程中，经常需要将它们以一定的方式进行运算，而这些运算方式是靠运算符来完成的。运算符就是提供运算方式的功能符号。在 Authorware 中共有 5 种类型的运算符：算术运算符、关系运算符、逻辑运算符、赋值运算符、连接运算符。

1．算术运算符

加：　　　+　　　　　　　减：　　　–　　　　　　　乘：　　　　*

除：　　　/　　　　　　　乘方：　　**

2．关系运算符

等于：　　=　　　　　　　不等于：　<>　　　　　　　大于：　　　>

大于等于：>=　　　　　　小于：　　<　　　　　　　　小于等于：<=

3．逻辑运算符

否：　　　~　　　　　　　与：　　　&　　　　　　　或：　　　　|

4．赋值运算符

赋值运算符：:=

> 虽然等于运算符与赋值运算符之间差一个 "："，但两者有时是可以互换的，因为系统会自动根据条件进行判断，例如先定义自定义变量 X，写入表达式为 "X=1"，则程序会自动将其修正为 "X:=1"。

5．连接运算符

连接运算符：^

连接运算符的作用是将两个字符串连接起来，将其值赋予另一个字符串。例如，在程序中自定义变量 "S"，如果 S1= "我是一个"，S2= "学生"，则 S:=S1^S2 的值就是 "我是一个学生"。

在 Authorware 中，表达式的计算不一定是按从左到右的顺序进行的，运算符是有优先级的。例如，计算 "A+B*C**2" 的值时，Authorware 首先计算 "C**2" 的值，再将该值乘以 B，然后再加上 A，最后得到表达式的值。这是因为这个表达式中运算符的优先级是 "**" > "*" > "+"，它决定了表达式的运算顺序。在 Authorware 中计算表达式的值时，首先计算较高优先级的运算符，然后再计算较低优先级的运算符，对于同级的运算符则按照从左到右的顺序进行运算。表 11-1 中列出了运算符的优先级。

表 11-1　Authorware 中运算符的优先级

优先级	运算符
1	( )
2	~、+(正)、–(负)
3	**
4	*、/
5	+、–
6	^
7	=、<>、<、<=、>、>=
8	&、|
9	:=

注：1 表示优先级最高，9 表示优先级最低。

11.4 表 达 式

表达式是由常量、变量、函数和运算符组成的程序语句，它可以用于执行某个运算过程、执行某种特殊操作或显示某个表达式的值。

在使用表达式时要注意几个约定：

① 给表达式添加注释。

有时候为了说明表达式的具体含义，可以在表达式的后面加一个注释，其方法是在注释的前面添加两个连字符"--"。如：

ResizeWindow(320，240)　　--设定屏幕尺寸为 320*240

Authorware 在执行表达式时不会理会注释内容。这样可以方便对程序的阅读与理解。默认情况下，程序的注释内容在计算窗口中呈蓝色，如图 11-15 所示。

图 11-15　计算窗口中的注释内容

② 字符串的使用。

字符串的使用与变量和函数的使用一样，在表达式中使用字符串必须用双引号，以区别于变量和函数名。

如果需要在字符串中使用双引号，即在屏幕上显示双引号本身，则必须在双引号前面加一个反斜杠"\"。如：

He said,\ "I am a student.\ "

如果表达式中需要使用反斜杠，即在屏幕上显示反斜杠本身，则要求在反斜杠的前面再加上一条反斜杠。如：

Path:= "c:\\windows\\system"

③ 数字的使用。

在表达式中可以使用数字，但必须遵循一定的规则，即在数字中不准使用千位符"，"，不准使用货币符号(如$、¥等)，不准使用科学计数法。

11.5 语 句 结 构

所谓语句，就是为了达到某一目的，按照一定的语法规则所编辑的表达式，而语句结构就是这种表达式的构成方式。Authorware 常用的语句主要有两种，即条件语句和循环语句。

11.5.1　条件语句

条件语句是 "if then" 结构，用于控制程序在不同条件下执行不同操作，如果语句在一行内结束，则不需要加 "end if" 作为结束标志。但是如果要执行一组操作，就需要用 "end if" 来结束条件语句。其基本格式如下：

```
if    条件 1    then
        操作 1
    else
        操作 2
    end if
```

或者：

```
if    条件 1    then
        操作 1
    else if    条件 2    then
        操作 2
    else if    条件 3    then
        ……
    end if
```

在第一种结构的句型中，程序首先判断 "条件 1" 是否为 "真"，如果是则执行 "操作 1"，否则执行 "操作 2"。

在第二种结构的句型中，程序首先判断 "条件 1" 是否为 "真"，如果是则执行 "操作 1"，否则检查 "条件 2" 是否为 "真"，如果是则执行 "操作 2"， 否则检查 "条件 3" 是否为 "真"，依次类推。

11.5.2　循环语句

循环语句用于一次性处理一批相似的任务，其基本语法格式有 3 种：

格式 1：

```
repeat with 变量=初始值  (down) to 结束值
        操作
    end repeat
```

在这个循环语句中，程序将执行 "操作" 的次数为（"结束值" − "初始值" +1）次，如果该值小于 0，则程序将不执行 "操作"。其中 "down" 为可选参数，如果 "初始值" 大于 "结束值"，则需要添加这个参数，且执行次数为（"初始值" − "结束值" +1）次。

例如：下面的程序将使 Beep 函数执行 50 次。

```
repeat with i:=50 down to 1
Beep()
```

```
        end repeat
```

再如：用下面的程序可以计算出 $100+99+98+\cdots+3+2+1$ 的值为 5050。

```
        Num:=100
        repeat with counter:=99 down to 1
                Num:=Num+counter
        end repeat
```

格式 2：

```
        repeat with 变量 in 列表
                操作
        end repeat
```

在这个语句中，只有列表中的所有元素都被使用过，程序才退出循环结构。

例如：执行下面的程序，将使 Total 的值变为 60。

```
        List:=[10,20,30]
        Total:=0
        repeat with X in List
        Total:=Total+X
        end repeat
```

格式 3：

```
        repeat while 条件
                操作
        end repeat
```

在这个语句中，"操作"将一直被执行，直到"条件"不成立为止，即"条件"从"真"到"假"或"条件"由"假"到"真"。

11.6　使用变量和函数的场合

在 Authorware 中，使用变量和函数的场合主要有三种：属性面板、文本对象和计算图标中。在属性面板和文本对象中可以直接使用变量和函数，而在计算图标中，函数主要用于执行某些功能，变量则应用于表达式中。

11.6.1　在属性面板中使用变量和函数

在属性面板中使用变量和函数，可以控制某个对象的移动、某个交互分支是否有效、决定框架结构中使用的路径等。

例如，在程序中定义了一个按钮。根据需要，该按钮只有在锁定 "CapsLock" 键时才有效，这时只需打开【属性：交互图标】面板，在【响应】标签中将【激活条件】设置为 "CapsLock" 即可，如图 11-16 所示。

图 11-16　【属性：交互图标】面板

11.6.2　在文本对象中使用变量和函数

变量和函数的值是由系统检测到的，有时用户看不到，如果想要看到变量和函数的值，可以借助于显示图标将它们显示出来。

例如，前面用"循环语句"进行的从 1 加到 100 的运算，只是将这些语句写到计算图标中，是看不到结果的。但是，借助显示图标进行简单的设置，就可以看到计算结果了，方法如下：

1) 在流程线上添加一个计算图标和一个显示图标。

2) 在计算图标的计算窗口中输入如图 11-17 所示的内容。

图 11-17　计算窗口

3) 关闭计算窗口时将出现【新建变量】对话框，要求定义新变量"Num"的初始值，这里输入 100，如图 11-18 所示。

图 11-18　【新建变量】对话框(1)

4) 单击 确定 按钮，接着又出现要求定义新变量"counter"初始值的对话框，这里输入 99，如图 11-19 所示。

图 11-19 【新建变量】对话框(2)

5) 单击 确定 按钮。

6) 此时运行程序，无法知道 Num 的值是多少。在显示图标的演示窗口输入文本"{Num}"，并设置显示图标的属性为【更新显示变量】。

7) 再次运行程序，就可以看到计算结果了，如图 11-20 所示。

图 11-20 计算结果

11.6.3 在计算图标中使用变量和函数

计算图标实际上就是一个编程环境，Authorware 的变量和函数以及表达式语句主要是由计算图标承载的，如图 11-21 所示。其设置方法前面已作过介绍，这里不再重复。

图 11-21 计算窗口(1)

11.6.4　附于设计图标上的变量和函数

在 Authorware 中，几乎任何一个图标都可以附加计算功能，这大大增强了 Authorware 的程序开发能力。例如，要为交互图标附加计算功能，可以在交互图标上单击鼠标右键，从弹出的快捷菜单中选择【计算】命令，这时可以在打开的计算窗口输入编程语句，如图 11-22 所示。

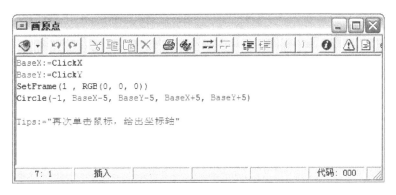

图 11-22　计算窗口(2)

当设计图标附加了计算功能以后，在该图标的左上角将出现一个"="号，这是设计图标附加计算功能的标记符号。

11.7　练　习　题

一、填空题

1. 在 Authorware 中，根据变量所存储的数据类型不同，可以将变量分为 5 种类型：_____变量、字符型变量、_____变量、_____变量和符号变量。

2. 根据使用方法的不同，系统变量可以分为独立变量和_____变量。

3. Authorware 中共有 5 种类型的运算符：_____运算符、_____运算符、逻辑运算符、_____运算符、连接运算符。

4. 表达式是由常量、变量、函数和_____组成的程序语句，它可以用于执行某个运算过程、执行某种特殊操作或显示某个表达式的值。

5. Authorware 常用的语句主要有两种，即_____语句和_____语句。

二、选择题

1. 系统函数是 Authorware 自带的函数，系统函数的名称后面带有(　　　　)。

A) 等号 =   B) 小括号 ()
C) 引号 ""   D) 大括号 {}

2. 运算符是有优先级的，下列优先级最高的是(　　　　)。

A) ()　　　　　　　　　　　B) =

C) **　　　　　　　　　　D) +

三、问答题

1. 如何将自定义函数加载到程序中？

2. 简述使用变量和函数的场合。

第 12 章 程序的调试与打包

本章内容

■ 程序的调试

■ 作品的交付使用

■ 多媒体课件的发布

■ 练习题

　　程序开发的最终目的是付诸使用。课件作为一种特殊的程序，被广泛地应用于现代教学当中。那么，是不是由 Authorware 制作的多媒体课件马上就可以使用呢？当然不是，任何一种程序在设计完成之后都要进行调试，因为程序中还可能存在某些问题，即使是经验丰富的多媒体开发人员也不可能避免出现错误，这是不以人的意志为转移的。因此在发布课件之前，必须对课件程序进行严格的调试。只有课件程序运行正常、没有任何问题，才能打包并发布，最终交付使用。

12.1　程序的调试

　　Authorware 提供了很多程序调试方法，在此我们主要介绍两种方法：一是使用开始/结束标志；二是使用控制面板。

12.1.1　使用开始/结束标志

　　当程序的流程线较长时，特别是包括许多嵌套的流程线时，要查找某个图标出现什么问题是相当困难的，这时，使用开始/结束标志就很方便了。

　　〖例 12-1〗调试程序。

　　1) 打开一个已有的程序。

　　2) 从图标栏中拖动 标志到开始执行程序的位置处，则流程线上会出现一个白色的小旗，如图 12-1 所示。此时工具栏上的运行按钮 也随之变为 状态。

　　3) 从图标栏中拖动 标志到调试程序的结束位置处，则流程线上会出现一个黑色的小旗，如图 12-2 所示。

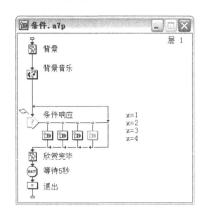

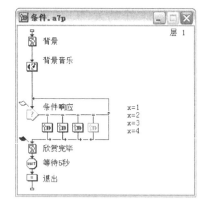

图 12-1　插入开始标志　　　　　　　　图 12-2　插入结束标志

　　4) 单击工具栏上的 按钮，则程序会从 旗下面的图标开始执行，到 旗上面的图标结束。通过这种方式，可以对较大程序的局部进行调试。

> 可以在任意位置插放小旗，Authorware 将只执行这两个小旗之间的一段程序。如果要收回它们，只需在图标栏上小旗所在的位置上单击鼠标即可。如果没有收回小旗，在打包时也不会被打包进去。

另外，开始标志和结束标志还有一个用途，就是处理数字电影的画面大小时，可以用这两个小旗将数字电影图标卡住，然后运行程序，这时，电影画面周围会出现控制柄，拖动控制柄即可以调整电影画面的大小。

12.1.2 使用控制面板

使用开始/结束标志调试程序固然方便，但开始/结束标志只是固定了一个程序段，让系统运行其中的内容，如果要搞清楚这段程序中的每个图标的执行情况，必须使用控制面板。将开始/结束标志与控制面板配合起来使用，可以更方便地调试程序。

单击工具栏上的  按钮，可以打开控制面板，如图 12-3 所示。

图 12-3 控制面板

控制面板中共有 6 个按钮，其作用如下：

- 单击 按钮，可以从头开始执行整个程序。
- 单击 按钮，可以重新设置程序状态为初始状态，清除跟踪窗口中的所有信息。
- 单击 按钮，将停止执行程序。
- 单击 按钮，将暂停执行程序。
- 单击 按钮，可以开始运行程序。
- 单击 按钮，可以显示或隐藏跟踪窗口。

单击控制面板中的 按钮时，控制面板下方将出现跟踪窗口和另一行按钮，如图 12-4 所示。

图 12-4 完整的控制面板

跟踪窗口中各按钮的功能如下：

- 单击 按钮，可以从开始标志处运行程序，只有在流程线上插入开始/结束标志时该按钮才有效。
- 单击 按钮，可以重新设置跟踪窗口的内容，从开始标志处执行程序。只有在流程线上插入开始/结束标志时该按钮才有效。
- 单击 按钮，Authorware 将执行下一个图标的内容，如果遇到群组图标则自动执行其中的内容。

- 单击◉按钮，Authorware 将执行下一个图标的内容，如果遇到群组图标则不会自动执行其中的内容，每单击一次执行一个图标的内容。
- 单击▣按钮，可以打开或关闭跟踪信息。关闭跟踪信息时，Authorware 将不再跟踪窗口中显示图标的执行信息。
- 单击▦按钮，可以在演示窗口看到通常情况下看不到的对象，如热区域交互中的热区域。

在跟踪窗口中主要包括的信息有：图标在流程线上的层次、图标类型、图标名称、进入群组图标或退出群组图标的情况及 Trace 函数的结果。

12.2　作品的交付使用

课件制作完成之后最终要交付给别人使用。因此，必须把程序变成一个可执行程序，即生成 EXE 文件，而且是一个可以脱离 Authorware 平台使用的可执行程序。为此，就要对课件进行打包处理。如果要把课件发布到网络上，还要进行一系列的发布设置。

12.2.1　将程序和库一起打包

对程序进行打包时，程序可以与调用的库文件在一起打包，生成一个 EXE 文件，也可以与库文件分离打包，这需要根据实际情况选择打包方式。

〖例 12-2〗生成一个 EXE 文件。

1) 制作一个简单的程序文件，命名为"电影.a7p"(后缀是系统自动添加的)，并为它建立一个库，命名为"图片库.a7l"，如图 12-5 所示。

2) 激活设计窗口。单击菜单栏中的【文件】\【发布】\【打包】命令，则弹出【打包文件】对话框，如图 12-6 所示。

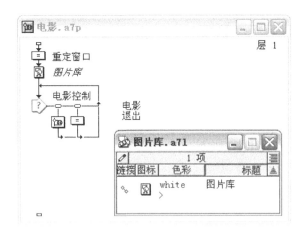

图 12-5　需要打包的文件　　　　　图 12-6　【打包文件】对话框

 设计窗口和库窗口不能同时激活，因此一定要激活设计窗口，否则就为库打包。

3) 打开【打包文件】下拉列表，则弹出系统提供的两种不同的打包方式选项，如图 12-7 所示。

图 12-7　打包方式选项

- 【无需 Runtime】：选择该选项，可以生成较小的文件，但必须保证用户的计算机上有 Runtime 驱动程序，否则打包后的程序将无法运行。此外，如果要对程序进行网络打包，也应该选择该选项。

- 【应用平台 Windows XP、NT 和 98 不同】：选择该选项时，打包得到的应用程序中包含 Authorware 的 Runtime 驱动程序，打包后的课件程序可以独立运行于 Windows 98、Windows NT 或 Windows XP 环境下。

(i) 如果 Runtime 驱动程序被打包在程序中，则打包后得到的程序文件的扩展名为.EXE；否则得到的程序文件的扩展名为.A7R，库文件的扩展名为.A7E。

4) 在对话框中设置各选项如图 12-8 所示。

图 12-8　设置打包方式的选项

- 【运行时重组无效的连接】：在制作课件程序的过程中，每在流程线上添加一个图标，系统会自动记录该图标的相关数据，并以链接的方式将数据串联起来。因此，一旦修改了程序，就有可能形成断开的链接。选择该项后，只要图标的类型和名称不变，Authorware 会自动修复无效的链接。所以为了程序的正常运行，一般应该选择该复选框。

- 【打包时包含全部内部库】：选择该复选框，可以将库文件打包到应用程序中，从而避免了库文件的单独打包。将库文件打包到应用程序内部，可以减少发行时的文件个数，以便于程序的发布和安装，但同时也增加了打包后文件的大小。

(i) 在对程序进行网络打包时，如果某个库文件被程序单独使用，选择该复选框会使程序在网络上运行得更好。

■　　【打包时包含外部之媒体】：选择该复选框，Authorware 在打包时会将外部媒体文件转化为内部媒体文件打包在程序中，但是数字化电影文件除外。如果在网络打包形式下选择该复选框，会使程序在网上运行得更加流畅。

■　　【打包时使用默认文件名】：选择该复选框，打包后的文件将自动以其源文件的名称命名，并放在同一个文件夹下。不选择该复选框，打包时将出现【保存文件】对话框，要求用户给出打包后的文件名称和位置。

ⓘ　如果没有选择【打包时包含全部内部库】复选框，则 Authorware 会将每个库文件单独打包，并在打包的过程中显示【打包库】对话框，以供用户选择打包库的有关选项。

5) 单击 [保存文件并打包] 按钮，则弹出【打包文件为】对话框，如图 12-9 所示。

图 12-9　【打包文件为】对话框

6) 将打包的文件命名为"电影 01"，并保存在"打包"文件夹中。

7) 单击 [保存(S)] 按钮，完成打包操作。

8) 用同样的方法，再选择【应用平台 Windows XP、NT 和 98 不同】选项进行打包，并命名打包后的文件为"电影 02"。

9) 关闭程序，退出 Authorware。

10) 打开"打包"文件夹，就会看到打包生成的文件，如图 12-10 所示。

图 12-10　打包生成的文件

在该窗口中，"电影 01"和"电影 02"是在两种不同条件下打包生成的文件。"世界.mpg"是程序中的数字电影文件，其余两个文件为"电影"源程序和未打包的"图片库"。

12.2.2　库与可执行文件分离

在上节中，我们把库文件与程序文件打包在一起了。当库文件较大时，使用这种打包方式将影响打包后程序的大小，这时可以对库文件单独打包。

以"电影.a7p"文件为例，激活"图片库.a71"窗口，单击菜单栏中的【文件】\【发布】\【打包】命令，则弹出如图 12-11 所示的【打包库】对话框。

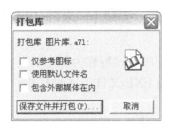

图 12-11　【打包库】对话框

在该对话框中，选择【仅参考图标】复选框，这样可以保证 Authorware 只打包库中与程序有链接关系的图标，从而控制文件大小。其余两项和程序打包中的同类选项相同。单击 按钮，即可单独打包一个库。

> ⓘ　将库单独打包后，在打包主程序时就可以不选择【打包时包含全部内部库】复选框了。

12.2.3　发布课件时要注意的问题

在开发 Authorware 多媒体课件时，经常使用许多外部的媒体文件或素材，这些媒体素材又往往需要特定的程序文件支持，因此 Authorware 作品在跨平台发布时需要带上它们，以保证程序正常运行。究竟要带哪些文件？这要视使用的内容而定。

使用 Authorware 的自动查找 Xtras 功能，一般情况下可以找到程序中需要的支持文件，但有时候由于 Xtras 放置的位置不同，也可能找不到。下面简单罗列了一些较为常用的支持文件。

1) 如果打包生成的可执行文件中没有提供 Runa7w32.exe，那么打包后需要带上它们。

2) 为各种图像、声音、动画、数字电影提供 Xtras 支持文件。

- 图像文件：所有的图像文件都需要两个 Xtras 文件支持，即 Viewsvc.X32 和 Mix32.X32。对于不同格式的图像文件还需要额外的一些支持文件，如 GIF 图像还需要支持文件 Gifimp.X32。

- 声音文件：所有的声音文件都需要三个 Xtras 文件支持，即 Viewsvc.X32、Mix32.X32 和 Mixview32.X32。

- 动画文件：Animated GIF 需要 AnimGIF.X32 和 Animl32.dll 文件支持；Flash 需要 FlashAst.X32 文件支持；QuickTime 需要 QTAsset.X32 和 MoaFile2.X32 文件支持。

- 数字电影：MOV 需要 A7qt32.xmo、QuickTime for Windows(32 bit)文件支持；AVI 需要 A7qt32.xmo、Video for Windows 文件支持；MPG 需要 A7qt32.xmo、Microsoft Active Movie、MPEG 解码器、MPEG 解压卡等文件支持。

3) 外部函数文件(如.DLL、.U32、.X32)应放到可执行文件能够找到的地方。

4) 发布后的 Authorware 7.0 课件，必须将 js32.dll 文件拷贝到可执行文件所在的目录下。

5) 如果课件中包含电影文件，发布后要将它复制到课件可执行文件所在的目录下，或者集中放在一个文件夹下，但这时需要设置文件路径。

12.3　多媒体课件的发布

从源程序文件得到一个应用程序的过程称为程序的发布。Authorware 7.0 可以一次完成发布操作，即同时将源文件发布为.EXE 文件、.AAM 文件(用于网络播放)、.HTM 文件，即"一键发布"。

〖例 12-3〗使用"一键发布"功能。

1) 打开要发布的程序文件，如 G 盘中的"播放器.a7p"文件。

2) 单击菜单栏中的【文件】\【发布】\【发布设置】命令，则弹出【一键发布】对话框，如图 12-12 所示。

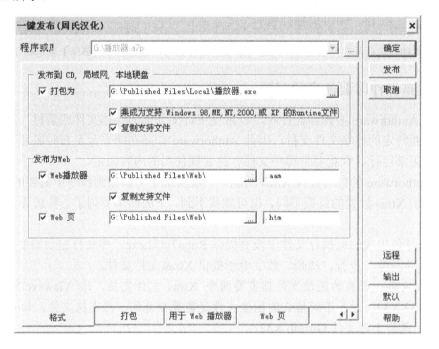

图 12-12　【一键发布】对话框

该对话框中的 5 个标签分别对应了不同发行格式的相关参数设置，限于篇幅，在此只介绍【格式】标签中的有关选项，其它均采用默认设置。

- 【指针或库】：该文本框中显示了要发布文件的完整路径名。默认选项为当前打开的文件，如果要发布其它文件，可以使用其后面的 ⣀ 按钮选择文件。

- ▪ 【打包为】: 该选项用于设置打包后文件的保存位置。选择该复选框后，允许为 CD-ROM、局域网、本地机打包发行。
- ▪ 选择【集成为支持 Windows 98，ME，NT，2000 或 XP Runtime】选项，则打包得到的程序中将包含 Authorware Runtime 应用程序，打包的作品可以单独运行于 Windows 98，ME，NT，2000 或 XP 系统下。
- ▪ 选择【复制支持文件】复选框，则 Authorware 在打包时将自动搜索各种支持文件并制作到发行文件中。
- ▪ 选择【Web 播放器】复选框时，发布的程序可以在 Authorware Web 播放器软件上进行播放，其文件名的后缀是.aam。其下方也有一个用于复制支持文件的选项。
- ▪ 选择【Web 页】复选框，可以发布一个网页应用程序，其后缀为.htm。

3) 单击 发布 按钮，Authorware 将开始对文件进行打包。打包完成后，将弹出如图 12-13 所示的信息提示框。

图 12-13 信息提示框

4) 单击对话框中的 确定 按钮，完成发布。单击 预览 按钮，可以预览发布程序。单击 细节>> 按钮，可以显示发布的详细信息。

5) 单击 确定 按钮完成发布，在资源管理器中可以看到刚刚发布的文件内容，如图 12-14 所示。

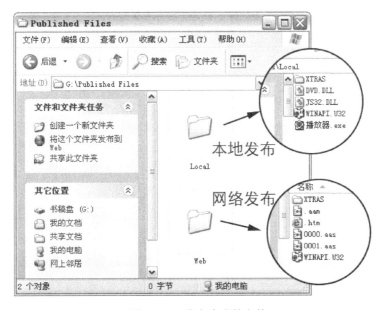

图 12-14 发布生成的文件

12.4　练　习　题

一、填空题

1. 使用＿＿＿＿＿标志可以方便地调试一个程序段。

2. 对课件进行打包是指将课件程序变成一个＿＿＿＿＿，即生成 EXE 文件，使其可以脱离 Authorware 平台使用。

3. 从源程序文件得到一个应用程序的过程称为程序的＿＿＿＿＿。

二、问答题

1. 如何将程序与库一起打包？

2. 发布课件时要注意哪些问题？

第 13 章 综合实例

本章内容

■ 介绍电脑构成的课件

■ 电路控制课件

■ 看图识字课件

■ 西部四省区简介课件

■ 乘法练习课件

在前面的章节中，我们重点介绍了几种课件制作软件。在实际工作中，用户可以根据需要和软件自身的特点选择合适的软件制作课件。PowerPoint 的特点是操作简单、便于修改和更新，特别适合于展示、宣传之类的课件，而 Flash 对于制作动画型的课件具有得天独厚的优势，而且交互性、绘画能力、编程能力都比较强。Authorware 是多媒体制作软件中的佼佼者，它不但简单易学，而且具有良好的交互性，几乎可以支持所有的多媒体对象。本章我们将制作几个综合实例，希望读者朋友能够从中汲取一些操作技巧，举一反三，制作出效果更佳的课件。

13.1　介绍电脑构成的课件

使用 PowerPoint 制作课件非常方便，也很容易得到所需要的效果，读者可以通过简单的学习制作出适合自己讲课风格的课件。下面我们使用 PowerPoint 制作一个介绍电脑构成的课件，供读者借鉴学习。

13.1.1　课件说明

这是一个用于讲授电脑硬件构成的小课件，运行该课件后，会出现课件的登录界面，单击鼠标后，出现电脑构成示意图画面，如图 13-1 所示。讲课时，单击不同的构成示意图，可以进入不同的画面。单击返回按钮，可以返回到电脑构成示意图画面。

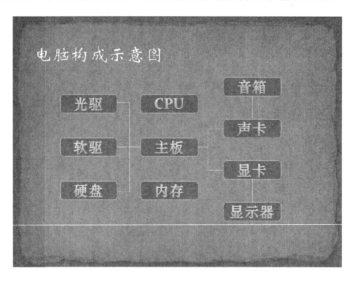

图 13-1　电脑构成示意图画面

13.1.2　制作流程

本课件主要运用 PowerPoint 中的超链接技术。下面开始制作课件。

1) 启动 PowerPoint 2007，则自动创建了一个演示文稿。

2) 单击 按钮，打开"Office 按钮"菜单，执行其中的【另存为】命令，将文件保存为"电脑构成课件.ppt"。

3) 在【设计】标签的【主题】组中单击"纸张"主题，则新主题将应用到演示文稿中的幻灯片上，如图 13-2 所示。

图 13-2 应用主题后的幻灯片

4) 根据幻灯片中的提示，分别在上、下两个标题框中输入课件的主、副标题，结果如图 13-3 所示。

图 13-3 输入的标题

5) 在【开始】标签的【幻灯片】组中单击 按钮，插入一个新的幻灯片。

6) 在【开始】标签的【幻灯片】组中单击 按钮，在打开的列表中选择【仅标题】版式，设置当前幻灯片的版式，如图 13-4 所示。

图 13-4　设置当前幻灯片的版式

7）根据提示，将该幻灯片的标题设置为"电脑构成示意图"。

8）在【插入】标签的【插图】组中单击 形状 按钮，在打开的形状列表中选择【流程图】中的第二个按钮，绘制电脑构成示意图，如图 13-5 所示。

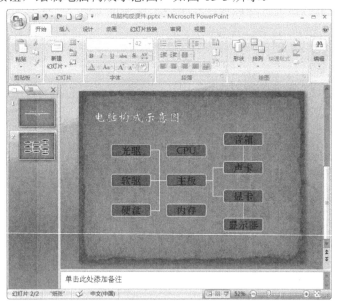

图 13-5　绘制的电脑构成示意图

9）选择除标题之外的所有文字，切换到【格式】标签，在【艺术字样式】组中单击按钮，打开艺术字样式列表，选择其中的"暖色粗糙棱台"样式，如图 13-6 所示。

10）参照前面的方法，再插入 10 张新幻灯片，作为介绍各组成部分的画面。限于篇幅，这里只制作介绍"主板"的画面。

11）选择第 3 张幻灯片，输入标题文字为"认识主板"。

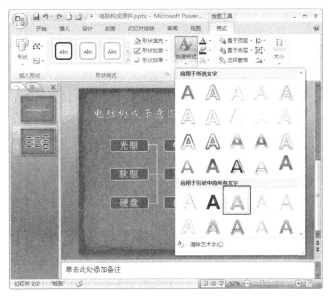

图 13-6 艺术字样式列表

12) 在【插入】标签的【插图】组中单击 按钮，插入一幅电脑主板图片，如图 13-7 所示。

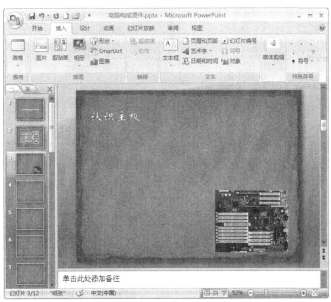

图 13-7 插入的图片

13) 在【插入】标签的【文本】组中单击 按钮，在幻灯片上拖动鼠标创建一个文本框，输入主板的相关内容，这里可以输入详细内容，也可以输入讲课提纲。最终画面如图 13-8 所示。

14) 用同样的方法制作其余的幻灯片。

15) 选择第 2 张幻灯片，选择代表"主板"的流程图，然后在【插入】标签的【链接】组中单击 按钮，则弹出【插入超链接】对话框，在【链接到】栏中选择【本文档中的位置】选项，然后在【请选择文档中的位置】列表中选择"3.认识主板"，如图 13-9 所示。

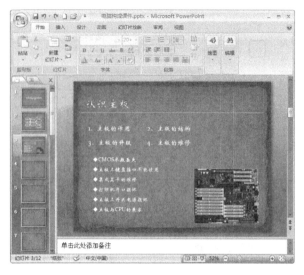

图 13-8　输入的文字

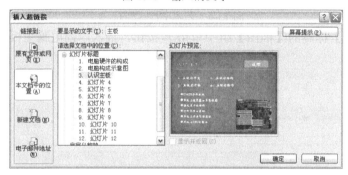

图 13-9　【插入超链接】对话框

16) 单击 确定 按钮，则建立了超链接。

17) 选择第 3 张幻灯片，在【插入】标签的【插图】组中单击 形状 按钮，在打开的形状列表中选择【动作按钮】中的最后一个"自定义"按钮，如图 13-10 所示。

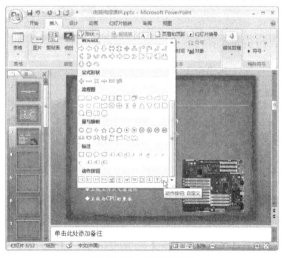

图 13-10　形状列表

18) 在幻灯片上拖动鼠标创建一个按钮，释放鼠标则弹出【动作设置】对话框，如图 13-11 所示。

19) 在对话框中选择【超链接到】选项，然后在其下方的下拉列表中选择"幻灯片"选项，则弹出【超链接到幻灯片】对话框，选择其中的"电脑构成示意图"幻灯片(即第 2 张)，如图 13-12 所示。

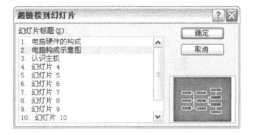

图 13-11 【动作设置】对话框   图 13-12 【超链接到幻灯片】对话框

20) 单击 确定 按钮，返回【动作设置】对话框，再单击 确定 按钮，即完成了自定义按钮的动作设置。

21) 在按钮上添加文字"返回"，作为按钮标签。

22) 用同样的方法，根据课件要求建立各幻灯片之间的超链接，直至完成整个课件的制作。

23) 运行课件时的画面如图 13-13 所示。单击"主板"示意图，将跳转到如图 13-14 所示的画面。单击"返回"按钮，则跳转回图 13-13 所示的画面。

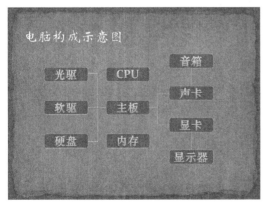

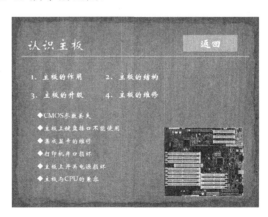

图 13-13 电脑构成示意图   图 13-14 链接的画面

13.2 电路控制课件

Flash 的优势在于能够真实地表现出一些动画效果，所以它特别适合制作实验类课件，如物理、化学、生物实验等。当然，对于一些需要视觉教学的课程，Flash 的优势更是得天独厚。

13.2.1　课件说明

本例是一个物理实验课件。这是一个非常简单的电路控制教学实验，通过本课件可以让学生非常直观地理解电路。本课件效果如图 13-15 所示，当单击闸刀开关时，开关闭合或打开，从而控制灯泡的亮或灭。

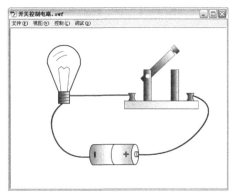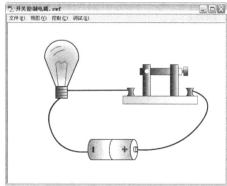

图 13-15　课件运行效果

13.2.2　制作流程

1) 启动 Flash CS4 软件，在欢迎画面中单击【Flash 文件(ActionScript 2.0)】选项，创建一个新文档。

2) 单击菜单栏中的【插入】\【新建元件】命令，创建一个名称为"熄灭的灯泡"的图形元件，然后在窗口中绘制一个灯泡，如图 13-16 所示。

3) 按下 Ctrl+L 键打开【库】面板，在【库】面板中的"熄灭的灯泡"元件上单击鼠标右键，从弹出的快捷菜单中选择【直接复制】命令，在弹出的【直接复制元件】对话框中设置【名称】为"点亮的灯泡"，如图 13-17 所示。

图 13-16　绘制的熄灭的灯泡　　　　　　图 13-17　【直接复制元件】对话框

4) 单击  按钮复制一个元件，然后在【库】面板中双击"点亮的灯泡"元件，进入其编辑窗口，修改图形如图 13-18 所示。

5) 单击菜单栏中的【插入】\【新建元件】命令，创建一个名称为"电池"的图形元件，然后在窗口中绘制一节电池，如图 13-19 所示。

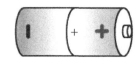

图 13-18　复制并修改的点亮的灯泡　　　　　　图 13-19　绘制的电池

6）用同样的方法，创建一个名称为"未闭合开关"的图形元件，在窗口中绘制一个开关，如图 13-20 所示。然后再复制该元件，将其修改为"闭合开关"，如图 13-21 所示。

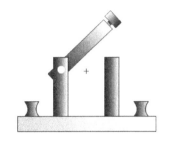

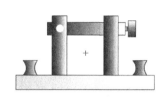

图 13-20　未闭合开关　　　　　　　　　　图 13-21　闭合开关

7）单击菜单栏中的【文件】\【导入】\【导入到库】命令，将预先准备好的声音文件"kada.wav"导入到【库】面板中。

8）按下 Crl+F8 键，创建一个名称为"开关按钮"的按钮元件。

9）将【库】面板中的"未闭合开关"元件拖放到窗口中，作为按钮的"弹起"状态。

10）单击菜单栏中的【窗口】\【对齐】命令，打开【对齐】面板。

11）在窗口中选择"未闭合开关"实例，在【对齐】面板中依次按下"相对于舞台"按钮 口、"底对齐"按钮 ▙ 和"水平中齐"按钮 ꤊ，将实例对齐到窗口中心，如图 13-22 所示。

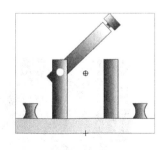

图 13-22　按钮的"弹起"状态

12）在【时间轴】面板中选择"按下"帧，按下 F7 键插入空白关键帧，然后将【库】

面板中的"闭合开关"元件拖动到窗口中，作为按钮的"按下"状态，并将其对齐到窗口中心，如图 13-23 所示。

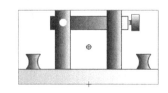

图 13-23　按钮的"按下"状态

13) 确认"按下"帧为当前帧，从【库】面板中将"kada.wav"声音元件拖动到窗口中，则在该帧中添加了声音。

14) 在【属性】面板中设置声音的【同步】方式为"事件"，如图 13-24 所示。

图 13-24　【属性】面板的声音设置

15) 在【时间轴】面板中选择"点击"帧，按下 F6 键插入关键帧，则前一帧中的"闭合开关"实例将复制到该帧中。

16) 选择工具箱中的▢按钮，在窗口中参照闸刀开关的大小绘制一个矩形，颜色可以任意选择(因为运行时该矩形是不可见的，它只定义按钮的触发区域)，然后删除"闭合开关"实例，结果如图 13-25 所示。

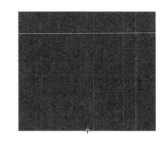

图 13-25　"点击"帧中的效果

17) 单击 ⬛场景1 按钮，返回到舞台中。将【库】面板中的"电池"、"熄灭的灯泡"和"开关按钮"三个元件分别拖动到舞台中，并调整至合适的大小和位置。

18) 选择工具箱中的 ✏️ 按钮，在工具箱下方的【选项】中设置画笔模式为"平滑"，然后在舞台中拖动鼠标绘制导线，将三个实例连接起来，结果如图 13-26 所示。

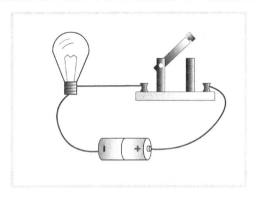

图 13-26 绘制的导线

19) 选择"图层 1"的第 2 帧，按下 F6 键插入关键帧，这时第 1 帧中的电路图被复制到第 2 帧中。

20) 选择工具箱中的 🔧 按钮，在"熄灭的灯泡"实例上单击鼠标右键，从快捷菜单中选择【交换元件】命令，在弹出的【交换元件】对话框中选择"点亮的灯泡"，如图 13-27 所示。

图 13-27 【交换元件】对话框

21) 单击 ⬛确定 按钮，则"熄灭的灯泡"变成了"点亮的灯泡"。

22) 从【库】面板中将"闭合开关"元件拖动到舞台中，并使其与"开关按钮"底座完全重合，然后选择"开关按钮"实例，在【属性】面板中设置色彩效果的【样式】为"Alpha"，并将 Alpha 值设置为 0%，如图 13-28 所示。修改后第 2 帧中的电路如图 13-29 所示。

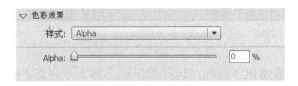

图 13-28 【属性】面板的色彩效果设置

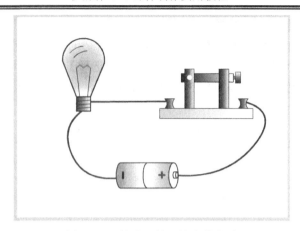

图 13-29　修改后第 2 帧中的电路

ⓘ 将按钮的 Alpha 值设置为 0%，相当于在此放置了一个透明按钮，以便于后面添加 Action 语句。

23) 在【时间轴】面板中单击第 1 帧，按下 F9 键打开【动作】面板，在其中输入语句"Stop();"，表示课件开始运行时停止在第 1 帧上。

24) 选择第 1 帧中的"开关按钮"实例，在【动作】面板中输入如下语句，表示单击该按钮时画面将跳转并停止在第 2 帧上。

```
on (release) {
    gotoAndStop(2);
}
```

25) 选择第 2 帧中的"开关按钮"(这里是透明的，要注意正确选择)，在【动作】面板中输入如下语句，表示单击该按钮时画面返回并且停止在第 1 帧上。

```
on (release) {
    gotoAndStop(1);
}
```

26) 单击菜单栏中的【控制】\【测试影片】命令，或者按下 Ctrl+Enter 键，可以测试程序的运行效果。

13.3　看图识字课件

Flash 非常适合制作动画型、游戏型、互动型教学课件，而且到目前为止，该软件也是制作这类课件的最佳选择。实际上 Flash 的课件制作能力绝不仅限于此，其强大的脚本编程能力，几乎可以胜任各种类型课件的制作。

13.3.1　课件说明

本例我们制作一个看图识字课件，运行程序后，将下方的文字拖动到上方对应的动物图片处，拖动的过程中文字将呈半透明状态，以便观察图片。如果位置正确，文字将停留在图片处，如果位置不正确，文字将返回原处，效果如图 13-30 所示。

图 13-30 看图识字课件

13.3.2 制作流程

1) 启动 Flash CS4 软件，在欢迎画面中单击【Flash 文件(ActionScript 2.0)】选项，创建一个新文档。

2) 按下 Ctrl+J 键，在【文档属性】对话框中设置【尺寸】为 450×400 像素、【背景颜色】与【帧频】取默认值。

3) 按下 Ctrl+R 键，分别导入一幅背景图片以及"马"、"羊"和"牛"图片，并调整好其位置，如图 13-31 所示。

图 13-31 导入的图片

4) 单击菜单栏中的【插入】\【新建元件】命令，创建一个名称为"检测"的影片剪辑。

5) 选择工具箱中的 工具，在窗口中绘制一个大小为 20×20 的正方形，并使其位于窗口的中心位置，如图 13-32 所示。

6) 选择绘制的正方形，在【颜色】面板中设置【笔触颜色】为无色，【填充颜色】为任意颜色，Alpha 值为 0%，如图 13-33 所示，则正方形变为透明的。

图 13-32　绘制的正方形

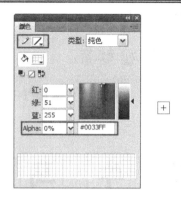

图 13-33　【颜色】面板

7) 单击 场景1 按钮返回到舞台中，将"检测"元件从【库】面板中拖动到舞台中 3 次，分别调整 3 个实例的位置如图 13-34 所示。

图 13-34　调整实例的位置(1)

8) 按照从左到右的顺序，分别在【属性】面板设置三个实例名称为"animal1"、"animal2"、"animal3"。

9) 继续导入一幅文字图片"马"，然后选择导入的图片，按下 F8 键将其转换为影片剪辑元件"元件 1"，调整其位置如图 13-35 所示。

10) 在【属性】面板中设置"元件 1"实例的名称为"text1"。

11) 用同样的方法，再导入一幅文字图片"牛"，并将其转换为影片剪辑元件"元件 2"，调整其位置如图 13-36 所示。

图 13-35　调整实例的位置(2)

图 13-36　调整实例的位置(3)

12) 在【属性】面板中设置"元件 2"实例的名称为"text2"。

13) 继续导入一幅文字图片"羊",并将其转换为影片剪辑元件"元件 3",调整其位置如图 13-37 所示。

图 13-37 调整实例的位置(4)

14) 在【属性】面板中设置"元件 3"实例的名称为"text3"。

15) 在舞台中选择"元件 3"实例,在【动作】面板中输入如下代码:

```
on(press){
    this.startDrag()
    this._alpha=30
}

on(release){
    this.stopDrag()
    if(_root.animal2.hitTest(_root.text3))
    this._alpha=100
else{
    this._alpha=100
    this._x=80 ;
    this._y=280;
  }
}
```

16) 在舞台中选择"元件 2"实例,在【动作】面板中输入如下代码:

```
on(press){
    this.startDrag()
    this._alpha=30
}

on(release){
```

```
            this.stopDrag()
            if(_root.animal3.hitTest(_root.text2))
            this._alpha=100
    else{
            this._alpha=100
            this._x=220 ;
            this._y=280;
        }
        }
```

17) 在舞台中选择"元件 1"实例,在【动作】面板中输入如下代码:

```
    on(press){
            this.startDrag()
            this._alpha=30
    }

    on(release){
            this.stopDrag()
            if(_root.animal1.hitTest(_root.text1))
            this._alpha=100
    else{
            this._alpha=100
            this._x=370 ;
            this._y=280;
        }
        }
```

至此,完成了看图识字教学课件的制作,可以引导小学生完成看图识字的教学。按下 Ctrl+Enter 键,可以测试该课件的效果。有兴趣的读者也可以考虑一下如何使用 Authorware 来完成这个课件。

13.4　西部四省区简介课件

Authorware 是一款专业级课件制作软件,其独特的流程线开发方式,使课件的制作简洁易懂,这是该软件最大的优势,对于设计人员而言,不需要编写复杂的程序代码就可以开发出专业课件。

13.4.1　课件说明

这是一个地理教学课件,运行后屏幕上将出现中国地图,在西部四省区(新疆、西藏、青海和甘肃)上单击鼠标,可以出现该省份的名称和简介;在其它省区上单击鼠标,则出现制作未完成的提示信息。本课件运行效果如图 13-38 所示。

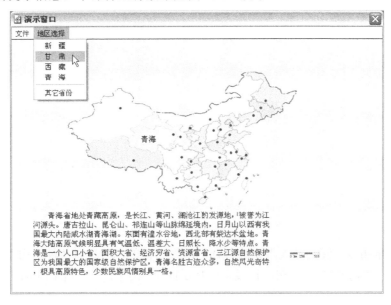

图 13-38　课件运行效果

13.4.2　制作流程

本课件主要运用了图像的显示模式、下拉菜单交互、热对象交互、在演示窗口中即时更新变量等知识，程序中涉及的素材主要是图像与文字，素材都已经预先处理好。

1．添加热对象并调整位置

1) 启动 Authorware 7.0，建立一个新文件。

2) 单击菜单栏中的【文件】\【保存】命令，将文件保存为"西部四省区简介.a7p"。

3) 单击菜单栏中的【修改】\【文件】\【属性】命令，在打开的【属性：文件】面板中设置文件的属性如图 13-39 所示。

图 13-39　【属性：文件】面板

4) 单击工具栏中的 按钮，导入预先处理好的地图，这时流程线上出现了一个显示图标，名称为图像文件的名称。

5) 双击该显示图标，打开演示窗口。双击工具箱中的 工具，在弹出的【模式】选项板中选择【阿尔法】模式，并将地图调整到演示窗口的中央位置，如图 13-40 所示，然后关闭演示窗口。

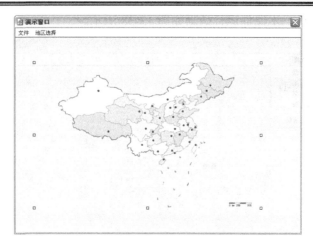

图 13-40　调整图片的模式和位置

6) 用同样的方法，依次导入事先准备好的四个省份的图片文件"新疆.tif"、"甘肃.tif"、"西藏.tif"和"青海.tif"，则在流程线上添加了四个显示图标，如图 13-41 所示。

图 13-41　程序流程线

7) 参照前面的操作方法，在演示窗口中修改各省份图片的显示模式为【阿尔法】模式。

8) 运行程序，然后单击菜单栏中的【调试】\【暂停】命令，暂停程序。在演示窗口中调整各省份图片与地图中各省份的位置吻合，如图 13-42 所示。

图 13-42　调整后的效果

ⓘ 如果需要进行细微调整，可以选择小图片，然后按下键盘上的方向键进行调整，直至各图片与地图完全吻合。

9) 向流程线的最下方添加一个计算图标，命名为"初始化"，双击该图标，在打开的计算窗口中输入语句"Intro:="""后关闭窗口，这时将弹出【新建变量】对话框，如图 13-43 所示，单击　确定　按钮关闭对话框。

图 13-43　【新建变量】对话框

ⓘ 这里使用了一个自定义变量"Intro"，用来存放个省区的简介文字，该计算图标将其初始值定义为空。

10) 向"初始化"图标的下方添加一个显示图标，命名为"介绍"。

11) 运行程序，然后按住 Shift 键的同时双击"介绍"图标，在打开的演示窗口中输入文本"{Intro}"，表示在此处显示变量"Intro"的值，如图 13-44 所示。

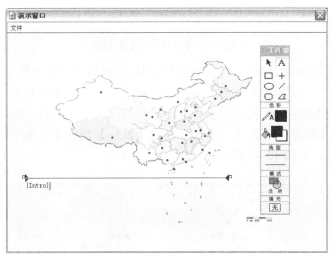

图 13-44　输入的文本

12) 单击工具箱中的 按钮，退出文字编辑状态，然后调整文字的颜色、大小和位置等信息。

13) 在流程线上选择"介绍"图标，在【属性：显示图标】面板中选择【更新显示变量】选项，如图 13-45 所示，这样可以随时更新变量的值。

图 13-45 【属性：显示图标】面板

2．制作各省份的热对象交互分支

1）向"介绍"图标的下方添加一个交互图标，命名为"热对象交互"。

2）向交互图标的右侧添加一个群组图标，在弹出的【交互类型】对话框中选择【热对象】选项，如图 13-46 所示。

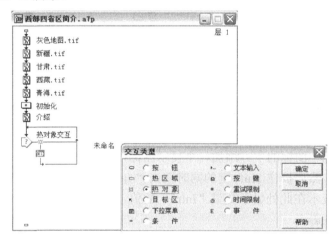

图 13-46 【交互类型】对话框

3）单击 确定 按钮确认操作，然后将群组图标命名为"新疆介绍"。

4）运行程序，打开演示窗口。然后双击"新疆介绍"交互类型标记，则弹出【属性：交互图标】面板，根据面板的提示信息，在演示窗口中的新疆图片上单击鼠标，将其定义为热对象。然后将【匹配】设置为"单击"，将【鼠标】指针定义为手形图标，并将【快捷键】定义为"1"，如图 13-47 所示。

图 13-47 【属性：交互图标】面板

ⓘ 这里将快捷键定义为"1"有两个作用，一是为本交互添加一个快捷键，用户可以使用键盘选择省份；二是为了在后面设置下拉菜单时使用。

5）切换到【响应】标签，将【范围】选项设置为"永久"。

6) 双击"新疆介绍"群组图标，打开二级设计窗口，向二级流程线上添加一个显示图标，命名为"名称"。

7) 运行程序，打开演示窗口，然后按住 Shift 键的同时双击"名称"图标，在演示窗口中输入文字"新疆"，并将其调整至地图中的新疆地区，如图 13-48 所示。

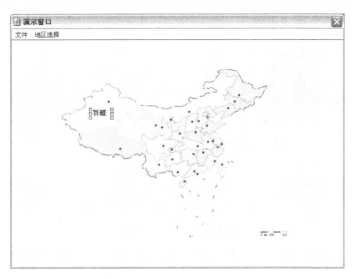

图 13-48　输入的文字

8) 在"名称"图标的下方添加一个计算图标，命名为"简介"，双击该图标，在打开的计算窗口中输入下列语句后关闭窗口。

> Intro:="　　　新疆维吾尔自治区位于我国西北边疆，地处欧亚大陆中心。新疆的地形是三山夹两盆，南有昆仑山与阿尔金山，北有阿尔泰山，天山横贯中部，南北分别为塔里木和准噶尔两大盆地，塔克拉玛干沙漠为我国最大的沙漠。新疆面积 160 多万平方千米，约占全国总面积的 1/6，是我国面积最大的省区。新疆有悠久的历史文化，神奇的自然景观，独特的民族风情。博格达峰已被联合国列入人与生物圈自然保护区网。天池、赛里木湖、高昌古城、楼兰古城等著名景点成为旅游热点。"

至此，新疆交互分支的制作已告完成。下面使用复制/粘贴的方式制作其它省份的交互分支。

9) 选择"新疆介绍"群组图标，按下 Ctrl+C 键复制该图标。

10) 在"热对象交互"图标的最右侧单击鼠标，然后按下 Ctrl+V 键粘贴复制的群组图标，将其更名为"甘肃介绍"。

11) 双击"甘肃介绍"交互类型标记，弹出【属性：交互图标】面板，参照前面的操作方法，在演示窗口中的甘肃图片上单击鼠标，将其定义为热对象，并将【快捷键】定义为"2"。

12) 双击"甘肃介绍"群组图标，打开二级设计窗口，双击"名称"图标，在演示窗口中将原来的文本"新疆"修改为"甘肃"，并将其调整至地图中的甘肃省地区。

13) 双击"简介"计算图标，打开计算窗口，将其中的新疆介绍文字修改为介绍甘肃的文字后关闭窗口。

14) 用同样的方法，在"甘肃介绍"图标的右侧再粘贴三个群组图标，分别命名为"西藏介绍"、"青海介绍"和"未完成"，如图 13-49 所示。

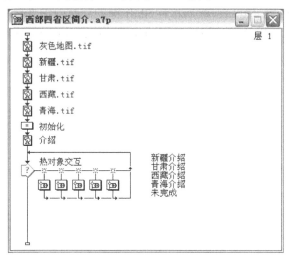

图 13-49　程序流程线

15) 参照前面的操作方法，分别修改"西藏介绍"和"青海介绍"两个交互的热对象为"西藏图片"和"青海图片"，并将快捷键分别定义为"3"和"4"，然后修改两个群组图标中的内容为相应省份的信息。

16) 双击"未完成"交互类型标记，打开【属性：交互图标】面板，在演示窗口中的灰色地图上单击鼠标，将交互的热对象修改为整幅地图，并将快捷键定义为"5"。

17) 双击"未完成"群组图标，打开二级设计窗口，选择二级流程线上的"名称"图标，按下 Delete 键将其删除。

18) 双击"简介"计算图标，在打开的计算窗口中修改内容如图 13-50 所示，然后关闭计算窗口。

图 13-50　计算窗口

至此，五个交互分支的制作全部完成。运行程序进行测试，可以看到单击某个省份时，将显示该省份名称和相关信息，但是这些省份名称不能自动删除，如图 13-51 所示。下面解决擦除省份名称的问题。

19) 双击主流程线上的"新疆介绍"群组图标，打开二级设计窗口，向二级流程线的最上方添加一个擦除图标，命名为"擦除"，如图 13-52 所示。

图 13-51　　运行画面　　　　　　　　　　　　　　图 13-52　　添加擦除图标

20）双击"擦除"图标，则弹出【属性：擦除图标】面板，根据面板提示信息，分别在演示窗口中的四个省份名称上单击鼠标，将它们设置为擦除对象，如图 13-53 所示。

图 13-53　【属性：擦除图标】面板

21）选择"擦除"图标，按下 Ctrl+C 键复制该图标，然后分别打开"甘肃介绍"、"西藏介绍"、"青海介绍"和"未完成"四个群组图标，将复制的图标分别粘贴到二级流程线的最上方。

3．制作下拉菜单

下面为课件程序添加一个下拉菜单，使用户可以通过下拉菜单选择不同的省份。

1）向主流程线的最下方添加一个交互图标，命名为"文件"。

2）向"文件"交互图标的右侧添加一个群组图标，在弹出的【交互类型】对话框中选择【下拉菜单】选项，单击 确定 按钮确认操作，然后将群组图标命名为"退出程序"。

3）双击"退出程序"交互类型标记，打开【属性：交互图标】面板，在【菜单】标签的【快捷键】文本框中输入"Esc"，表示使用键盘上的 Esc 键作为菜单项的快捷键，如图 13-54 所示。

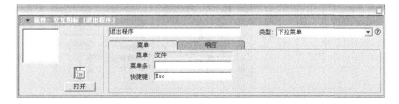

图 13-54　【属性：交互图标】面板

4) 切换到【响应】标签，将【范围】选项设置为"永久"。

5) 在"退出程序"群组图标上单击鼠标右键，从弹出的快捷菜单中选择【计算】命令，在打开的计算窗口中输入语句"Quit( )"后关闭窗口。

6) 运行程序，打开演示窗口，可以看到原来的【文件】菜单被新建的【文件】菜单所替代，如图 13-55 所示。

图 13-55　替换后的【文件】菜单

ⓘ 当在【属性：文件】面板中选择了【显示菜单栏】选项时，Authorware 会自动为当前程序附加一个【文件】菜单。我们可以在文件中使用一个下拉菜单交互，并将交互图标命名为"文件"，这样就可以将系统默认的【文件】菜单替换掉。

7) 向主流程线的最下方添加一个交互图标，命名为"地区选择"。

8) 向"地区选择"图标的右侧添加一个计算图标，在弹出的【交互类型】对话框中选择【下拉菜单】选项，如图 13-56 所示。

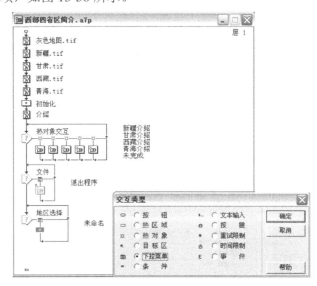

图 13-56　【交互类型】对话框

9) 单击 确定 按钮确认操作，将计算图标命名为"新疆"。

10) 双击"新疆"交互类型标记，打开【属性：交互图标】面板，在【响应】标签中将【范围】设置为"永久"。

11) 双击"新疆"计算图标，在打开的计算窗口中输入语句"PressKey("1")"后关闭窗口。

ⓘ 这里使用了"新疆介绍"热对象交互中所设置的快捷键"1"，函数 PressKey("1")模拟了按下键盘上的"1"键，所以可以激活"新疆介绍"的热对象交互。

12) 选择"新疆"图标，按下 Ctrl+C 键复制该图标，然后在该图标的右侧粘贴复制的图标，这时粘贴计算图标的交互类型将自动设置为"下拉菜单"方式。

13) 双击粘贴分支的交互类型标记，则弹出【属性：交互图标】面板，在【菜单】标签上方的文本框中将菜单标题"新疆"修改为"甘肃"，如图 13-57 所示。然后在【响应】标签中将【范围】选项设置为"永久"。

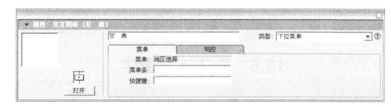

图 13-57 【属性：交互图标】面板

14) 双击"甘肃"图标，在打开的计算窗口中修改语句为"PressKey("2")"，然后关闭该窗口。

15) 用同样的方法，在"甘肃"图标的右侧再粘贴三个计算图标，分别命名为"西藏"、"青海"和"其它省份"，然后分别修改计算图标中的语句为"PressKey("3")"、"PressKey("4")"和"PressKey("5")"后关闭窗口。

16) 向"青海"图标和"其它省份"图标之间再粘贴一个计算图标，双击该图标，删除其中所有内容后关闭窗口，然后将计算图标命名为"-"，这样就在"青海"菜单项的下方添加了一条分隔线，如图 13-58 所示。

图 13-58 添加的分隔线

17) 至此，整个课件的制作已告完成，程序流程线如图 13-59 所示。按下 Ctrl+S 键保存对程序所做的修改。

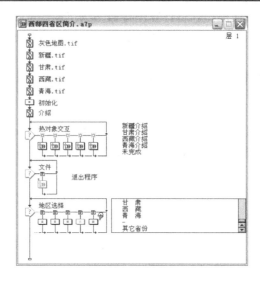

图 13-59   程序流程线

13.5 乘法练习课件

Authorware 最核心的技术在于其简单易懂的流程线式开发方式、功能强大的 11 种交互类型、无限扩展的脚本语言，这使其成为专业课件开发人员的必备工具之一，而且它几乎可以胜任各种类型课件的开发。本例将制作一个讲课时用于提问学生的小学数学课件，这个课件可以用于检查学生对所学内容的掌握情况。

13.5.1 课件说明

本例将制作一个讲课时用于提问学生的一个小学数学课件，主要是 10 以内数的乘法练习，可供学生们自行练习时使用，也可用于教学时课堂提问。该课件可以自行设置回答每一道题所需要的时间，而且是随机出题，灵活性较好；另外还可以"查看"成绩。如图 13-60 所示为该实例运行程序时的画面。

图 13-60   程序的运行画面

13.5.2 制作流程

本程序主要介绍文本输入、时间限制、条件限制等交互响应类型以及外部文件的调用，程序中涉及的素材主要是图像，这些素材都已经预先处理好。

1．一级流程线的制作

1）单击菜单栏中的【文件】\【新建】\【文件】命令，建立一个新文件。

2）单击菜单栏中的【文件】\【保存】命令，将文件保存为"10 以内的乘法.a7p"。

3）单击菜单栏中的【修改】\【文件】\【属性】命令，在打开的【属性：文件】面板中设置参数如图 13-61 所示。

图 13-61 【属性：文件】面板

4）向流程线上添加一个显示图标，命名为"背景"。

5）双击"背景"图标，打开演示窗口，单击工具栏中的 回 按钮，导入预先处理好的背景图片，如图 13-62 所示。

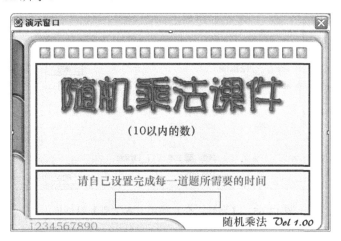

图 13-62 导入的图片

6）关闭演示窗口。向"背景"图标的下方添加一个交互图标，命名为"设置时间"。

7）向"设置时间"图标的右侧添加一个计算图标，在弹出的【交互类型】对话框中选择【文本输入】类型并确认操作，然后将计算图标命名为"*"。

8）双击"*"图标的交互类型标记，在打开的【属性：交互图标】面板中设置参数如图 13-63 所示。

图 13-63　　【属性：交互图标】面板

9) 双击"背景"图标打开演示窗口，然后按住 Shift 键的同时双击"设置时间"交互图标，在演示窗口中调整文本输入区的大小和位置如图 13-64 所示。

图 13-64　　调整文本输入区的大小和位置

10) 双击文本输入区，则弹出【属性：交互作用文本字段】对话框，在【文本】标签中设置参数如图 13-65 所示。

图 13-65　　【属性：交互作用文本字段】对话框

11) 单击 确定 按钮，完成属性设置。

12) 双击"*"计算图标，在打开的计算窗口中输入如图 13-66 所示的语句后关闭窗口，这时会弹出【新建变量】对话框，单击 确定 按钮即可。

图 13-66　　计算窗口(1)

13）向"设置时间"图标的下方添加一个计算图标，命名为"随机取数"。

14）双击"随机取数"图标，在打开的计算窗口中输入如图 13-67 所示的语句，该语句用于随机取数。

图 13-67　计算窗口(2)

> ⓘ "pro"、"a"、"b"、"right"是自定义变量，Random(min, max, units)是系统函数，其作用是在 min~max 之间随机取一个整数。

15）关闭计算窗口，则弹出【新建变量】对话框，依次单击 确定 按钮关闭对话框即可。

16）在"随机取数"图标的下方添加一个显示图标，将其命名为"题板"。

17）双击"题板"图标打开演示窗口。单击工具栏中的 按钮，导入预先处理好的背景图片，如图 13-68 所示。

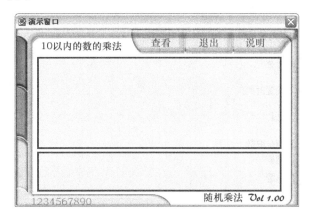

图 13-68　导入的图片

18）关闭演示窗口。然后在"题板"图标上单击鼠标右键，从弹出的快捷菜单中选择【属性】命令，在【属性：显示图标】面板中设置参数如图 13-69 所示。

图 13-69　【属性：显示图标】面板

19) 向"题板"图标下方添加一个显示图标，命名为"出题"。

20) 按住 Shift 键的同时双击"题板"图标，再双击"出题"图标，打开演示窗口。选择工具箱中的 A 工具，在演示窗口中如图 13-70 所示的位置处单击鼠标，输入文本"{a}×{b}="，并调整文本字号大小。

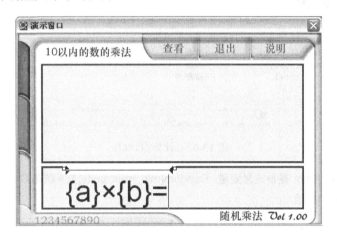

图 13-70　输入的文本

21) 双击工具箱中的 工具，在打开的【覆盖模式】选项板中选择【透明】选项，将文本的背景设置为透明。

22) 关闭演示窗口，此时的程序流程线如图 13-71 所示。

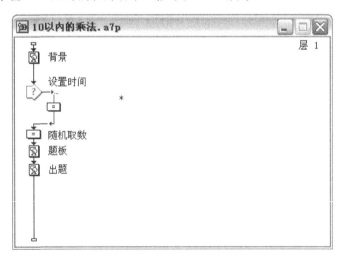

图 13-71　程序流程线

23) 向"出题"图标的下方添加一个交互图标，命名为"选择"。

24) 向"选择"图标的右侧添加一个群组图标，在弹出的【交互类型】对话框中选择【热区域】类型并确认，然后将群组图标命名为"查看成绩"。

25) 双击"题板"图标，打开演示窗口，然后单击"查看成绩"图标的交互类型标记，在演示窗口中调整热区的位置和大小，使其覆盖窗口中的"查看"字样。

26) 双击"查看成绩"图标的交互类型标记，在【属性：交互图标】面板中单击【鼠标】选项右侧的 按钮，将光标设置为手形，如图 13-72 所示。

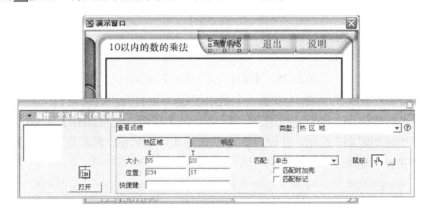

图 13-72 设置的选项和热区的位置

27) 切换到【响应】标签，设置各项参数如图 13-73 所示。

图 13-73 【响应】标签

28) 向"查看成绩"图标的右侧再添加一个群组图标和一个计算图标，分别命名为"退出"和"说明"，结果这些分支将继承前一个分支的属性。

29) 双击"题板"图标，打开演示窗口，然后按住 Shift 键的同时双击"选择"交互图标，在演示窗口中调整各热区的位置和大小，使它们覆盖界面中相对应的字样，如图 13-74 所示。

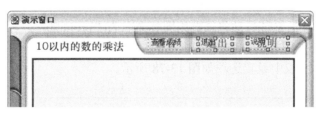

图 13-74 调整热区的大小和位置

30) 向"选择"图标的下方添加一个交互图标，命名为"控制"。

31) 向"控制"图标的右侧添加一个群组图标，在弹出的【交互类型】对话框中选择【文本输入】类型并确认，将群组图标命名为"*"。

32) 双击"*"群组图标的交互类型标记，在【属性：交互图标】面板中设置各项参数如图 13-75 所示。

图 13-75　【属性：交互图标】面板(1)

33) 向"控制"图标的右侧再添加一个群组图标，命名为"时间限制"。

34) 双击"时间限制"图标的交互类型标记，在【属性：交互图标】面板的【类型】下拉列表中选择"时间限制"选项，并设置各选项如图 13-76 所示。然后在【响应】标签的【分支】中选择"重试"选项。

图 13-76　【属性：交互图标】面板(2)

35) 再向"时间限制"图标的右侧添加一个群组图标。双击该图标的交互类型标记，在【属性：交互图标】面板的【类型】下拉列表中选择"条件"选项，并设置【条件】标签中的选项如图 13-77 所示。

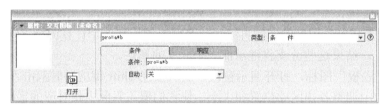

图 13-77　【属性：交互图标】面板(3)

36) 确认属性设置后系统自动将该群组图标命名为"pro=a*b"。

37) 向"pro=a*b"图标的右侧再添加一个群组图标，双击该图标的交互类型标记，在【属性：交互图标】面板中设置选项如图 13-78 所示。

图 13-78　【属性：交互图标】面板(4)

38) 完成属性设置后系统自动将该群组图标命名为"pro<>a*b"。至此，完成了一级流程线的制作，如图 13-79 所示。

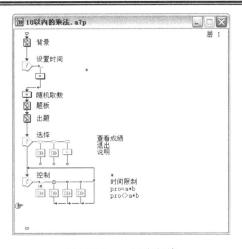

图 13-79 一级流程线

2．"控制"交互结构的制作

1）双击"*"群组图标，打开二级设计窗口，向二级流程线上添加一个计算图标，命名为"接收数据"。然后双击该图标，在打开的计算窗口输入如图 13-80 所示的语句后关闭窗口，该语句用于接收数据。

图 13-80 计算窗口(1)

2）双击"时间限制"群组图标，打开二级设计窗口。

3）向二级流程线上添加一个计算图标，双击该图标，在打开的计算窗口中输入如图 13-81 所示的语句。

图 13-81 计算窗口(2)

4）关闭计算窗口，这时弹出【新建变量】对话框，不作任何设置直接单击 确定 按钮即可。

5）双击"pro=a*b"群组图标，打开二级设计窗口。

6) 向二级流程线上添加一个计算图标，命名为"再出题"。双击该图标，在打开的计算窗口中输入如图 13-82 所示的语句。

图 13-82　计算窗口(3)

7) 关闭计算窗口，这时弹出【新建变量】对话框，不作任何设置直接单击 确定 按钮即可。

8) 双击"pro<>a*b"群组图标，打开二级设计窗口。

9) 向流程线上添加一个计算图标，双击该图标，在打开的计算窗口中输入如图 13-83 所示的语句。

图 13-83　计算窗口(4)

10) 关闭计算窗口，这时弹出【新建变量】对话框，不作任何设置直接单击 确定 按钮即可。至此，完成了"控制"交互结构的制作，流程线如图 13-84 所示。

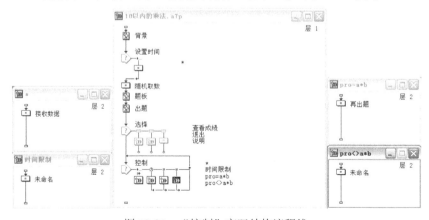

图 13-84　"控制"交互结构流程线

3. "选择"交互结构的制作

1) 双击主流程线上的"查看成绩"群组图标，打开二级设计窗口。

2) 向二级流程线上添加一个擦除图标，命名为"擦出题"，然后将主流程线上的"出题"图标拖曳到"擦出题"图标上，使它们建立擦除链接关系。

3) 向"擦出题"图标的下方添加一个显示图标，命名为"判断信息"。

4) 按住 Shift 键的同时双击"题板"图标和"判断信息"图标，打开演示窗口。

5) 选择工具箱中的 A 工具，在演示窗口中如图 13-85 所示的位置处单击鼠标，输入所需的文本，并调整文本字号大小。

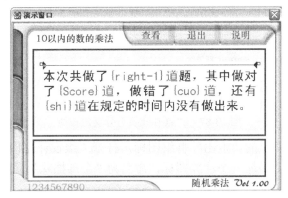

图 13-85 输入的文本

6) 双击工具箱中的 工具，在打开的【覆盖模式】选项板中选择【透明】选项，将文本的背景设置为透明。

7) 向"判断信息"图标的下方添加一个交互图标，命名为"返回"。

8) 向"返回"图标的右侧添加一个计算图标，在弹出的【交互类型】对话框中选择【按钮】类型并确认，将计算图标命名为"再来一次"。

9) 按住 Shift 键的同时双击"题板"图标，再双击"返回"图标，在演示窗口中调整按钮的位置如图 13-86 所示。

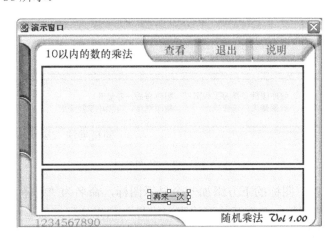

图 13-86 调整按钮的位置

10) 关闭演示窗口。

11) 双击"再来一次"计算图标，在打开的计算窗口中输入"GoTo(@"背景")"语句后关闭窗口。至此，"查看成绩"分支制作完毕，流程线如图 13-87 所示。

图 13-87　"查看成绩"分支流程线

12) 双击一级流程线上的"退出"群组图标，打开二级设计窗口。

13) 向二级流程线上添加一个计算图标，命名为"全部擦除"。双击该图标，在打开的计算窗口中输入"EraseAll()"语句后关闭窗口。

14) 在"全部擦除"图标的下方添加一个显示图标，命名为"退出背景"。

15) 双击"退出背景"图标，在打开的演示窗口中导入预先处理好的图片，作为退出程序时的背景图片，并调整其在演示窗口中的位置如图 13-88 所示。

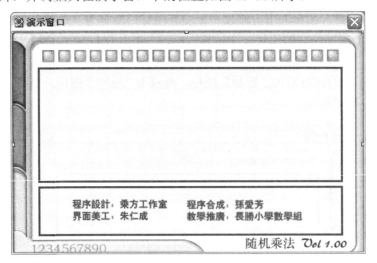

图 13-88　导入的图片(1)

16) 向"退出背景"图标的下方添加一个显示图标，命名为"遮罩"。

17) 双击"遮罩"图标，在打开的演示窗口中导入预先处理好的遮罩图片，并调整其在演示窗口中的位置如图 13-89 所示。

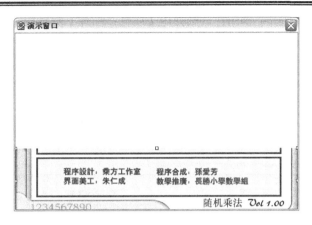

图 13-89 导入的图片(2)

> 调整遮罩图片的位置时，一定要让它与"退出背景"图片完全吻合。

18) 在"遮罩"图标上单击鼠标右键，从弹出的快捷菜单中选择【属性】命令，在打开的【属性：显示图标】面板中设置选项如图 13-90 所示。

图 13-90 【属性：显示图标】面板

> "遮罩"图标的作用是为了遮住运行的字幕，因此要将它的层属性设置为大于 0 的值。这样它可以处于较高的层次上，遮住下面的内容。

19) 向"遮罩"图标的下方添加一个显示图标，命名为"字幕"。

20) 按住 Shift 键的同时双击"退出背景"图标和"字幕"图标，在打开的演示窗口中导入预先处理好的"字幕.tif"图片，这是一个含有 Alpha(阿尔法)通道的图片，调整其位置如图 13-91 所示。

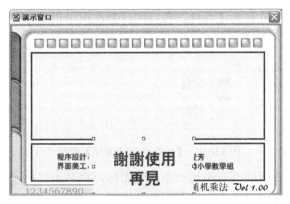

图 13-91 调整图片的位置

21) 在演示窗口中双击字幕图片，则弹出【属性：图像】对话框，将【模式】选项设置为"阿尔法模式"，去除文字的背景。

22) 向"字幕"图标的下方添加一个移动图标，命名为"运动"。

23) 在设计窗口中将"字幕"图标拖曳到"运动"图标上，使两者建立链接关系，这样，"字幕"图标中的内容就成了运动对象。

24) 双击"运动"图标，在打开的【属性：移动图标】面板中设置各项参数如图 13-92 所示。

图 13-92　【属性：移动图标】面板

25) 单击演示窗口中的字幕，垂直向上拖动字幕至如图 13-93 所示的位置。

图 13-93　调整字幕的位置

26) 向"运动"图标的下方添加一个等待图标，命名为"等4秒"。

27) 双击该图标，在打开的【属性：等待图标】面板中设置选项如图 13-94 所示。

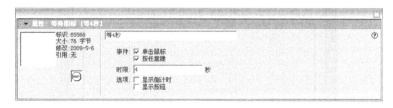

图 13-94　【属性：等待图标】面板

28) 向"等4秒"图标的下方添加一个擦除图标，命名为"擦除"。

29) 在设计窗口中将"退出背景"图标、"遮罩"图标和"字幕"图标拖曳到"擦除"图标上，使它们与"擦除"图标建立擦除链接关系。

30) 选择"擦除"图标，然后按下 Ctrl+T 键，在弹出的【擦除模式】对话框中选择一种擦除效果，如图 13-95 所示。

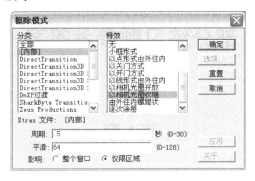

图 13-95 【擦除模式】对话框

31) 单击 确定 按钮，关闭【擦除模式】对话框。

32) 向"擦除"图标的下方添加一个计算图标，命名为"quit"。双击该图标，在打开的计算窗口中输入"Quit()"语句后关闭窗口。至此，"退出"分支制作完毕，流程线如图 13-96 所示。

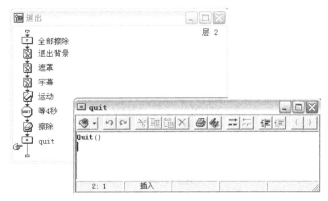

图 13-96 "退出"分支流程线

33) 在一线流程线上双击"说明"图标，在打开的计算窗口中输入如图 13-97 所示的语句后关闭窗口。这里要将说明文件"说明.txt"放在课件程序所在的目录下。

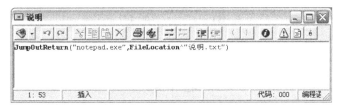

图 13-97 计算窗口

部分练习题参考答案

第 1 章

一、填空题

1. 教育学　　计算机技术　　2. 集成性　控制性　交互性　　3. 硬件　软件
4. 收集素材　　测试发布

二、选择题

1. B)　　　　2. D)　　　　3. C)　　　　4. A)

三、问答题(略)

第 2 章

一、填空题

1. 音效　配音　　2. 软键盘　　3. MIDI　　4. MOV

二、问答题(略)

第 3 章

一、填空题

1. 总导航　　2. 色彩的对比　　3. 径向　对称　菱形　　4. 可跨平台　最佳

二、选择题

1. B)　D)　　　2. D)　　　3. B)　　　4. C)

三、问答题(略)

第 4 章

一、填空题

1. 幻灯片浏览　幻灯片放映　【大纲】　　2. 提纲形式　　3. 模板
4. 文档主题　　5. 幻灯片浏览　　6. 放映过程　出现和消失

二、选择题

1. A)　　　　2. C)　　　　3. D)　　　　4. B)

三、问答题(略)

第5章

一、填空题
1. 代码 设计 2. 网页之间 站点文件夹 3. 框架 4. Internet 测试 发布
二、问答题(略)

第6章

一、填空题
1. 图形 对象 2. 角点 平滑 3. 逐帧 形状 传统 4. 遮罩层 被遮罩层
5. 动画对象 6、【库】
二、问答题(略)

第7章

一、填空题
1. 流程线 2. 演示窗口 3. TXT RTF 4. 图像 数字电影
5. 英文 6. 逆行法 顺行法
二、选择题
1. A) 2. A) B) D) 3. A) D) 4. B)
三、问答题(略)

第8章

一、填空题
1. 五 直接移动到固定点 2. 计算机 3. 判断
4. 11 热区域 目标区 下拉菜单 文本输入 时间限制
二、选择题
1. B) 2. A) 3. B) 4. D)
三、问答题(略)

第9章

一、填空题
1. 导航 2. 超链接 3. 判断

二、选择题

1. A)　　　　2. C)　　　　3. C)

三、问答题(略)

第10章

一、填空题

1. 链接　　2. 交互　计算　　3. 功能模块　　4. 减少重复劳动

二、问答题(略)

第11章

一、填空题

1. 数值型　逻辑型　列表型　　2. 引用　　3. 算术　关系　赋值

4. 运算符　　　　5. 条件　循环

二、选择题

1. B)　　　2. A)

三、问答题(略)

第12章

一、填空题

1. 开始/结束　　2. 可执行程序　　3. 发布

二、问答题(略)